성공 창업의 뭘템

실전 창업

성형철 저

박영사

이 책을 시작하면서

4차 산업혁명 시대의 초입에 들어선 현 상황에서, 창업 교육은 창의력 향상과 성공적인 창업 비즈니스를 배우는 필수적인 교육으로서 그 중요성이 점차 커지고 있습니다. 그러나 창업의 실전에 필요한 지식과 경험을 체계적으로 알려주는 교육은 부족합니다. 그 이유는 아직도 창업을 경영학의 한 부분으로 다루고 있고, 아직 학문적인 토대가 미약하며, 소규모의 기업을 경영하는데 필요한 이론이나 사례를 적절하게 제시하지 못하고 있기 때문입니다.

또한 창업 교육을 담당할 교수와 교사들이 부족하고, 이들에 대한 체계적인 교육도 이루어지지 않고 있습니다.

저는 대학생과 창업자들에게 강의와 멘토링을 하면서, 이들이 기본적인 창업 지식을 배우고, 실습을 통하여 실전 창업을 이해하고 경험할 수 있는, 적절한 실전 창업 교재의 필요성을 절감했습니다. 창업을 공부하고자 하는 학생들은 그 내용이 따분하고 복잡하며, 이해가 어려운 이론 위주의 창업 교육에 식상해 있으며, 창업에 꼭 필요한 내용만을 실전을 통하여 재미있게 공부하기를 원했습니다.

저는 10년에 가까운 창업기업 경영의 경험과 1,500회 및 4,000시간이 넘는 창업 상담 및 멘토링 경험, 약 8년간의 창업 강의 경험을 바탕으로, 학생 및 예비창업자에게 창업 지식과 경험을 쉽고, 재미있게 전달할 수 있는 실전 창업 교과서를 쓰고자 합니다.

머 / 리 / 말 /

　이 책은 대학생들이 한 학기 동안 2~3학점 정도의 '창업의 기초(이해)', '창업 시뮬레이션', '실전 기술 창업', '기술 창업의 이해', '(기술) 창업 성공 전략' 등의 과목에서, 창업의 기초 지식과 경험을 창업의 실제 순서에 따라 실전과 같이 배울 수 있도록 구성하였고, 학생 스스로 문제점을 발견하고 해결할 수 있도록 하는 PBL(Probrem Based Learning) 방식에 기반하고 있습니다.

　이 책의 첫 번째 목표는 학습자에게, 창업의 기초 지식과 경험을 실전과 같은 창업 교육을 통하여 쉽고 재미있게 전달하는 것이고, 두 번째는 창업 교육을 하는 교수와 교사들께서 실습 위주의 창업 교육에 필요한 교재로 사용할 수 있도록 하는 것입니다. 따라서 대학교 등 교육기관의 창업 교육 수강 학생, 창업을 준비 중인 대학(원)생 및 일반인, 창업 관련 기관 종사자, 멘토, 교사 및 교수에게, 이 책이 창업 실전 교과서로서 많은 도움이 될 것으로 생각합니다.

이 책의 구성은 다음과 같습니다.

1. 저자의 창업 실패 경험담을 소개함으로써 창업에서 경계하고, 주의해야 할 점들이 무엇인지 알게 했습니다.

2. 창업의 기초 지식과 경험을 창업의 실제 순서에 따라 구성했습니다.

3. 매 장마다 주제에 따른 몇 가지 문제를 제시하고, 그에 대한 기초 지식을 요약, 설명하였으며, 학습자들이 팀 활동을 통하여, 토론과 실습을 할 수 있도록 구성했습니다.

4. 창업에 필요한 지식과 경험을 실제 창업 사례를 통하여 알기 쉽게 설명하였고, 필요한 도표와 그림을 삽입했습니다.

5. 각 장의 마지막에 <핵심 질문과 요약>을 제공하여 핵심 내용을 강조했습니다.

이 책은 다음과 같은 독창성이 있습니다.

1. 대학생과 예비창업자를 위해 창업 실전에 꼭 필요한 지식과 경험을 체계적으로 알려주고 있습니다.

2. 실전 창업에서 가장 중요한 마케팅은 기존의 마케팅과 차별화되는, 새로운 스타트업 마케팅 이론을 제시했습니다.

3. 문답 형식과 실습 및 토론을 통해서 창업을 재미있게 배울 수 있도록 하였고, PBL(Problem Based Learning) 방식에 기반하여 구성함으로써, 학습자 스스로 문제점을 발견하고 해결할 수 있도록 했습니다.

4. 도표와 그림 및 적절한 사례를 제시함으로써 독자들의 공감을 유도하고, 시각적 효과를 높였습니다.

나의 창업 이야기   **1**

PART 01   창업 준비

CHAPTER 01 창업자의 기업가 정신 ·· 13
　01 창업이란 무엇인가? ··· 15
　02 왜 사업을 시작하는가? ·· 19
　03 창업에 대하여 얼마나 알고 있는가? ····························· 24
　04 언제 창업을 해야 하는가? ······································ 27
　05 당신은 창업으로 성공할 수 있을까? ······························ 30
　06 창업자의 기업가정신이란? ······································ 33

　○ 토의 ··· 42
　○ 실습 ··· 45
　○ 핵심질문과 요약 ··· 46

CHAPTER 02 창업의 형태와 절차 ·· 51
　01 창업을 하기로 결심했는가? ······································ 53
　02 공동 창업을 생각해 봤는가? ····································· 58
　03 개인기업과 주식회사는 뭐가 다른 걸까? ··························· 65
　04 어떤 절차로 창업을 해야 할까? ·································· 71

　○ 토의 ··· 74
　○ 실습 ··· 77
　○ 핵심질문과 요약 ··· 78

CHAPTER 03 사업시스템의 관리 ·· 81
　01 사업시스템이란 무엇인가? ······································ 83
　02 돈의 흐름을 이해하고 있는가? ··································· 86
　03 창업기업의 관리는 무엇을 말하는 걸까? ··························· 88
　04 창업자는 어떻게 종업원을 관리해야 할까? ························· 92
　05 창업자는 어떻게 재무관리를 해야 할까? ··························· 96

목 / 차 /

06 창업자는 어떻게 세무관리를 해야 할까? ··· 103

○ 토의 ·· 109

○ 실습 ·· 110

○ 핵심질문과 요약 ·· 112

PART 02   창업 아이템과 비즈니스모델링

CHAPTER 04   4차 산업혁명 시대의 창업 환경 분석 ··· 119

01 4차 산업혁명이 비즈니스에 미치는 영향은 무엇인가? ····························· 121

02 비즈니스 환경이란 무엇이고, 왜 중요한가? ·· 127

03 경제적 · 법적 환경은 비즈니스에 어떤 영향을 미치나? ························· 130

04 기술은 비즈니스에 어떤 영향을 미치나? ·· 134

05 사회적 환경은 비즈니스에 어떤 영향을 미치나? ····································· 137

○ 토의 ·· 140

○ 실습 ·· 141

○ 핵심질문과 요약 ·· 142

CHAPTER 05   창업 아이디어 창출과 아이템 선정 ··· 145

01 창업 아이템의 선정이 왜 중요한가? ·· 147

02 성공 확률이 높은 창업 아이템은 어떤 것일까? ······································· 150

03 창업 아이디어는 어떻게 창출하나? ·· 152

04 창업 아이템을 어떤 절차로 선정해야 하나? ·· 157

○ 토의 ·· 162

○ 실습 ·· 163

○ 핵심질문과 요약 ·· 165

CHAPTER 06   창업자의 권리 보호 ··· 169

01 왜 나의 기술이나 아이디어를 보호해야 할까? ··· 171

02 나의 기술을 보호하기 위한 기밀 유지는 어떻게 해야 할까? ············ 173

03 특허는 무엇이고, 어떤 절차로 신청, 등록이 되는 걸까? ················· 176
04 실용신안과 특허의 차이점은 무엇인가? ····························· 183
05 상표는 무엇이고, 어떤 절차로 신청, 등록이 되는 걸까? ················· 184
06 디자인 등록은 무엇이고, 어떤 절차로 신청, 등록이 되는 걸까? ······ 187
07 지식재산권의 침해에 대한 대응 방법은 무엇인가? ····················· 191
○ 토의 ··· 192
○ 실습 ··· 194
○ 핵심질문과 요약 ·· 195

CHAPTER 07 비즈니스모델링 ·· 199
01 비즈니스 모델이란 무엇인가? ····································· 201
02 비즈니스 모델 캔버스는 무엇이고, 어떻게 작성해야 할까? ········· 205
03 린 캔버스는 무엇이고, 어떻게 작성해야 할까? ····················· 209
○ 토의 ··· 214
○ 실습 ··· 215
○ 핵심질문과 요약 ·· 216

CHAPTER 08 시제품 제작과 시장조사 ·································· 219
01 창업 아이템을 어떤 절차로 만들어야 할까? ····················· 221
02 창업 아이템의 생산 공정과 기법은 무엇인가? ····················· 224
03 시장조사는 왜 필요하고 어떻게 해야 할까? ····················· 229
○ 토의 ··· 257
○ 실습 ··· 258
○ 핵심질문과 요약 ·· 259

목/차/

PART 03   창업 마케팅

CHAPTER 09 창업 마케팅 전략 ·· 265

01 마케팅이란 무엇인가? ·· 267
02 어떻게 시장 세분화를 하고, 목표시장을 정하는 걸까? ·············· 271
03 어떻게 마케팅 전략을 세워야 할까? ······································ 276
04 쌍방향의 새로운 촉진 기법이란 무엇인가? ···························· 287
○ 토의 ··· 293
○ 실습 ··· 294
○ 핵심질문과 요약 ·· 295

CHAPTER 10 창업자의 시장 진입 전략 ·· 299

01 제품에 따른 마케팅 유형은 무엇인가? ·································· 301
02 혁신 제품의 시장 진입 전략은 무엇인가? ····························· 306
03 창업자의 초기시장 전략이란 무엇인가? ································ 310
04 캐즘의 개념과 캐즘 극복 전략은 무엇인가? ·························· 313
05 스타트업 마케팅의 특징은 무엇일까? ··································· 316
○ 토의 ··· 319
○ 실습 ··· 320
○ 핵심질문과 요약 ·· 321

PART 04   창업자의 사업계획서와 자금 조달

CHAPTER 11 사업계획서 작성과 프레젠테이션 ···································· 327

01 사업계획서는 무엇이고, 왜 필요한 걸까? ······························ 329
02 창업자의 사업계획서를 어떻게 만들고, 어떤 내용을 넣어야 할까? ···· 333
03 사업 계획의 프레젠테이션을 어떻게 할 것인가? ······················ 345

○ 토의 ┈┈┈┈┈┈┈┈┈┈┈┈┈┈┈┈┈┈┈┈┈┈┈┈┈┈┈┈┈┈┈┈ 349

○ 실습 ┈┈┈┈┈┈┈┈┈┈┈┈┈┈┈┈┈┈┈┈┈┈┈┈┈┈┈┈┈┈┈┈ 350

○ 핵심질문과 요약 ┈┈┈┈┈┈┈┈┈┈┈┈┈┈┈┈┈┈┈┈┈┈┈┈ 351

CHAPTER 12 창업 자금 조달과 성장 전략 ┈┈┈┈┈┈┈┈┈┈┈┈┈ 355

01 창업자의 자금 조달 방법에는 어떤 것이 있나? ┈┈┈┈┈┈┈┈ 357

02 내 회사의 주식으로 어떻게 자금을 조달할까? ┈┈┈┈┈┈┈┈ 364

03 성공 창업 성장 전략이란 무엇인가? ┈┈┈┈┈┈┈┈┈┈┈┈┈ 371

○ 토의 ┈┈┈┈┈┈┈┈┈┈┈┈┈┈┈┈┈┈┈┈┈┈┈┈┈┈┈┈┈┈┈┈ 378

○ 실습 ┈┈┈┈┈┈┈┈┈┈┈┈┈┈┈┈┈┈┈┈┈┈┈┈┈┈┈┈┈┈┈┈ 379

○ 핵심질문과 요약 ┈┈┈┈┈┈┈┈┈┈┈┈┈┈┈┈┈┈┈┈┈┈┈┈ 380

00 나의 창업 이야기

당신의 성공 창업을 진심으로 기원합니다.

저의 약 10년간의 창업 이야기를 말씀드리려고 합니다. 자만심과 오기로 세상과 부딪쳤지만, 제가 얻은 것은 성공이 아닌 깨달음과 후회였습니다.

제 창업 이야기를 말씀드리려고 하는 것은 지금 창업을 했거나, 하려는 분들이 저와 같이 실패하지 않고, 가능하다면 한 번의 창업으로 성공하기를 바라기 때문입니다. 실패는 모든 경우에 견디기 어려울 정도의 아픔을 동반합니다. 저의 창업 실패가 저와 가족, 그리고 친지들에게 생각하고 싶지 않은 기억을 남게 했음을 고백합니다.

창업과 사업시스템의 이해

기획, 관리, 증권 영업 분야에서 약 15년간 안정적으로 근무했던 제가 '키토산 응용 기술'이라는 잘 알지도 못하는 분야에서 다른 업체들과 경쟁하겠다는 것이 무리가 있다는 것은 창업이 무엇인지 모르는 분들도 알 수 있는 상식적인 일입니다. 아마 그 당시의 벤처 붐 때문이었는지도 모르겠습니다. 주위의 반대가 많았음에도 불구하고 저는 창업으로 성공할 수 있다고 믿었습니다. 물론 실패할 것을 알고 시작하는 창업자는 아무도 없습니다. 40대 초반의 저는 자신감도 있었고, 도전정신으로 충만했으며, 직장 생활을 통하여 벌어 놓은 약간의 돈도 있었습니다.

그렇지만 사업 초기에 가장 문제가 되었던 것은 자만심이라고 생각됩니다. 직장 생활 15년 동안 아무리 뛰어난 역량으로 좋은 실적을 냈다고 하더라도, '키토산 응용 제품 시장'에서 살아남기에는 부족한 점이 너무 많았습니다. 저는 창업자의 사업시스템을 이해하지 못했고, 제 창업 역량을 과대평가했으며, 조금만 버티면 결국은 잘 될 거라고 막연하게 생각했습니다.

물론 모든 것을 다 갖추고 사업을 하는 사람은 거의 없습니다. 사업을 하는 가운데 부족한 부분을 보충하고 올바른 시장 판단을 통한 선택과 집중으로, 사업에 매진함으로써 성공하는 것입니다. 하지만 창업을 하는 데 있어서 나의 강점과 약점은 무엇인지, 어떻게 사업시스템을 완성할 것인지를 창업 전에 미리 생각했어야 합니다.

제 사업의 실패 원인을 실전 창업에 필요한 세 가지 요소인 제품(서비스), 마케팅, 자금 조달(투자 유치)의 측면에서 생각해 보겠습니다.

제품(서비스)

키토산이라는 물질을 알게 된 것은 제 손윗동서 때문입니다. 동서는 게 껍질을 말려서 일본에 판매를 하고 있었는데, 이 게 껍질로 일본에서는 키토산을 제조했습니다. 그 당시 저는 증권회사에 근무하고 있었고, 동서의 부탁으로 은행에서 수천만 원의 대출 연대보증을 섰는데, 동서가 대출금을 갚지 않아 회사 급여가 압류되고, 결국 제가 대신 갚게 됐습니다. 그래서 동서 회사를 M&A(인수 합병)로 팔면 대지급한 돈을 받을 수 있지 않을까 하는 생각에서, 사업에 관여하게 됐습니다. 이렇게 해서 알게 된 키토산에 조금씩 빠져들게 되었고, 키토산 관련 서적을 읽기 시작했으며, 일본에서 키토산을 구입하여 주위에 팔면서 직접 먹어보기도 했습니다. 특히 수용성 고분자 키토산이 건강에 매우 좋다는 것을 알게 되면서, 결국은 이 아이템으로 사업을 하면 많은 돈을 벌 수 있지 않을까 하는 생각을 했습니다.

창업 전부터 첫 번째 제품으로 어떤 제품을 하면 좋을까, 고민에 고민을 거듭했지만, 처음부터 건강식품 제조부터 시작하기는 무리라는 생각이 들어서, 건강식품은 일본 제품을 수입해서 판매하고, 미용의 기초 제품인 비누를 제조해서 판매하기로 했습니다. 저의 첫 번째 아이템인 미용 비누는 제품의 품질이 매우 좋고 친환경적인 제품이어서 상당히 비싼 값에 판매했고, 그러다 보니 판매 수량이 너무 적어서 1년을 팔아도 매출액이 크지 않았습니다.

저는 매출을 높이기 위해서 키토산 건강기능식품인, '키토화이버'를 출시했습니다. 당시 키토산 건강기능식품은 대기업에서도 생산 판매하고 있었고, 제가 만든 제품이 품질 면에서 더 좋았지만, 소비자들은 제 제품을 거들떠보지 않았습니다. 하지만 저는 '품질이 좋으니까 시간이 지나면 소비자들이 알아주지 않을까?' 하는 막연한 기대를 하고 있었고, 추가로 기능이 향상된 2~3종의 키토산 건강기능식품을 잇달아 출시하고 판매했습니다.

마케팅

　제가 만든 비누와 건강식품으로 마케팅을 열심히 했음에도 불구하고 성과는 신통치 않았습니다. 저의 미용 비누와 건강기능식품은 제품의 품질을 인정해 주는 소수의 단골고객만 구매를 했고, 많은 양의 판매가 이루어질 수 있는 유통 경로를 확보하지 못했습니다.

　'아! 어떻게 해야 할까요? 열심히 해도 성과가 없고, 뭐가 문제인지 알 수도 없고 ….'

　키토산 응용 제품이 계획대로 잘 팔리지 않자, 저는 '수용성 키토산 원료로 B to B 마케팅을 해 보면 되지 않을까?' 하는 생각에서, 제가 원료로 쓰고 있던 수용성 키토산을 낮은 가격에 사서, 대기업 등 사용 업체에 납품하는 영업을 시작했습니다. 그렇지만 원료 영업도 그렇게 쉽지는 않았습니다.

　비누, 건강기능식품, 키토산 원료 판매와 연구 개발, 관리 등 몸은 너무나 바쁜데 실적은 형편없었습니다. 그 후에도 키토산을 주원료로 수종의 친환경농자재, 동물약품용 면역증강제 원료, 키토산 발아현미와 혼합곡 등도 생산 판매했습니다. 합해보면 총 10종이 넘는 키토산 응용 제품과 원료를 판매하고 있었습니다. 한마디로, '선택과 집중'과는 정반대의 길을 걸었던 것입니다.

　제가 사업을 접은 후에, 제 비누를 늘 사주시던 단골고객께서, '난 성 사장의 비누가 너무 좋던데, 비누 하나만 열심히 했더라면 지금 이런 결과가 오지는 않았겠지?' 하시며, 안타까워했습니다.

　아래 사진은 과거 제 회사의 대표적인 제품 사진이고, 실제로는 이보다 더 많은 종류의 제품이 있었습니다. 몇 명 안 되는 인원으로 동시에 여러 제품을 만들고, 어떻게 팔까 고민하고, 판매를 실행하고, 수금하고, 고객 관리를 했으며, 건강기능식품은 상당히 큰 기업들과 경쟁을 해야 했습니다. 이런 상황이다 보니 잘할 수가 없었습니다. 특히 마케팅에 대한 기본 지식이 거의 없었기 때문에 마케팅 과정에서 여러 차례의 잘못된 판단도 했습니다.

자금 조달(투자 유치)

저는 1999년 1월에 서울 양재동 근린상가 2층의 작은 사무실에서 개인 기업으로 사업을 시작했습니다. 사업 초기에는 비누와 수입한 키토산 건강식품의 판매 수입이 많지 않았지만, 매달 비용은 발생했습니다. 임대료, 급여, 차량관리비, 광고비, 통신비, 세금, 공과금 등입니다. 매달 적자였지만, 증권사를 퇴직할 때, 갖고 있던 돈이 있어서 조급한 마음은 없었습니다.

개인기업은 투자를 받기가 곤란해서, 주식회사로 법인 전환을 하기로 했습니다. 저는 2000년 5월에 자본금 2억 원으로 이지생명과학주식회사를 설립하고, 대표이사가 됐습니다. 대부분의 회사 주식은 저와 가족의 소유였지만, 초기에 투자해 주신 분들이 열 분 정도 계셨습니다. 우리 회사는 매출이 조금씩 늘어나긴 했지만 크지 않았고, 매년 손실을 내고 있었습니다. 제가 갖고 있던 돈과 은행 대출로 손실을 막으면서 10년 가까이 버텼지만, 결국 우리 회사는 자본 잠식으로 2008년 폐업하게 되었습니다. 안타깝게도 초기에 저를 보고 투자하신 주주들은 손실을 보게 되셨고, 저는 주주들의 기대에 부응하지 못했습니다.

회사를 살려보려고, 2005년경에 창업투자회사에 투자 요청을 하고, 창업투자회사를 방문하여 프레젠테이션을 한 일도 있었습니다. 그러나 투자가 이루어지지는 않았는데, 그 이유는 투자심의위원회에서 부정적인 얘기가 많이 나왔기 때문입니다. 또한 창업투자회사가 벤처 붐 이후 투자한 기업 중에서 사고(?)난 경우가 많아서 투자 심사역들이 몸을 사렸기 때문이기도 했습니다.

나는 왜 실패했을까?

저는 사업을 실패한 후에도 제가 실패했다는 것을 인정하고 싶지 않았습니다. 제 거래처가 잘못되었고, 좋은 제품을 써 주지 않은 고객을 원망했으며, 자금을 융통해 주지 않은 금융기관이나 사회에 문제가 있다고 생각했습니다. 그러나 사업시스템은 이미 멈췄고, 더 이상의 희망은 남아 있지 않았습니다. 저에게 비즈니스가 맞지 않는 일이었는지도 모르겠습니다.

절망밖에 생각할 수 없었던 그때, 부산의 동의과학대학교의 학교기업인 동의분석센터에서 센터장을 구하는 중이었고, 운 좋게도 제가 그 자리에 재취업을 했습니다. 그 당시 동의분석센터는 수질, 식품 및 토양 분석 서비스를 제공하고 있었는데, 제가 농산물검사기관 및 석면분석기관 인증을 받아서 매출 확대의 기반을 마련했고, 재직 2년 동안 매출과 영업이익에서 매우 좋은 성과를 거뒀습니다. 과거의 쓰라린 실패로 배운 교훈을 실천한 결과라고 생각합니다.

사람은 성공을 통해서도 배우고, 실패를 통해서도 배우지만, 실패를 통해서 배운 경험이 오래가는 것 같습니다. 또 실패하면 끝날지도 모른다는 생각이, 저를 더 열심히 일하도록 만든 것은 아닐까요?

제가 왜 창업에 실패했는지는 이 책을 다 읽어보시면 아실 수 있을 것입니다. 이 책을 읽고 창업이 무언지 이해하고 창업을 한다면, 그 창업자는 성공할 수 있습니다. 하지만 창업이 무언지 이해하지 못하고 창업을 한다면, 그 창업자는 성공하기 어렵습니다.

예비창업자는 창업을 하기 전에 성공할 수 있는지를 철저하게 분석해서 실패 확률을 현저하게 줄이시고, 이미 창업을 하신 분들도 사업시스템의 철저한 분석을 통해서 경영에 문제가 없는지를 따져 보고, 잘못된 부분은 과감하게 고치셔야 합니다. 그렇게 하지 않으면 저처럼 후회하게 될지도 모릅니다.

다행스러운 것은 정부가 창업지원을 강화하고 있고, 주식회사 대표이사의 연대보증제도가 폐지되어, 주식회사로 창업해서 실패해도 창업자가 신용불량자가 되지 않는다는 것입니다.

이제는 더 이상 돈이 없어서 창업을 못하는 일은 없습니다.

창업자가 혁신적인 창업 아이템으로 창업을 하고, 창업 마케팅을 이해하고 있다면, 정부지원금과 투자 유치 등을 통해서 얼마든지 성장하고 성공할 수 있습니다. 많은 창업자가 코스닥 시장이나 미국 증권시장에 자기 회사 주식을 상장하고 있고, 앞으로 그 숫자는 점차 늘어날 것입니다.

창업은 우리나라의 희망이고, 국가 경제 발전의 원동력입니다.

실패했거나 성공했거나 관계없이, 창업자가 존경받는 우리 사회를 소망합니다.

창업 프로세스

창업 준비	기업가정신 창업의 형태 사업시스템

관리	경영관리 고객관리 출구전략

자금 조달	사업계획서 프레젠테이션 투자 유치 지원금, 융자

① 사업 환경
분석 ▶ ② 아이디어
창출 ▶ ③ 아이템 평가
및 선정

④ 비즈니스
모델링 ▶ ⑤ 시제품
제작 ▶ ⑥ 시장조사 및
시제품 보완

⑦ 마케팅
계획 수립 ▶ ⑧ 양산 및
마케팅 실행

성공 창업의 필템

실전 창업

창업 준비

CHAPTER 01 창업자의 기업가 정신

CHAPTER 02 창업의 형태와 절차

CHAPTER 03 사업시스템의 관리

창업자의 기업가 정신

제1장의 핵심 질문

- 창업이란 무엇인가?
- 왜 사업을 시작하는가?
- 창업에 대하여 얼마나 알고 있는가?
- 언제 창업을 해야 하는가?
- 당신은 창업으로 성공할 수 있을까?
- 창업자의 기업가정신이란?

토의 기업가정신에 대한 질문지 작성 후 기업가정신에 대하여 토의하기

실습 창업을 하는 경우의 SWOT 분석표 작성하기

핵심 질문과 요약

01

창업이란 무엇인가?

    창업은 '사업을 시작하는 것'이고, 사업은 '돈을 목적으로 하는 경제 활동'이다. 경제는 미시적인 의미로는 '교환'이고, 거시적인 의미로는 '돈의 흐름'이다.

    경제의 주체는 기업, 가계와 정부이고, 기업은 가계에 제품이나 서비스를 공급하고 돈을 받는, '교환'을 만드는 가장 중요한 경제 주체이다. 기업이 받은 돈은 임금, 원재료비, 관리비, 세금 등으로 지출되어서 다시 가계와 정부로 흐르게 되므로, 기업을 중심으로 하는 생산, 판매, 세금 납부 등의 경제 활동은 거시적으로 볼 때, '돈의 흐름'이라고 할 수 있다.

▼ 그림 1-1 경제의 미시적 개념: 교환   ▼ 그림 1-2 경제의 거시적 개념: 돈의 흐름

우리나라의 경제 규모는 국내에서 가계, 기업, 정부 등 모든 경제 주체가 1년 동안 생산한 제품과 서비스의 시장 가격의 총액으로 표시할 수 있고, 이를 국내총생산(GDP: Gross Domestic Product)이라고 한다. 우리나라의 2020년 명목 GDP는 1조 6,308억 달러(약 1924.5조 원)로 세계 10위이고, 1인당 국내총생산(GDP)은 31,497달러이다.

기업이 제품이나 서비스를 생산, 판매하는 목적은 '돈'이므로, 창업이란 '돈을 벌기 위해서, 생산, 판매 활동을 시작하는 것'이라고 말할 수 있다.

창업을 하기 위해서는 어떤 제품이나 서비스를 어느 고객에게 어떻게 공급해야 할지를 생각해야 한다. 비즈니스, 즉 사업에는 여러 가지가 있다. 남이 만든 제품이나 서비스를 고객에게 판매하는 도소매업이 있고, 제품을 만들어 판매하는 제조업이 있으며, 서비스를 제공하는 서비스업, 농업, 광업 등 일일이 열거하기 힘들 정도이다.

기술 창업은 기술을 기반으로 하는 제조업이나 지식서비스업의 창업이고, 위험은 크지만 성공 확률이 높은 기술 집약형 기업을 의미하는 벤처기업의 창업을 포함하는 넓은 의미이다.

기술 창업인지, 자영업인지 구별하는 가장 분명한 기준은 '수출이 가능한지 여부'이다. 자영업의 경우는 지역을 기반으로 하기 때문에, 수출이 불가능하지만, 기술 창업의 경우에는 수출이 가능하다.

기술 창업의 개념은 매우 중요한데, 그 이유는 도소매, 서비스업이 주가 되는 자영업에 비하여 성공 확률이 현저히 높기 때문이다.

왜 기술 창업은 자영업보다 성공 확률이 현저히 높을까?

감사원 자료에 의하면 인구 1천 명당 사업체 수가 미국을 1로 봤을 때 전체 소상공인이 약 4.2배, 도·소매업은 13배, 숙박 및 음식점업은 24배가 넘는다. 또한 전체 소상공인의 월평균 영업이익은 215만 원, 음식숙박업은 이보다 낮은 157만 원에 불과하다. 이러한 통계는 우리나라에서 자영업으로 창업하는 것이 경쟁이 치열하고, 수입도 적으며, 성공 확률도 기술 창업에 비하여 매우 낮다고 말해준다.

▌표 1-1 **국가별 인구대비 소상공인 사업체수 비교**(단위: 개/천 명)

구분	한국(2015년)	미국(2015년)	일본(2014년)	영국(2017년)
전체 소상공인	60.7	14.6	27.4	82.3
도 · 소매업	6.5	0.5	2.6	3.3
숙박 및 음식점업	17.4	0.7	6.4	6.7

자료: 감사대상기관 자료 재구성

▌표 1-2 **소상공인 업종별 영업이익 비교**(금액단위: 만 원)

구분주)	월평균 영업이익(A)		차이(B-A)
	2010년(A)	2015년(B)	
전체 소상공인 평균	248	215	-33
숙박 및 음식점업	186	157	-29
도 · 소매업	317	210	-107

주: 비영리업종인 협회 및 단체는 제외
자료: 감사대상기관 자료 재구성

기술 창업의 사업시스템을 구축하는 것이 자영업에 비하여 어렵고 복잡하며, 기술이라는 단어만으로도 '쉽게 창업할 수 없겠구나.' 하는 생각이 들겠지만, 성공 확률이 높고, 경쟁률이 상대적으로 낮다는 것이 기술 창업의 유리한 점이다. 또한 혁신적인 기술 창업으로 성공하면 예측하기 힘들 정도로 큰돈을 벌 수 있다. 기술 창업의 성공 확률이 높다는 것은 알았지만, 기술이 없는 나에게는 '그림의 떡'이 아닌가?

우리는 매일 많은 제품과 서비스를 사용하고 있지만, 그 제품이나 서비스에 대하여 품질이나 가격, 유통 등에 대하여 모두 만족하고 있는 것은 아니고, 그런 것이겠거니 하고 무심코 받아들이고 있다. 기술 창업자는 제품이나 서비스의 가격, 품질, 기능, 유통 등 모든 것에 대하여 의문을 제기하고, 이를 개선하고자 생각하며, 제품이나 서비스의 개선이나 혁신을 통하여 고객에게 혜택을 준다. 또한 기술 창업자는 고객에게 혜택을 주는 제품이나 서비스를 제공한 대가로 고객으로부터 돈을 받고, 이 돈으로 다시 제품이나 서비스를 만들어 고객에게 공급하는 사업시스템을 만들고, 이를 운영함으로써 기업을 발전시킨다.

요컨대, 창업이란 '고객의 문제를 해결해 주고, 돈을 받는 일'을 시작하는 것이다.

02   왜 사업을 시작하는가?

왜 창업을 하려고 하느냐고 누가 묻는다면 선뜻 대답하기가 어렵다. 돈 때문이라고 말하기가 좀 뭐 하기 때문일지도 모른다. 어떤 사람은 '살기 위해서' 창업한다고 말한다. 또 어떤 사람은 돈을 벌어서 자신이 하고 싶은 것을 하고 싶다고 말한다.

당신은 왜 창업을 하려 하는가?
역시 돈을 벌고 싶은 것인가?

대부분의 젊은이들은 대학교를 졸업하고 취업을 한다. 취업을 함으로써 부모로부터 독립할 수 있고, 부모에게 진 빚을 갚을 수도 있다. 하지만 창업을 생각해 본 젊은이는 많지 않다.

대학교를 갓 졸업한 사회초년생에게는 창업은 어울리는 일이 아닐지도 모른다. 그 이유는 사회초년생이 창업을 해서 성공하기가 어렵기 때문이다. 아마 두세 번의 실패를 겪어야만 성공이라는 대열에 합류할 수 있을 것이다.

취업을 하고 나서도 기업체에서 적응을 잘 하지 못해서, 자주 회사를 옮기는 젊은이들도 있고, 몇 년 동안 취업 준비만 하고 있지만, 취업을 하지 못하는 경우도 있다. 놀 수 없다는 절박한 심정에서 생각해 낸 '좋은 선택'이 창업일 수도 있다. 더구나 정부에서 창업을 하면 많은 지원금을 준다고 하니 '정말 좋은 기회가 될 것'이라는 생각이 들기도 한다.

창업을 하기에 적합한 사람이란 세상에 없다. 다만 '어떤 사업을 해야 돈을 벌 수 있는지?, 돈을 벌기 위해서 어떻게 해야 하는지?'를 이해하고, 이를 실행할 능력이 있는 사람이라면, 창업에 도전할 수 있다.

국내 통계 자료에 의하면, 창업 후 5년이 지나면 63.7%의 기업은 폐업한다. 10년이 지나면 창업기업 10개 중에서 약 2개 기업만이 살아남는다. 좁은 문이다. 그러나 창업한지 10년이 지난 회사들이 그 후에 폐업하는 확률은 낮다. 이미 돈을 벌 수 있는 사업시스템을 갖추고 있고, 기업을 둘러싼 환경 변화에 대응할 수 있는 능력도 갖추고 있기 때문이다. 그렇지만 10년이 넘은 기업의 경영자도 방심해서는 안 된다. 경영자가 사업시스템과 그 시스템을 둘러싼 환경 변화에 대응할 수 없게 되는 순간, 경영의 어려움이 서서히 다가와서 자신의 사업시스템을 망가뜨리기 때문이다.

▌표 1-3 업종별 생존율

기간	1	2	3	4	5	6	7	8	9	10	11
전업종	0.748	0.588	0.488	0.415	0.363	0.323	0.290	0.266	0.247	0.230	0.222
제조업	0.771	0.628	0.535	0.469	0.421	0.385	0.356	0.334	0.317	0.302	0.294

대부분의 사람들이 창업을 하지 않고 취업을 하려고 하는 이유는 무엇일까?

취업을 한다는 것은 다른 사람의 사업체에서 돈을 받고, 그 기업을 위하여 일하는 것을 의미한다. 그 기업도 역시 돈을 벌어야만 유지될 수 있고, 계속될 수 있다. 자신이 다니고 있는 기업은 언제 문을 닫을지도 모르는 부실한 기업이어서는 안 된다. 하지만 우리나라 기업체의 99.9%는 중소기업이고, 중소기업의 대부분은 월급이나 복지 수준이 낮고, 언제까지 세상에 있을지도 알 수 없다. 안정된 대기업이나 중견기업, 공기업에 취직하거나, 공무원이 되는 것만이 이 문제를 해결할 수 있는 길이다. 따라서 모든 노력을 다해서라도 안정된 직장에 취업해야 한다. 하지만 취업을 하기 위해서는 수백 대 일의 경쟁에서 승리해야 한다. 오늘날 젊은이의 대부분은 대기업 등의 안정적인 직장을 갖기 위해서 공부하고, 생각하고, 노력한다. 대학교가 취업 학원이 되는 것은 어쩔 수 없는 일이 되었다. 사회가 우리 젊은이들에게 그렇게 밖에 할 수 없도록 만든 것이니, 우리 사회의 책임이라고 할 수 있다.

중소기업에 취직하면 일한 만큼의 보상을 받지 못하는 경우가 많다. 그렇다고 받은 만큼만 일할 수도 없다. 사장이나 회사의 관리자가 내가 가진 생각을 알아차리고, '회사를 그만두는 것이 어떻겠냐?'고 넌지시 얘기할 수도 있다.

'왜 나는 이런 작은 기업에서 불안정한 생활을 할 수밖에 없는가?'라는 생각이 들 것이다. 무엇이 내 인생을 꼬이게 한 것일까? 회사를 그만 두어야 하나? 아니면 어려움이 있더라도 버텨야 하나? 내가 그만두면 다음 달 카드 값은 어떻게 내고, 여자 친구는 나를 어떻게 생각할까? 어떻게 해야 할까? 무엇을 해야 할까?

세상의 얽히고설킨 문제를 해결하기 위해서는 원점으로 가서, 하나하나 따져보고 올바른 해답을 찾아보는 것이 유일한 방법이다.

취업이나 창업이나 업(業)이다. 업(業)은 돈을 벌기 위해서 하는 일이다.

내가 취업을 원하는 이유도, 부모님이 나에게 대기업에 들어가라고 말씀하시는 이유도, 대기업이 중소기업보다, 취업이 창업보다 리스크(Risk)가 작기 때문이다.

취업자의 입장에서, 자신이 앞으로 세상을 살아갈 때에 겪어야 할 어려움은 대기업이 중소기업보다 낮다는 것은 누구나 알고 있다. 하지만 대기업 등 자신이 원하는 곳에 취업을 하기 위해서는, 취업에 필요한 지식이나 태도 등 요구하는 것을 충족시켜야 한다. 이를 위해서 중, 고등학교 시절부터 잠도 많이 못 자고, 하고 싶은 일도 하지 못하고, 욕망을 억누르면서, 공부에 매진했던 것이 아닐까?

만약 중고등학교 시절부터 취업을 하기 위해서 공부한 젊은이들에게 창업을 하라고 권한다면, 우리 젊은이들은 어떤 생각을 할까?

취업을 해 본 경험 유무와 관계없이, 그들의 대부분은 창업에 대해서 부정적이다. 그들은 창업이 무엇인지 모르고, 자신이 창업으로 성공하기 어렵다는 것을 잘 안다.

그들이 공부했던 교양 및 전공 과목들은 창업을 하기 위한 것이 아니고, 취업을 위한 것이었고, 그들이 경험했던 것들은 자신이 모든 비즈니스를 결정해야 하는 주체적인 입장에서의 경험이 아니고, 그 회사의 사장이 만들어 놓은 사업시스템의 한 부분에서 월급 받은 만큼만 일하면서 얻은 경험이었다.

왜 그들은 취업을 위해서 배운 지식과 경험을 가지고, 취업과는 전혀 다른 창업에서도 돈을 벌 수 있다고 생각하는 것일까?

물론 취업을 위해서 배운 지식이나 경험이 창업에는 전혀 도움이 되지 않는다는 것은 아니다. 그 지식이나 경험은 조금 도움이 될 뿐이지 창업으로 돈을 벌기에는 턱없이 적은 것이다.

따라서 그들 중에서 창업을 쉽게 생각하고 창업에 뛰어든다면, 창업을 모르고 사업을 시작한 대가를 톡톡히 치를 수밖에 없다. 또한 돈이 좀 있다고 해서 만만해 보이는 치킨집을 하거나, 편의점을 하더라도 결과가 좋은 경우가 많지 않은 것은 창업이 무엇인지 모르고, 사업을 시작했기 때문이다.

창업을 하는 이유가 자유를 위해서건, 자신이 하고 싶은 일들을 하기 위해서건, 고객에게 즐거움을 주기 위해서건, 상관없이, 돈을 벌지 못하면 그 다음에 자신이 진짜로 하고 싶은 일을 할 수가 없다.

03

창업에 대하여
얼마나 알고 있는가?

창업을 하기 위해서는 무엇을 얼마만큼 알아야 할까?

먼저 자신이 하고자 하는 일의 개념을 파악하고, 전체적인 일의 방향을 안다면 도움이 될 것이다. 하지만 정작 내가 알고 싶고, 나에게 도움이 되는 어떤 것들은 돈이나 대가를 지불하지 않고서는 알 수가 없다.

네이버를 뒤져 보거나, 창업 교과서를 사서 읽어 본다면, 창업의 개념이나 절차 등 필요한 정보나 지식을 알 수 있다. 하지만 이러한 지식이나 정보만으로, 창업을 할 것인지, 하지 않을 것인지를 결정하기 어렵다. 창업자는 실제 창업을 할 때 필요한 핵심적인 것들을 알아야 한다.

사업을 시작하기 위해서는 먼저 돈을 벌 수 있는 아이템(제품이나 서비스)을 찾아야 하고, 이 아이템으로 돈을 벌 수 있는지에 대하여 잘 알고 있어야 한다. 그것은 이론적인 것들이 아니다. 실제로 자신의 아이템으로 돈을 벌기 위해서 반드시 알아야 하는 것들을 말하는 것이다. 돈을 번다는 것은 내 아이템을 고객에게 돈을 받고 판매하는, 기업가의 경제 활동이다.

그렇다면 창업자는 자신의 아이템을 고객이 돈을 주고 사기 위해서, 자신의 아이템이 어떤 조건을 가져야 할까를 생각해야 한다. 그것은 자신의 제품이나 서비스가 고객을 만족시키기 위해서, 즉 고객의 지갑을 열게 하기 위해서, 자신이 어떤 제품이나 서비스를 만들어야 하는지를 알면 될 것이다. 그리고 그런 제품이나 서비스를 만들기 위해서 필요한 것들을 잘 알아야 사업의 성공 확률이 높아진다.

하지만 내가 선택한 아이템으로 돈을 벌 수 있을 것인지 아닌지를 어떻게 알 수 있을까? 인터넷으로 관련 정보를 뒤져 보고, 곰곰이 생각해 보면 돈을 벌 수 있는지 알 수 있는가? 그러나 인터넷에서 찾을 수 있는 정보는 일반적인 것이고, 이러한 정보만을 가지고, 본인이 당면한 문제의 해답을 찾을 수 없다.

그 해답은 자신의 목표시장의 고객이 갖고 있다. 따라서 그 고객들이 자신의 아이템을 사줄 것이라는 것을 확인할 수 있으면 되는데, 이것을 알기 위해서는 시제품을 만들어서 시장조사를 해야 한다. 머릿속으로 상상하거나, 스스로 자신을 도취시키는 일은 자신의 창업을 힘들게 만드는 일이다.

다음으로, 창업자가 고객을 만족시킬 수 있는 아이템을 만든 경우에, 이것을 어떻게 고객에게 알리고, 고객이 어떤 경로로 자신의 아이템을 구매할 것인지를 알아야 한다.

우리는 흔히 이것을 '마케팅을 안다', '시장을 안다'고 말한다. 그러나 마케팅의 이론을 아는 것이 중요한 것이 아니고, 실제 자신이 직면하게 되는, 즉 자신의 아이템을 사 줄 고객에 대해서 구체적으로 아는 것이 필요하다. 즉 자신이 목표로 하는 시장의 고객이 누구인지, 자신의 제품으로 그 고객을 어떻게 만족시킬 수 있는지를 알아야 하는 것이다. 그래야만 창업자가 돈을 벌 수 있지 않겠는가?

창업자가 잘 알아야 하는 것은 제품을 제조하는 상세한 기술이나, 마케팅에 대한 일반적인 이론을 알아야 하는 것이 아니고, 자신이 어떤 아이템을 어떻게 만들어서 고객을 만족시킬 수 있는지, 그 아이템을 사 줄 고객이 누구이고, 고객이 자신의 아이템을 구매하게 하기 위해서, 어떻게 자신의 아이템을 알리고, 어떤 경로(채널)로 판매할 것인지를 알아야 한다.

마지막으로 창업자가 알아야 하는 것은 자신의 아이템을 구매한 고객을 어떻게 관리할 것인지와 고객에게 받은 돈을 어떻게 관리해야 하는지이다.

여기에서의 고객이란 자신의 제품이나 서비스를 구매한 고객을 말하는데, 실제 자신의 아이템을 구매한 고객을 관리하지 못하면, 사업이 어려워질 수 있다. 사실 고객 관리를 해야 한다는 것은 누구나 알고 있지만, 고객의 입장에서, 고객이 만족할 수 있게, 진심으로 고객을 대하고, 관리하기가 쉬운 일이 아니다. 하지만 고객이 등을 돌리는 순간, 사업은 벼랑 끝에 서게 된다는 것을 명심해야 한다.

고객에게서 받은 돈을 관리하는 것은 몇 가지 회계적인 지식이 필요하다. 하지만 자세한 부분까지 알 필요는 없다. 손익계산서와 대차대조표를 보고 이해할 수 있는 정도로 충분하다.

또 하나 필요한 것은 아이템을 만들고, 판매하는 일련의 시스템에서 필요한 돈의 흐름이 끊기지 않도록 하는 것이다. 이것을 '돈(자금)의 흐름을 관리한다'고 말한다. 이것은 창업자가 사업의 과정에서 돈이 부족하면 자금을 조달하고, 남으면 그 자금을 적절하게 운용하는 것이다.

창업자는 기존의 고객을 어떻게 관리해야 하는지, 오늘 자신의 매출이 얼마이고, 자신이 집행해야 할 돈이 얼마인지 등 기본적인 사항만을 알면 되고, 세무와 회계, 자금 조달과 운용 등의 전문적인 분야는 세무사, 회계사, 컨설턴트 등에게 맡기는 것이 좋다. 또한 자신이 세무사나 회계사 자격증을 갖고 있더라도, 다른 해야 할 일들이 많기 때문에 외주를 주는 것이 더 나은 방법일 수도 있다.

04 언제 창업을 해야 하는가?

오늘날은 기술을 비롯한 모든 것들이 빠른 속도로 변화하고, 자신의 제품이나 서비스를 구매하는 고객이 주도권을 갖고 있는 세상이 되었다. 과거의 비즈니스 모델과 경쟁 패턴은 어느 날엔가 쓸모없는 것이 되었고, 산업 간 영역과 기업 간 경계가 허물어져서 무한 경쟁의 시대가 되었다. 또한 우리가 절대로 망하지 않을 것으로 믿었던 거대 기업이 하루아침에 사라져 버리기도 한다.

그렇다면 지금과 같은 시기에 창업을 하는 것은 창업자에게 불리한 것인가?

정부는 창업자에게 많은 지원을 하고 있고, 지원 규모를 확대하고 있다. 정부의 지원을 받은 창업자가 모두 비즈니스에서 성공하는 것은 아니지만, 적어도 창업에서 겪게 되는 많은 어려움을 줄여주고 있다. 창업자는 자신의 역량, 창업 환경의 기회와 위험 요인을 분석함으로써 창업 실패의 확률을 현저하게 줄일 수 있고, 창업의 시기가 좋은지 나쁜지도 알 수 있다.

창업자가 자신의 역량을 분석하고 창업 환경의 기회와 위험 요인을 분석하는 것을 SWOT 분석이라고 한다. 창업자는 SWOT 분석이라는 기법을 활용하여 창업자의 강점(Strength)과 약점(Weakness)을 분석하고, 이러한 창업자의 강점과 약점이 사업을 하는 외부 환경인 기회(Opportunity)와 위협

(Threat)으로부터 어떤 영향을 받을 것인지 또는 이러한 네 가지 요인들이 서로 어떤 관계를 가질 것인지를 살펴보고, 이를 극복하고 성공할 수 있는 전략을 수립해야 한다.

따라서 창업자가 갖고 있는 역량을 정확하게 분석함으로써 자신의 부족한 부분에 대한 보완책과 자신이 가진 장점을 비즈니스에 얼마나 잘 활용할 수 있는지를 살펴봐야 한다.

▼ 그림 1-3 SWOT 분석과 전략

	S (강점)	W (약점)
O (기회)	SO전략 기회로부터 이익을 얻기 위해 강점을 활용하는 전략	WO전략 약점을 극복하면서 기회를 살리는 전략
T (위협)	ST전략 위협을 회피하기 위해 강점을 활용하는 전략	WT전략 약점을 최소화하고 위협을 회피하는 전략

모든 조건과 역량을 다 갖추고 창업하는 사람은 없다. 따라서 자신의 약점이 많다고 포기할 것이 아니고, 역량을 강화하면서 끊임없이 도전하는 것이며, 본인의 역량과 외부 환경을 고려하여 창업의 시기를 조절하여야 한다.

사업을 하는 것도 다 때가 있다고 말한다.

사업을 시작해서, 성공을 할 수 있는 절호의 기회는 과연 있는 것일까?

창업을 해야 하는 시기가 딱 정해져 있는 것은 아니다. 그러나 SWOT 분석 등을 통해서 자신의 역량과 외부 환경의 변화를 분석함으로써 실패 확률을 줄이는 것이 중요하다. 이를 위하여, 창업자는 시대와 기술의 흐름에 맞는 혁신적인 아이템과, 고객을 만족시킬 수 있는 마케팅으로 고객에게 가치와 혜택을 줄 수 있도록 해야 한다.

창업자는 기술이나 트렌드의 변화를 읽어내고, 이를 이용하여야 한다. 그러나 많은 창업자들은 이러한 기술이나 트렌드의 변화를 좀처럼 받아들이지 않으려는 경향이 있고, 이러한 변화를 과소평가하는 경우도 있다. 창업자는 트렌드나 기술의 조그만 변화에 대해서도, 항상 의문을 갖고, 이러한 변화가 커다란 시대의 흐름으로 바뀌는 것이 아닌지를 예의 주시하고 분석해야 한다. 또한 이러한 트렌드의 변화나 새로운 기술을 이용하여, 기존 기업보다 우수한 제품과 서비스로 비즈니스를 시작해야 한다. 창업자는 기술이나 트렌드의 변화를 받아들이고 그 변화의 경과를 예측할 수 있는 능력과 이를 이용하려는 전향적인 자세를 가져야 성공할 수 있다.

05 ● 당신은 창업으로 성공할 수 있을까?

창업에 대한 지식이나 경험이 많고, 사업을 언제 시작하는 것이 좋다는 것을 알았다면 당신은 창업으로 성공할 수 있을까?

당신이 창업에 대한 지식이나 경험이 많고, 사업을 언제 시작하는 것이 좋다는 것을 알았다고 하더라도 언제나 창업으로 성공할 수 있는 것은 아니다. 또한 기술이 있다고 해서 창업으로 성공하는 것도 아니다.

창업에 성공하기 위해서는 여러 가지 조건이 다 맞아야만 한다. 그러나 모든 조건을 다 갖추고 창업을 하는 창업자는 없다. 창업이란 자신이 갖고 있는 지식과 경험을 바탕으로 창업에서 성공할 수 있는 확률을 높이기 위해서 혼신의 힘을 다하는 과정이다.

창업으로 성공할 수 있는 가장 중요한 조건은 무엇일까?

창업으로 성공할 수 있는 조건들은 많다. 그러나 창업으로 성공하기 위한 가장 중요한 조건은 '마케팅을 잘하는 것'이다. 마케팅은 고객에서부터 출발한다. 고객은 자신이 사업을 하는 이유를 알게 해 준다. 고객을 만족시키고 감동시키는 것을 즐거워하지 않는 창업자는 돈을 벌 자격이 없고, 이런 사람은 창업을 해서는 안 된다.

그 다음으로 중요한 것은 자신이 창업을 해서 성공하겠다는 목표 의식과, 자신과 타인과 사물에 대한 긍정적인 생각이다. 이러한 긍정적인 생각은 창업 과정에서 닥치는 여러 가지 어려움을 극복할 수 있게 해 준다. 창업은 단기적인 과정이 아니다. 창업은 모든 것을 다 갖추고 시작했다고 해도 몇 년간의 시간이 필요하기 때문이다. 이 두 가지만 있다면, 나머지는 노력해서 얻을 수 있고, 당신이 창업으로 성공할 확률은 매우 높다.

성공한 창업자는 어떤 특징을 가지고 있을까?

창업으로 성공하는 사람들의 가장 공통적인 특징은 '마케팅을 잘 할 수 있는 능력을 갖추고 있다는 것'이다. 즉 자신의 목표시장의 고객을 잘 이해하고 있고, 그들에게 어떻게 자신의 제품이나 서비스를 판매할 수 있는지를 잘 알고 있는 것이다.

창업으로 성공하기 위해서 창업자가 가져야 할 역량 중에서 이러한 능력보다 더 중요한 능력은 없다. 창업자가 박사 학위를 갖고 있다고 해서, 또는 집안에 돈이 많다고 해서 창업으로 성공할 확률이 높은 것은 아니다. 박사 학위를 갖고 있거나, 집안에 돈이 많은 창업자들은 오히려 이러한 조건 때문에 정작 중요한 창업의 성공 조건을 과소평가하는 경향이 있다.

마케팅 등 성공 창업에 필요한 조건들을 잘 알고 사업을 시작하는 경우에는 창업으로 성공할 확률은 매우 높다. 그러나 성공 창업에 필요한 역량이나 조건들을 잘 갖추고 사업을 시작하는 경우에도 창업에 실패하는 경우가 간혹 있다.

이것을 사람들은 '운(運)' 때문이라고 말한다. 창업의 성공과 실패에 운은 얼마나 작용하는 것일까?

어떤 이들은 '운칠기삼(運七技三)'이라고 하고, '운구기일(運九技一)'이라고 하기도 한다. 사업에 있어서, 운은 반전의 계기가 된다. 사업의 성공을 눈앞에 둔 창업자가 교통사고로 저 세상 사람이 되기도 하고, 자금이 매우 어려웠던 창업자가 한 사람의 투자자의 도움으로 사업에 성공하기도 한다.

사업에 있어서의 운은 대부분의 경우, 누구를 만나서, 그 사람과 어떤 관계를 맺고, 그 사람이 사업에 어떤 영향을 미치느냐에 달려있다. 따라서 창업자는 좋은 사람들과 만나서, 좋은 인간관계와 사업상의 관계를 맺을 수 있도록 노력해야 한다. 그래야 좋은 운을 만날 확률이 높아진다.

06
창업자의
기업가정신이란?

현대 경영학의 아버지로 불리는 피터 드러커는 기업의 목적은 '이윤 창출'이 아닌. '고객 창조'라고 말했다. 이는 기업가가 기업의 목적을 달성하기 위해서 새로운 시장을 발굴, 개척하며, 시대적 변화에 대응하면서 고객을 창조하는 사람이라는 의미이다.

▼ **그림 1-4 기업가의 정의**

기업가는 '창조적 파괴'의 과정에서 리더이고
기업가에 의해서 주도된 '새로운 결합'에 의해
경제 개발이 일어난다.
－슘페터

기업가는 변화를 탐구하고, 변화에 대응하며,
변화를 기회로써 이용하는 사람이다.
－피터 드러커

기업가란 새로운 시장을 발굴하고 개척하며, 시대적 변화에 대응하면서
창조와 혁신을 통하여 기업의 모든 요소를 만들어 가는 사람

창업자의 기업가정신(Entrepreneurship)은 '새로운 가치 창출을 위해서, 도전정신과 열정을 가지고, 위험을 감수하며, 진취적인 자세로 새로운 사업을 개척하고 혁신을 주도하는 창업자의 정신'을 말한다. 여기에서 '새로운 가치'는 창업 아이템에 대해서 창업자가 아닌, 고객이 느끼는 가치이고, '혁신'이란 '아이템, 생산 방법 등에서의 새로운 것(가치)'을 의미한다.

경영학자인 슘페터는 창조적 파괴 과정을 거쳐서 경제 발전을 주도하는 혁신자로서의 기업가의 역할을 강조했다. 또한 피터 드러커는 오늘날의 기업은 두 가지 기능만을 가지고 있다고 하면서, 이 두 가지 기능이 '혁신'과 '마케팅'이라고 했다. 즉 기업의 목적은 혁신을 통해서 제품과 서비스를 만들고, 이를 판매하는 마케팅 활동을 통해서 고객을 만족시키는 것이다.

창업의 목적은 돈을 버는 것인데, 창업자의 기업가정신의 첫 번째 의미는 창업자가 법률과 사회적인 규범 등을 준수하면서 재화와 서비스를 고객에게 제공하고 돈을 받는 경제 활동(교환)으로 돈을 버는 것이다. 창업자는 기존의 사업에서는 경쟁력이 없어서 돈을 벌기 어렵기 때문에, 새로운 사업을 개척하고, 혁신적으로 사업을 수행해야 한다.

 사례 1-1 ────────────────────────

마윈의 기업가정신-도전정신과 열정

중국 온라인 쇼핑 시장의 80% 이상을 장악한 알리바바를 창업한 마윈은 지방대학 출신으로 취업에 서른 번 넘게 떨어졌고 7년 동안 세 번이나 사업에 실패했다.

모든 사람은 꿈이 있습니다.
꿈이 클 필요는 없지만 반드시 진실한 것이어야 합니다.
- 마윈

"이베이가 바다에 사는 상어라면 우리는 양쯔강에 사는 악어이다. 우리가 강에서 싸웠기에 우리는 쉽게 이길 수 있었다.", "창업은 돈을 벌기 위해서가 아니라 가장 좋아하는 일, 열정을 쏟을 수 있는 일을 해야 한다."

창업자의 기업가정신의 두 번째 의미는 기업의 사회적 책임(CSR: Corporate Social Responsibility)인데, 그 형태는 사회 문제 해결에 적극적으로 나서거나, 사회적 약자에게 지속적으로 기부금을 내거나 하는 등의 여러 가지가 있을 수 있다. 그러나 창업자가 돈을 벌지 못하면서 사회적 책임을 질 수는 없는 것이기 때문에 첫 번째 조건이 어느 정도 완성되어야 가능하다.

기업가가 사회적 책임을 져야 하는 이유는 기업을 둘러싼 사회에 속하는 고객이 우리 회사의 제품이나 서비스를 구입했고, 이를 통해서 기업가가 돈을 벌었기 때문이다.

기업의 사회적 책임은 초기에는 준법 경영 등의 기업 윤리 준수와 사회 공헌을 의미했으나, 점차 확장되어서, 동반 성장, 환경 경영, 지속 가능 경영 등 다양한 방식들이 도입되고 있다.

최근에는 지속 가능 경영을 위하여, 환경(Environment), 사회(Social), 지배구조(Governance)의 비재무적 요소를 충분히 반영하여 기업을 평가하는

ESG 경영이 매우 중요하게 되었다. 세계적으로 많은 금융기관이 ESG 평가 정보를 활용하고 있고, 우리나라도 2030년부터 모든 코스피 상장사에게 ESG 공시 의무화 제도를 도입한다.

우리가 알고 있는 성공한 기업가들은 기업가정신의 첫 번째 의미인 '돈을 버는 것'은 이뤘지만, 두 번째 의미인 '사회적 책임을 지는 것'에는 기업가에 따라 많은 차이를 보여주고 있다.

(사례 1−2)와 같이, 강창석 회장은 '기업가는 고객들로부터 돈을 벌기 때문에, 당연히 어려운 사람에게 일부를 돌려줘야 합니다'라고 하면서, '돈에 얽매이는 삶에서 자유로워지면, 인생이 편안해집니다'라고 말했다.

 사례 1-2

중졸 회장님의 기업가정신 – 사회적 약자에 대한 기부

만성두드러기로 고생하던 강석창은 덕수상고를 중퇴하고 작은 화장품 회사에서 10년간 영업사원으로 일하다 소망화장품을 창업했다. 1995년부터 매년 매출의 1~2%, 때로는 이익의 30%를 기아대책·월드비전 같은 구호단체에 기부해왔고 지난 20년간 누적 기부액 100억원을 넘었다. 강석창 회장은 '꽃을 든 남자', '다나한' 등의  브랜드로 성공을 거두었고 최근에 언론 인터뷰에서 사업일선에서 물러나면 전 재산의 99%를 사회에 환원하겠다고 약속했다. 그는 "제가 버는 돈은 제 돈이 아니고 잠시 맡아 보관하는 것입니다. 기업가는 고객들로부터 돈을 벌기 때문에 당연히 어려운 사람에게 일부를 돌려줘야 합니다. 세상을 떠나기 직전에 몰아서 돈을 기부하는 것은 가치가 떨어지며, 작지만 내가 벌 때 쪼개서 하는 게 도리이자 기쁨입니다. 돈에 얽매이는 삶에서 자유로워지면 인생이 편안해집니다"라고 했다. 현재는 소망화장품을 매각하고 일선에서 물러난 이후 2016년 이온칼슘을 주성분으로 하는 피부 고민 해결 화장품 미네랄바이오를 인수하고 대표이사에 취임하면서 화장품 업계에 복귀했다.

우리나라에서 기업의 사회적 책임에 가장 투철했던 기업인은 유한양행의 창업자인 고(故) 유일한 박사라고 할 수 있다.

1909년 미국으로 유학을 떠나, 고학으로 미시간 대학과 스탠포드 대학원을 마친 후 귀국한 유일한 박사는 1926년 유한양행을 설립한 후 제약업계 최초로 주식을 상장하고, 종업원 지주제를 실시하였으며, 1969년에는 사업 일선에서 물러나서 전문경영인에게 경영권을 물려주는 등 기업의 사회적 책임을 실현하는 데 있어 시대를 앞서나간 기업인이었다. 특히 유일한 박사는 1971년 세상을 떠나면서 전 재산을 자신이 설립한 유한재단에 기부하는 한편 자녀들에게는 5,000평의 땅과 1만 달러의 학자금만을 상속해 화제를 모으기도 했다.

 사례 1-3

기업의 사회적 책임에 가장 투철했던 기업인 – 유한양행의 창업자 고(故) 유일한 박사

설립자 유일한

유일한은 누구인가!

유일한(柳一韓) 박사는 1895년 1월 15일에 아버지 유기연(柳基淵)의 장남으로 평양에서 태어났다. 그는 1904년 9세 때 대한제국순회공사 박장현을 따라 미국에 건너가 고학으로 커니초등학교를 졸업하고, 이어서 헤스팅스고등학교와 미시간주립대학교를 졸업했다. 그 후 남가주대학원에서 경영학 석사학위를 받았으며, 스탠포드대학원에서 국제법을 공부하였다. 그리고 1965년 연세대학교로부터 명예법학박사 학위를 받았다. 그는 미국에서의 학생 시절 필라델피아 한인자유대회에서 「한국 국민의 목적과 열망을 석명(釋明)하는 결의문」을 공동 작성하여 낭독하였고, 이후 재미한인으로 구성된 항일무장 독립군 맹호군 창설에 주역으로 활동하였으며, 미육군전략처(OSS)의 항일투쟁계획인 냅코작전(NAPKO Project)의 특수공작원으로 활동하는 등 조국의 독립을 위해 활약하였다. 그는 1926년에 귀국하여 유한양행(柳韓洋行)을 세워 업계 정상의 기업으로 성장시켜 왔으며, 1971년 76세를 일기로 영면하였다.

유일한 박사는 새로운 기업 윤리를 이 땅에 남긴 모범적인 기업가이며, 교육자이며, 사회사업가이며, 그리고 독립운동가였다. 이러한 그의 공적을 높이 평가하여 1971년의 서거 시에 국가 최고의 영예인「국민훈장 무궁화장」이 추서되었고, 1995년 광복 제50주년 경축식에서「건국훈장 독립장」이 추서되었으며, 1996년에는 문화체육부로부터「6월의 문화인물」로 선정되었다.

또한 유일한 박사 생애의 업적을 평가하여 유일한 박사 탄생 100주년(1995년 1월 15일)에 즈음하여 각계 각층의 인사가 모여 다채로운 추모행사가 개최되었으며, 100주년 기념행사의 일환으로「경영사학-유일한 박사 특집」,「제9집, 한국경영사학회」,「나라 사랑의 참기업인 유일한」,「유일한 전집, 유한양행」,「유일한의 독립운동 연구」,「동방도서, 이현희 박사 저」등이 간행되었으며, 이외에도 다수의 기념물이 발간되었다.

유일한 박사의 고귀한 삶은 자라나는 세대에 귀감이 되도록 각종 교과서에 수록된 바도 있으며, 1991년「제1회 참경영인상」, 1999년「부천을 빛낸 분」, 2009년「한국을 대표하는 인물 100인」등 영면하신지 40년이 지난 오늘에도 많은 분야에서 훌륭한 업적을 남긴 인물로 평가되고 있다. 유일한 박사는 일생의 대부분을 일제하에서 민족 기업을 설립하고 발전시키는 데에 바쳤다. 그러나 그에 못지않게 미국에서의 독립투쟁을 통해 조국의 독립을 위해 노력했던 그의 애국적인 생활도 그의 일생에 중요한 일부분으로 높게 평가되고 있다. 유일한 박사의 기업 창업 및 운영에서 보인 애국 애족의 정신과 독립운동가로서의 애국 애족의 정신은 비단 기업인의 귀감이 될 뿐만 아니라 우리 국민 모두에게 삶의 귀감이 되어 있는 것이다.

삶의 철학
약한 사람에게는 부드럽게 대하고 강한 사람에게는 강하게 대하라

국가

• 건강한 국민, 병들지 아니한 국민만이 주권을 누릴 수가 있는 것이다.

• 나라 사랑을 위해서는 목숨을 바칠 것을 신성한 말로 서약하여야 한다.

인간

- 눈으로 남을 볼 줄 아는 사람은 훌륭한 사람이다. 그러나 귀로는 남의 이야기를 들을 줄 알고, 머리로는 남의 행복에 대해서 생각할 줄 아는 사람은 더욱 훌륭한 사람이다.
- 사람은 죽으면서 돈을 남기고 또 명성을 남기기도 한다. 그러나 가장 값진 것은 사회를 위해서 남기는 그 무엇이다.
- 실패, 그것으로 해서 스스로 나의 존재가치를 깨닫는다면, 실패 그것은 이미 나의 재산인 것이다.

기업

- 기업의 생명은 신용이다.
- 기업의 제 1 목표는 이윤의 추구이다. 그러나 그것은 성실한 기업 활동의 대가로 얻어야 하는 것이다.
- 기업의 기능에는 유능하고 유익한 인재를 양성하는 교육까지도 포함되어 있어야 한다.
- 정직, 이것이 유한(柳韓)의 영원한 전통이 되어야 한다.

기업의 사회적 책임을 다하고 있는 사례로, 김범수 카카오 이사회 의장, 빌 게이츠 마이크로소프트 창업자 등을 소개한다.

 사례 1-4

국내 기부왕 – 김범수 카카오 이사회 의장

김범수 카카오 이사회 의장이 2월 8일 소띠해 신년 메시지에서 재산 절반 이상을 사회를 위해 쓰겠다고 말했다. 카카오는 계열사가 100개 가까운 재계 23위 그룹이다. 창업자인 김 의장의 재산은 줄잡아 10조 원에 이른다. 절반이면 5조 원이다. 와, 이 돈을 공동체를 위해 쓴다니 이 얼마나 좋은가. 세상을 좀 오래 산 사람은 안다. 기업인이 자기 재산을 얼마나 끔찍이 아끼는지를 말이다. 예전엔 군사정변이나 일어나야 어쩔 수 없이 자기 재산을 내놨다. 안 그러면 군인들한테 잡혀가니까. 그것도 시늉만 했을 뿐 '부정 축재' 기업인들이 실제로 얼마나 내놨는지는 아무도 모른다.

김범수는 벤처 1세대다. 1966년생이니까 올해 55세다. 공자는 나이 쉰이면 천명, 곧 하늘의 뜻을 안다고 해서 지천명(知天命)이라고 불렀다. 사실 나는 김범수가 일을 낼 줄 알았다. 지난해 3월 카카오 출시 10주년 영상 메시지에서 그는 "카카오를 좋은 기업을 넘어 위대한 기업으로 이끌고 싶다"는 포부를 밝혔다. 신년 메시지는 여기서 한 걸음 더 나아갔다. "격동의 시기에 사회문제가 다양한 방면에서 더욱 심화되는 것을 목도하며 더 이상 결심을 늦추면 안 되겠다는 생각이 들었다." 그러면서 "다짐이 공식적인 약속이 될 수 있도록 적절한 기부서약도 추진 중"이라고 말했다

김 의장의 메시지를 들으며 문득 옥에 갇힌 이재용 삼성전자 부회장이 떠올랐다. 이 부회장은 작년 말에 열린 국정농단 파기환송심 최후진술에서 "삼성은 달라질 것"이라며 "회사의 가치를 높이고 사회에 기여하는 일에 집중하겠다"고 말했다. 선고를 앞둔 소송전략의 일환이라고? 꼭 그런 것 같진 않다. 이 부회장은 1월 말 직원들에게 보낸 옥중 메시지에서 "국민과 약속한 투자와 고용 창출 등 본분에 충실해야 하고 사회적 책임을 다하는 삼성으로 거듭나야 한다"고 강조했다. 그는 2년 6개월 징역형을 선고 받고 복역 중이다.

이재용 부회장은 1968년생으로 김범수 의장과 또래다. 상상의 나래를 펼쳐본다. 두 사람이 의기투합해 한국형 부자 모델을 새로 써나가면 어떨까.

출처: 〈곽인찬의 특급논설〉 파이낸셜뉴스, 2021. 2. 9.

 사 례 1-5

해외 기부왕 – 빌 게이츠 마이크로소프트 창업자 등

미국의 억만장자 찰스 척 피니는 살아있는 동안 재산을 모두 사회에 내놓겠다는 평생의 목표를 이뤘다. 지난 9월 중순 피니는 자신의 자선재단 '애틀랜틱 필랜스로피'에 남은 돈을 모두 기부하고 재단을 해체했다. 공항 면세점으로 큰 돈을 번 그가 40년간 기부한 금액은 전 재산의 99%인 80억 달러(9조 4,000억 원)에 달한다. 남은 돈은 아내와 노후를 위해 쓸 200만 달러다.

세계적인 자선사업가인 빌 게이츠 마이크로소프트 창업자와 투자회사 버크셔헤서웨이를 이끄는 워런 버핏도 그에게 영향을 받았다. 두 사람은 2010년 자선 단체 '기빙 플레지(자기 재산의 절반 이상을 기부하기로 약속한 사람들이 가입하는 기부 클럽)'를 세워 부호들의 기부를 이끌고 있다. 버핏은 이 클럽에 이미 370억 달러(약 43조 2,900억 원)를 기부금으로 내놨다.

빌 게이츠도 설립 당시인 2010년 560억 달러(약 65조 5,200억 원) 재산 중 99%를 기

부했다. 지난 2015년 ABC뉴스는 "빌 게이츠가 지난 20년간 기부한 돈을 하루 단위로 계산하면 매일 50억 원씩 기부한 셈"이라는 분석을 내놓기도 했다. 최근에는 코로나19에 대응하기 위해 1억 달러(약 1,182억 원)를 기부했다.

출처: 소년한국일보, 2020. 10. 19.

기업가정신에 대한 질문지 작성 후 기업가정신에 대하여 토의하기

여러분도 언젠가는 창업을 통해서 기업가가 될 수 있다. 나는 기업가로서 어떤 자질을 갖추고 있을까? 아래 검사표를 이용하여 성공 창업자가 되기 위해서 나 자신에게 필요한 자질이 무엇인지 알아보고, 자신의 기업가정신의 요소(혁신성, 진취성, 위험감수성, 자율성 등)을 중심으로 팀별로 토의해 보자.

<분류법에 의한 기업가의 적성 검사법>

1. 당신은 힘든 직무를 감당할 수 있는 충분한 체력과 힘을 가지고 있나요?   예 ☐ 아니오 ☐

2. 당신은 주위 사람들에 비해 정신적, 정서적으로 건전하고 안정된 상태에 있나요?   예 ☐ 아니오 ☐

3. 당신은 사업을 하는 데 요구되는 충분한 지능을 가지고 있다고 생각하나요?   예 ☐ 아니오 ☐

4. 당신은 당신이 계획하고 있는 사업 분야에 대한 충분한 지식을 가지고 있나요?   예 ☐ 아니오 ☐

5. 당신은 창조성이 있다는 평가를 받아 본 적이 있나요?   예 ☐ 아니오 ☐

6. 당신은 모험심이 강하고 용감하다는 평가를 받아 본 적이 있나요?   예 ☐ 아니오 ☐

7. 당신은 책임감이 강하고 믿음직스럽다는 평가를 받아본 적이 있나요?   예 ☐ 아니오 ☐

8. 당신은 성실하고 부지런하다는 평가를 받아본 적이 있나요?   예 ☐ 아니오 ☐

9. 당신은 어떤 일이든 충분히 해낼 수 있다는 자신감을 가지고 있나요?   예 ☐ 아니오 ☐

10. 당신은 판단이 정확하고 결단력이 빠르다는 평가를 받아 본 적이 있나요?   예 ☐ 아니오 ☐

11. 당신은 어떤 운동이나 일을 할 때 남에게 지기 싫어하는 근성이 있나요?   예 ☐ 아니오 ☐

12. 당신은 한 가지 일에 열중하는, 지구력이 뛰어나다는 평가를 받아 본 적이 있나요?　예 ☐ 아니오 ☐

13. 당신은 인덕이나 인간적인 매력이 있다는 평가를 받아 본 적이 있나요?　예 ☐ 아니오 ☐

14. 당신은 '기업은 사회적 기관으로서 국법을 준수해야 하며, 모든 이해관계자들에게 최적의 의사 결정을 해야 한다'는 주장에 대해 전적으로 찬성하나요?　예 ☐ 아니오 ☐

15. 당신은 '기업은 기업 윤리를 꼭 지켜야 한다'는 주장에 대해 전적으로 찬성하나요?　예 ☐ 아니오 ☐

16. 당신은 복잡한 문제를 체계적으로 정리하거나 계수적으로 분석하는 일에 자신이 있나요?　예 ☐ 아니오 ☐

17. 당신은 주위 사람들로부터 직관력과 예측력이 뛰어나다는 평가를 받아 본 적이 있나요?　예 ☐ 아니오 ☐

18. 당신은 기획력과 치밀함이 남보다 더 낫다고 생각하나요?　예 ☐ 아니오 ☐

19. 당신은 다른 사람의 재주를 비교적 빠르고 정확하게 평가할 수 있나요?　예 ☐ 아니오 ☐

20. 평소 당신은 리더십이 다른 사람보다 더 낫다고 생각하나요?　예 ☐ 아니오 ☐

21. 평소 주위 사람들로부터 어려운 문제 해결에 나서 달라는 부탁을 받아 본 적이 있나요?　예 ☐ 아니오 ☐

22. 당신의 주장이나 입장을 주위 사람들에게 설득시키는 데 자신이 있나요?　예 ☐ 아니오 ☐

23. 당신의 주위 사람들로부터 너그럽고 인자하다는 평을 받아본 적이 있나요?　예 ☐ 아니오 ☐

평가기준
예로 답한 문항 수가 　19-23개: 사업가의 자질이 극히 우수함 　15-18개: 사업가의 자질이 비교적 우수함 　12-14개: 사업가의 자질이 어느 정도 있음 　9-11개: 사업가의 자질이 약간 빈약함 　6-8개: 사업가의 자질이 상당히 빈약함 　1-5개: 사업가의 자질이 극히 빈약함

적성검사 결과에 따라 예비창업자로서의 자신의 강점과 약점을 작성해 보자

창업자로서의 나의 강점
•
•
•

창업자로서의 나의 약점
•
•
•

창업을 하는 경우의 SWOT 분석표 작성하기

여러분이 창업을 하려고 준비하는 예비창업팀이라고 가정하고, 우리 예비창업팀에 대하여 아래 표에 따른 SWOT 분석을 하고, 분석표를 작성해 보자.

내부역량 / 외부역량	S 강점(Strength)	W 약점(Weaknesses)
	- - -	- - -
O 기회(Opportunity) - - -	우선수행 과제(SO전략) - - -	우선보완 과제(WO전략) - - -
T 위협(Threat) - - -	RISK해결 과제(ST전략) - - -	장기보완 과제(WT전략) - - -

창업이란
무엇인가?

- 창업은 '사업을 시작하는 것'이고, 사업은 '돈을 목적으로 하는 경제 활동'이다.

- 경제는 미시적인 의미로는 '교환'이고, 거시적인 의미로는 '돈의 흐름'이다.

- 기술 창업은 기술을 기반으로 하는 제품이나 서비스로 사업을 하는 제조업이나 지식서비스업을 의미하고, 위험은 크지만 성공 확률이 높은 기술 집약형 기업을 의미하는 벤처기업의 창업을 포함하는 넓은 의미이다.

- 기술 창업인지, 자영업인지 구별하는 가장 분명한 기준은 '수출이 가능한지 여부'이다.

- 기술 창업자는 소비자에게 혜택을 주는 제품이나 서비스를 제공한 대가로 소비자로부터 돈을 받고, 이 돈으로 다시 제품이나 서비스를 만들어 소비자에게 공급하는 사업시스템을 만들고 이를 운영함으로써 기업을 발전시킨다.

- 창업이란 '고객의 문제를 해결해 주고 돈을 받는 일'을 시작하는 것이다.

왜 사업을
시작하는가?

- 취업을 위해서 배운 지식이나 경험이 창업에는 전혀 도움이 되지 않는다는 것은 아니다. 그 지식이나 경험은 조금 도움이 될 뿐이지 창업으로 돈을 벌기에는 턱없이 적은 것이다.

- 창업을 하는 이유가 자유를 위해서건, 자신이 하고 싶은 일들을 하기 위해서건, 고객에게 즐거움을 주기 위해서건, 상관없이, 돈을 벌지 못하면 그다음에 자신이 진짜로 하고 싶은 일을 할 수가 없다.

창업에 대하여 얼마나 알고 있는가?

- 자신의 제품이나 서비스가 고객을 만족시키기 위해서, 즉 고객의 지갑을 열게 하기 위해서, 자신이 어떤 제품이나 서비스를 만들어야 하는지를 알면 될 것이다. 그리고 그런 제품이나 서비스를 만들기 위해서 필요한 것들을 잘 알아야 사업의 성공 확률이 높아진다.

- 창업자가 잘 알아야 하는 것은 제품을 제조하는 상세한 기술이나, 마케팅에 대한 일반적인 이론을 알아야 하는 것이 아니고, 자신이 어떤 아이템을 어떻게 만들어야 고객을 만족시킬 수 있는지, 그 아이템을 사 줄 고객이 누구이고, 고객이 자신의 아이템을 구매하기 위해서, 어떻게 자신의 아이템을 알리고, 어떤 경로(채널)로 판매할 것인지를 알아야 한다.

- 창업자는 기존의 고객을 어떻게 관리해야 하는지, 오늘 자신의 매출이 얼마이고, 자신이 집행해야 할 돈이 얼마인지 등 기본적인 사항만을 알면 되고, 세무와 회계, 자금 조달과 운용 등의 전문적인 분야는 세무사, 회계사, 컨설턴트 등에게 맡기는 것이 좋다.

언제 창업을 해야 하는가?

- 창업자가 자신의 역량을 분석하고 창업 환경의 기회와 위험 요인을 분석하는 것을 SWOT 분석이라고 한다. 창업자는 SWOT 분석이라는 기법을 활용하여 창업자의 강점(Strength)과 약점(Weakness)을 분석하고, 이러한 창업자의 강점과 약점이 사업을 하는 외부 환경인 기회(Opportunity)와 위협(Threat)으로부터 어떤 영향을 받을 것인지 또는 이러한 네 가지 요인들이 서로 어떤 관계를 가질 것인지를 살펴보고, 이를 극복하고 성공할 수 있는 전략을 수립하는 것이다.

- 모든 조건과 역량을 다 갖추고 창업하는 사람은 없다. 따라서 자신의 약점이 많다고 포기할 것이 아니고, 역량을 강화하면서 끊임없이 도전하는 것이며, 본인의 역량과 외부 환경을 고려하여 창업의 시기를 조절하여야 한다.

- 창업을 해야 하는 시기가 딱 정해져 있는 것은 아니다. 그러나 SWOT 분석 등을 통해서 자신의 역량과 외부 환경의 변화를 분

석함으로써 실패 확률을 줄이는 것이 중요하다. 이를 위하여, 창업자는 시대와 기술의 흐름에 맞는 혁신적인 아이템과, 고객을 만족시킬 수 있는 마케팅으로 고객에게 가치와 혜택을 줄 수 있도록 해야 한다.

- 창업자는 기술이나 트렌드의 변화를 받아들이고 그 변화의 경과를 예측할 수 있는 능력과 이를 이용하려는 전향적인 자세를 가져야 성공할 수 있다.

당신은 창업으로 성공할 수 있을까?

- 창업이란 자신이 갖고 있는 지식과 경험을 바탕으로 창업에서 성공할 수 있는 확률을 높이기 위해서 혼신의 힘을 다하는 과정이다.

- 창업으로 성공하기 위한 가장 중요한 조건은 '마케팅을 잘하는 것'이다. 마케팅은 고객에서부터 출발한다. 고객은 자신이 사업을 하는 이유를 알게 해 준다. 고객을 만족시키고 감동시키는 것을 즐거워하지 않는 창업자는 돈을 벌 자격이 없고, 이런 사람은 창업을 해서는 안 된다.

- 그 다음으로 중요한 것은 자신이 창업을 해서 성공하겠다는 목표의식과, 자신과 타인과 사물에 대한 긍정적인 생각이다. 이러한 긍정적인 생각은 창업 과정에서 닥치는 여러 가지 어려움을 극복할 수 있게 해 준다.

- 창업으로 성공하는 사람들의 가장 공통적인 특징은 '마케팅을 잘할 수 있는 능력을 갖추고 있다는 것'이다. 즉 자신의 목표시장의 고객을 잘 이해하고 있고, 그들에게 어떻게 자신의 제품이나 서비스를 판매할 수 있는지를 잘 알고 있는 것이다.

- 사업에 있어서의 운(運)은 대부분의 경우, 누구를 만나서, 그 사람과 어떤 관계를 맺고, 그 사람이 사업에 어떤 영향을 미치느냐에 달려있다. 따라서 창업자는 좋은 사람들과 만나서, 좋은 인간관계와 사업상의 관계를 맺을 수 있도록 노력하여야 한다. 그래야 좋은 운을 만날 확률이 높아진다.

**창업자의
기업가정신이란?**

- 창업자의 기업가정신(Entrepreneurship)은 '새로운 가치 창출을 위해서, 도전 정신과 열정을 가지고, 위험을 감수하며, 진취적인 자세로 새로운 사업을 개척하고 혁신을 주도하는 창업자의 정신'을 말한다. 여기에서 '새로운 가치'는 창업 아이템에 대해서 창업자가 아닌, 고객이 느끼는 가치이고, '혁신'이란 '아이템, 생산 방법 등에서의 새로운 것(가치)'을 의미한다.

- 피터 드러커는 오늘날의 기업은 두 가지 기능만을 가지고 있다고 하면서, 이 두 가지 기능이 '혁신'과 '마케팅'이라고 했다. 즉 기업의 목적은 혁신을 통해서 제품과 서비스를 만들고, 이를 판매하는 마케팅 활동을 통해서 고객 만족을 얻는 것이다.

- 창업자의 기업가정신의 첫 번째 의미는 창업자가 법률과 사회적인 규범 등을 준수하면서 재화와 서비스를 고객에게 제공하고 돈을 받는 경제 활동(교환)으로 돈을 버는 것이다. 창업자는 기존에 있는 사업에서는 경쟁력이 없어서 돈을 벌기 어렵기 때문에, 새로운 사업을 개척하고, 혁신적으로 사업을 수행해야 한다.

- 창업자의 기업가정신의 두 번째 의미는 '사회적 책임을 지는 것'인데, 그 형태는 사회 문제 해결에 적극적으로 나서거나, 사회적 약자에게 지속적으로 기부금을 내거나 하는 등의 여러 가지가 있을 수 있다. 물론 창업자가 돈을 벌지 못하면서, 사회적 책임을 질 수는 없는 것이기 때문에 첫 번째 조건이 어느 정도 완성되어야 가능하다.

- 기업가가 사회적 책임을 져야 하는 이유는 기업을 둘러싼 사회에 속하는 고객이 우리 회사의 제품이나 서비스를 구입했고, 이를 통해서 기업가가 돈을 벌었기 때문이다.

창업의 형태와 절차

제2장의 핵심 질문

• 창업을 하기로 결심했는가?
• 공동 창업을 생각해 봤는가?
• 개인기업과 주식회사는 뭐가 다른 걸까?
• 어떤 절차로 창업을 해야 할까?

토의   공동 창업의 경우에, 동업계약서 작성 등 동업과 관련된 문제

실습   주식회사로 창업하는 경우의 정관 기재 사항 결정 및 법인 설립 연습하기

핵심 질문과 요약

01

창업을 하기로
결심했는가?

당신은 지금 창업을 해야 할지, 하지 말아야 할지 망설이고 있는가?

만약 열심히 노력했지만 원하는 직장에 취업이 되지 않아서 집에서 놀고 있거나, 50대 초반에 명예퇴직을 했거나, 들어간 지 얼마 되지도 않은 직장에서 사장이나 윗사람이 나에게 부당하게 대우한다면, '창업을 해 보면 어떨까' 하는 생각이 들 것이다.

그러나 당신은 창업으로 돈을 벌고는 싶지만, 창업에 대해서 배운 적이 없고, 아는 것이 없어서, 다른 선택이 없음에도 불구하고 망설일 수밖에 없다. 따라서 창업을 생각하는 순간부터, 고민을 하게 된다.

당신은 먼저 인터넷에서 '창업'이라고 검색을 할 것이다. 추천 검색어로 '창업 아이템', '창업 지원', '창업 컨설팅', '창업 교육', '창업 자금' 등이 나타나면서, 그다음에 족발, 칼국수, 곱창, 떡볶이, 치킨 등 프랜차이즈 업체들의 파워링크가 나오고, 그다음으로 지식인, 뉴스 등이 나온다.

당신이 인터넷에서 '창업'이라고 검색했을 때 나오는 것들은 음식점 프랜차이즈 가맹점으로 창업하라고 권유하는 내용이 거의 전부라고 보면 된다.

만약 당신이 프랜차이즈 가맹점으로 창업한다면 성공할 수 있을까?

그렇지 않다. 성공할 확률이 낮다. 하지만 상당한 기간 동안 생활비 정도를 벌면서 사업을 영위할 수는 있을 것이다. 그러나 그마저도 쉽지 않다.

우리나라의 경우 전 산업에서 창업자의 반이 평균적으로 3년을 못 넘기고 문을 닫는다는 통계가 나와 있고, 프랜차이즈 가맹점을 포함한 음식·숙박업은 생존율이 1년 0.744, 2년 0.569, 3년 0.462로서, 업종 전체 평균보다 낮다.

그렇지만 이미 검증이 된 음식점 프랜차이즈 가맹점으로 창업한다면 돈을 좀 벌 수 있지 않을까? 이미 검증이 되었다는 것은 프랜차이즈 본사가 이미 많이 알려져 있고, 가맹점 수도 많다는 것이다.

프랜차이즈 가맹점의 경우에는 창업 아이템을 만들거나, 골라야 하는 고민은 없다. 프랜차이즈 가맹점 본사에서 창업 아이템을 제공하고, 교육까지 시켜주고, 자금 대출도 알선해 주고, 창업하는 데 필요한 거의 모든 것을 도와준다. 즉 편하게 창업을 하는 것이다.

그러나 프랜차이즈 본사는 가맹점 간의 지역적 분포 등을 고려하므로, 당신이 원한다고 해서 점포를 낼 수 있도록 허가하지도 않을 뿐만 아니라, 상당히 많은 비용적인 투자를 요구할 것이다. 또한 우리나라의 경우에는 목이 좋은 자리의 임대료가 매우 높아서, 가맹점 계약을 하고, 가맹점을 시작해도 투자 대비 일정 금액 이상의 수익 외에는 기대할 수 없다. 그러나 저금리인 현재의 상황을 생각해 보면, 자금 여유도 있고 현직을 은퇴한 창업자의 경우에는 이 정도로도 만족할 수 있을 것이다. 하지만 이러한 프랜차이즈 창업은 진정한 의미에서의 창업이라고 하기는 어려울 것 같다. 가맹점 사장이 된 창업자는 프랜차이즈 가맹점 본사가 마련해 준 사업시스템으로 사업을 시작해서, 그 안에서 사업을 운영하는 것에 불과하기 때문이다. 또한 가맹점 사장이 된 창업자가 점포 운영을 잘한다고 해서, 계속적으로 안정된 수익을 얻을 수 있는 것도 아니다.

2010년부터 2012년까지의 통계 자료에 의하면, 전체 창업 사업체 대비 음식·숙박업의 창업 사업체의 비중은 평균 23.54%였다. 창업자 4명 중 1명은 음식점을 창업한다는 통계이다. 이 통계는 음식점 창업은 폐업률이 높음에도 불구하고, 경쟁자들이 많다는 것을 의미한다. 따라서 프랜차이즈 가맹점을 포함한 음식점 창업자는 시간이 지날수록 수익이 늘어나는 것이 아니고, 줄어들거나 폐업할 확률이 높다는 것이다.

또한 우리나라에서, 기술 창업에 비해서 음식점 등 자영업이나 도소매업, 개인 서비스업의 성공 확률이 현저하게 낮다는 것은 이미 앞에서 설명했다.

대부분의 사람들은 어떤 계기로 창업을 하게 되는 것일까?

많은 사람들이 창업을 하겠다고 결심을 하고, 창업 아이템도 찾아보고, 이미 창업을 하고 있는 선배 창업자를 만나서 이야기를 들어 보거나, 사업 계획을 짜 보기도 하고, 필요한 자금을 알아보기도 한다.

하지만 주변에서는 창업을 하겠다는 자신을 북돋워 주는 것이 아니고, 창업을 하지 말라는 부정적인 이야기만을 한다. 그리고 가족, 친구, 회사 동료 등의 부정적인 의견에 대해서 제대로 반박을 할 수가 없어서, 결국 그들에게 설득을 당하고, 창업을 포기하는 경우가 많다.

즉 무슨 일이 있어도 창업을 하겠다는 굳은 결심이 없다면, 주변의 반대를 무릅쓰고 창업을 하기는 쉽지 않다. 반대로, 주변의 반대를 무릅쓰고, 창업을 하려는 결심을 했다고 하더라도, 필요한 자금이나 사업 아이템, 사람 등을 구하지 못해서, 창업의 문턱에서 포기하거나 다음 기회로 미루기도 한다.

창업을 하겠다는 생각이 실제의 창업으로 실행되는 경우는, 객관적인 성공 확률과는 상관없이, 예비창업자 자신이 초기의 어려움을 극복하고, 성공할 수 있다고 믿는 경우이다.

자신이 창업으로 성공할 수 있다고 믿게 되는 동기는 자신이 창업으로 성공할 수 있는 조건을 갖췄다고 생각하거나, 창업을 하면서 그 성공 조건을 갖출 수 있다고 믿는 경우일 것이다. 그런 믿음이 없다면, 주변의 반대를 무릅쓰고, 창업을 할 수는 없기 때문이다.

창업의 계기가 우연이었든, 의도적이었든 간에, 당신은 가족이나 주위의 반대를 무릅쓰고 창업을 하기로 결심을 했는가? 그리고 창업을 결심한 이유가 자신이 창업으로 성공할 수 있다고 믿었기 때문인가? 가족이나 당신을 사랑하는 주위 사람들은 당신이 창업을 하기로 결심했다고 털어 놓았을 때, 왜 반대를 했을까?

대부분 예비창업자들은 자신이 창업을 하면, 성공할 수 있거나, 적어도 지금보다는 나쁘지 않을 것이라는 믿음을 갖고 창업을 한다. 그러나 3년이 지나기도 전에 반 이상의 창업자는 자신의 생각이 틀렸다는 것을 확인하거나, 폐업할 수밖에 없는 상황이 된다.

실패한 창업자들은 창업에 투자한 돈과 시간뿐만이 아니라, 창업을 선택함으로써, 선택하지 못했던 것들, 예를 들자면, 취업이나 안정적 투자 등에서 생길 수 있는 이익을 비용으로 간주해야 하는데, 이것을 경제학에서는 기회비용(Opportunity Cost)이라고 하고, 이 기회비용도 실패한 창업자가 감수해야 할, 창업자의 원가라고 말한다.

따라서 창업자가 부담해야 하는 리스크는 창업자가 생각하는 것보다 훨씬 크다. 그것은 투자한 돈, 시간, 노력뿐만이 아니라, 눈에 보이지 않는 것들을 포함한다. 창업자가 시간이 없어서 가족과 즐거운 시간을 갖지 못하는 것 등의 가족이 부담해야 하는 희생, 창업을 하지 않았다면 부담하지 않아도 되는 창업자의 심리적 갈등이나 압박감 등과 창업을 함에 따라 선택하지 못했던 것들의 기회비용까지 포함해야 하기 때문이다.

당신은 당신과 가족들의 희생과 기회비용까지도 포함한 모든 비용, 투자해야 할 자금과 시간, 열정 등 실제 창업에 소요되는 유형, 무형의 자산 및 부채에 대한 리스크까지도 고려해서, 창업을 해야 한다.

위와 같은 모든 사항을 고려했을 때에도, 당신이 성공할 수 있다는 자신감이 있다면, 창업을 해도 좋다. 물론 세부적인 사항까지는 미처 생각을 해보지 않았을 수도 있지만, 이러한 모든 고려사항의 전체적인 것을 잘 따져보지 않고 사업을 시작한다면, 나중에 후회할 수 있다.

창업을 하지 말라는 것이 아니고, 자신감을 갖고 사업을 시작하되, 성공확률을 높일 수 있도록 모든 사항을 잘 점검하고, 문제점을 보완하고 극복하면서, 천천히 앞으로 나가야 한다는 것이다

절대 서둘러서는 안 된다.
창업은 단거리 경주가 아니고, 중장거리 경주이기 때문이다.

하지만 창업을 꿈꿔라!
창업에는 내일의 희망이 있으니까.

02
공동 창업을
생각해 봤는가?

대부분의 창업자는 혼자서 창업을 한다. 왜 그럴까? 아마도 같이 사업을 하고 싶은 사람이 없거나, 나 혼자 창업을 해도 잘할 수 있다는 생각이 들었기 때문이 아닐까?

혼자서 창업을 하면, 스스로 사업 자금을 내거나 조달하지만, 모든 이익을 독점할 수 있고, 누구의 지시나 감독을 받지 않고 경영에 대한 결정을 할 수 있다. 그러나 혼자서 창업하는 것이 좋은 점만 있는 것은 아니다. 혼자서 기업의 모든 의사결정을 해야 하기 때문에, 사업을 하는 데 있어서 어려움을 느끼거나, 외롭다는 느낌이 들 때가 많다.

또한 혼자서 창업을 하기 때문에, 회사의 자금, 인력의 충원과 관리, 마케팅 등 모든 책임을 져야 한다. 회사 경영이 잘못되었다면, 내가 능력이 없고, 자금을 확보하지 못했고, 우수한 종업원을 확보하지 못했으며, 종업원 관리를 잘하지 못한, 내 책임인 것이 분명하다. 해야 할 일들을 미룰 수 없다는 생각에 휴일도 없이, 오로지 일만 하고, 사업만을 생각했음에도 불구하고, 회사의 경영 상태가 좋아지지 않는다면, 창업자는 자괴감에 빠질 것이다.

당신은 혼자서 창업하는 것이 좋다고 생각하는가?

당신이 창업 아이템도 있고, 돈도 있고, 능력도 있다고 생각한다면, 아마 혼자서 창업을 하게 될 것이다. 그리고 성공할 확률이 매우 높다고 생각한다면, 혼자서 창업을 할 것이다.

그렇지만 현실에서는 이것저것 다 갖추고 창업을 하는 경우는 거의 없다. 이것저것 다 갖추었다고 스스로 생각하는 경우는 오히려 창업을 하지 않는다. 이런 사람은 필요 없는 리스크를 부담하지 않으려고 하기 때문이다.

하지만 창업으로 성공할 수 있는 조건들을 다 갖추지는 못했지만, 이 아이템으로 사업을 잘만 하면, 성공할 수 있다는 자신감을 갖고 있는 예비창업자도 있다. 이러한 예비창업자는 자신의 부족한 부분을 보완하기 위해서 동업자를 구하려고 할 것이다. 성공을 하면 큰돈을 벌 수 있다는 생각에, '공동으로 회사를 경영하면, 결국은 서로 원수가 된다'는 일반적인 믿음을 무시하고, 동업을 한다.

정말 이러한 일반적인 믿음은 타당한 것일까?

아직도 우리나라의 40대 이상의 창업자들은 동업자와 공동으로 창업을 하는 것을 기피하는 경향이 강하다. 그들은 남남인 경우는 말할 것도 없고, 심지어는 부모와 동업을 하는 경우에도, 사업의 운영이나 이익의 배분에 있어서 의견이 서로 맞지 않아 마음 고생을 하고, 서로 다투다가 결국은 원수가 된다고 생각한다. 이러한 경향은 동업을 합리적, 이성적으로 바라보기보다는, 감정적, 온정적으로 생각하기 때문이 아닐까 하는 생각이 든다. 또한 서로 의논하고, 협조하면서 공동으로 문제를 해결하는 교육을 거의 받지 못했기 때문일 수도 있다.

실제로 우리나라의 오래된 기업 중에서 동업으로 성공한 경우는 사례가 별로 많지 않다. 하지만 근래는 네이버, 티켓몬스터 등 동업으로 성공한 기업들이 과거보다는 훨씬 많아졌다. 최근에는 20~30대의 젊은이들이 동업을 선호하는 경우도 있다. 이러한 경향은 외국의 경우에는 상당히 일반적인 현상이다. 우리가 이름만 들어도 알 수 있는 많은 기업들, 마이크로소프트, 구글, 페이스북, 애플 등은 동업자와 공동으로 사업을 시작해서 성공했다.

서로를 보완할 수 있는 동업자들이 서로 힘을 합쳐서 사업을 성공시키고, 그 이익을 자신의 기여도에 따라 분배받는 것은 어쩌면 지극히 당연한 일이다.

동업자들의 협력으로 사업을 성공시키고, 각자의 기여도에 따라 분배를 받는 것이 당연한 일임에도 불구하고, 왜 동업자들은 서로 다투고, 결국은 각자의 길을 가게 되는 것일까? 여러분은 그 이유가 무엇이라고 생각하는가?

사업이 실패하는 경우에도, 그 책임의 분배에 대해서, 다툼이 있을 수 있지만, 더 큰 다툼은 사업이 성공하는 경우에 발생한다. 다툼의 이유는 이익 분배의 기준이 되는 '기여도'의 계산이 잘못되어서, 자신에 대한 분배가 정당하지 않다는 것이다. 즉 기여도에 대한 기준을 창업 전에, 매우 구체적으로, 미리 정해 두지 않아서 문제가 되는 것이다.

이러한 규정이 없어도, 합리적인 생각으로 서로의 기여도를 상호 인정한다면 문제가 없겠지만, 동업자 중의 한 사람이 자신의 이익을 위해서, 웬만한 일은 서슴지 않고 하는 사람이라면, 규정이 있더라도 그것이 잘못되었다고 주장을 할 수도 있다. 그러나 자신의 기여도를 부풀려서 계산을 하고, 자신이 더 많이 가져야 한다고 주장하는 동업자가 있다면, 같이 사업을 할 수 있을까? 결국은 합리적인 분배의 원칙을 무시하고, 자신의 이익만을 주장하는 동업자가 있다면, 동업을 계속하기 어렵다.

이러한 일을 사전에 막기 위해서 필요한 것이 동업계약서이다.

동업계약서는 분쟁이 발생하지 않도록 예방을 하는 효과가 있지만, 법적인 서류이기 때문에, 궁극적으로는 상호 간에 분쟁이 발생한 경우에 필요하다. 따라서 동업계약서의 문구 해석이 모호하게 작성해서는 안 되고, 분명하고, 구체적으로 작성해야 하며, 공증을 함으로써 분쟁의 예방과 해결을 촉진할 수 있도록 해야 한다.

동업계약서에 꼭 있어야 하는 내용은 앞에서 말한 각자의 기여도를 정하고, 그 기여도에 따라 어떻게 책임을 지고, 이익을 분배할 것인가를 정하는 것이다.

기여도란 동업자 개개인이 회사가 이익을 내는데 얼마나 기여했는가를 금액으로 환산해서 나타내는 것을 말한다. 또한 이 기여도는 회사를 정리할 때에 손실을 배분하는 경우에도 사용한다.

기여도는 최초에는 회사에 대한 지분율로 표시된다. 그러나 공동 창업자 각자의 기여도는 시간이 지남에 따라 변할 수 있다. 따라서 매년 회사의 운영 실적에 따른 기여도를 다시 정해서, 기여도가 큰 사람에게 급여 등으로 보전을 해 주거나, 지분율을 기여도와 같게 조정해 줄 필요가 생기는 것이다. 보통 주식회사의 경우에는 증자를 통해서, 기여도를 조정할 수 있다.

예를 들어 보자.

 사례 2-1

공동 창업의 이익(손실) 배분

2020년 1월1일에, 창일이, 창수, 창순이, 세 사람이 4,000만원, 3,500만원, 2,500만원을 모두 현금으로 투자하고 빅토리(주)를 창업했다고 하자.

빅토리(주)에서 창일이는 관리를, 창수는 마케팅을, 창순이는 제품 제조를 담당하기로 하고, 매월 월급을 지분율에 비례해서, 각각 160만원, 140만원, 100만원을 받기로 했다고 가정하자.

이 경우 창일이, 창수, 창순이, 세 사람의 최초의 지분율은 각각 40%, 35%, 25%이다. 회사 설립 시에는, 이것이 회사에서 차지하는 세 사람의 기여도의 비율이다.

그런데 2021년 3월 말에 세무사에게서 2020년도 손익계산서를 받아봤더니, 빅토리(주)는 2020년 1년간 1,000만원의 적자가 났다.

동업계약서에 매년 3월 말에 회사의 실적에 따라, 성과에 대한 보상을 하거나, 기여도를 조정하기로 규정해 놓았기 때문에, 창일이, 창수, 창순이, 세 사람은 기여도를 조정하기로 하고, 각자가 1년 동안 회사에 기여한 내용을 적어서, 자료를 보면서 회의를 했다.

회의 결과, 세 사람 모두 회사를 위해서, 열심히 노력했으므로, 각자의 기여도를 최초의 지분율과 같다고 인정해서, 최초의 지분율인 40%, 35%, 25%를 그대로 유지하기로 했다면, 아무런 문제가 없다.

그러나 창순이는 1년간 세 사람의 기여도가 서로 다르기 때문에, 기여도에 따라 지분을 다시 결정해야 한다고 주장했고, 회의는 오랜 시간 동안 계속되었다.

창순이는 '제품을 제조해서 출시하는 동안, 나는 잠도 제대로 자지 못하고 몰두해서, 품질 좋은 제품을 만들었다. 따라서 월급여를 200만원으로 올려주든지, 아니면, 지분율을 30%로 올려줘야 한다'고 요구했다.

하지만, 창일이와 창수는 생각이 달랐다. 창일이는 '나도 제품을 제조하기 위해서, 필요한 물자의 조달, 업체 선정 및 계약 등으로 결코 한가하게 시간을 보낸 것이 아니다'라고 말하면서, 현재의 지분율과 근무 조건을 1년간 더 적용하고, 1년 후에 다시 이야기를 하자고 제안했고, 창수도 창일이의 의견에 동의했다.

이 경우에, 창순이가 할 수 있는 선택은 무엇일까?

창순이는 불만이 있지만, 1년간 참든지, 아니면, 다른 곳에 취업하겠으니, 내가 투자한 2,500만원을 돌려달라고 말할 수 있을 것이다. 그러나 투자금을 회수하는 경우에도, 동업계약서에 미리 정해 두지 않으면 분쟁이 발생할 수 있다. 동업계약서에 투자 회수의 의사표시 방법, 투자금을 돌려주는 시기, 금액 결정에 관하여 정해 두지 않으면, 서로의 의견이 달라서 분쟁이 발생할 수 있다.

다행스럽게도, 위 세 사람의 동업계약서에는 '동업자 중 한 사람이 동업을 그만두겠다는 의사표시를 한 경우에, 의사표시 후 3개월 이내에, 나머지 두 사람이 자신의 지분 비율에 따라, 그 사람의 지분을 인수한다. 다만 그때까지의 손익계산서상의 손실은 지분 비율에 따라 공제하고 지급한다'라고 규정해 놓았다.

따라서 창순이는 자신의 투자금 2,500만원에서 1년간의 손실금 250만원을 제외한 2,250만원을 3개월 후에 받고, 지분을 창일이와 창수에게 넘겨주고, 다른 회사에 취업했다.

하지만 이 경우에, 동업계약서에 이러한 규정을 두지 않았다면, 이 문제가 분쟁으로 발전해서, 민사 소송으로 번질 수도 있는 것이다.

동업자 각자의 지분을 결정할 때, 흔히 문제가 될 수 있는 것은 회사에 대한 투자를 현금이 아닌 기술이나, 영업력 등 눈에 보이지 않는 것이나, 기계, 장비 등의 현물로 투자하는 경우이다.

　무형자산이나 현물은 현금으로 평가해서, 그 가치를 현금으로 표시해야만, 지분율을 결정할 수 있다. 하지만 그 가치를 평가하기 위해서도 상당한 돈이 들기 때문에, 정보 자료 조사를 통해서, 상호 협의하여 그 가치를 현금으로 환산하는 것이 좋고, 그 내용을 동업계약서에 표시해야만 분쟁을 예방할 수 있다.

　그러나, 동업에서 발생할 수 있는 모든 문제를 동업계약서에 상세하게 규정하는 것은 매우 어려운 일이다. 동업계약서는 이익을 분배할 때나, 헤어질 때, 분쟁을 해결하는 기능을 갖고 있지만, 계약서에 따라서 정확하게 분배해도, 마음속에 자신이 손해를 보았다고 생각할 수 있고, 친구 사이였던 동업자들 사이의 우정에 금이 갈 수도 있다.

　단독으로 창업하는 것이 좋은지, 동업을 하는 것이 좋은지는 단 하나의 기준에 의해서, 판단하는 것이 좋다. 그 기준은 무엇일까?

　그 기준은 '창업 회사의 수익성'이다. 즉 동업에 의하여 창업하는 회사의 수익성이 높아질 수 있는지를 판단해서, 그 답이 긍정적일 때에는 동업을 선택하고, 부정적일 때에는 단독으로 창업을 하는 것이다. 그러나 합리적이고 이성적인 '수익성'이라는 기준보다는, 다분히 감정적인 판단에 의해서, 잘못된 판단을 하는 경우가 많다.

　먼저 회사가 살아야 수익의 분배가 가능하므로, 자기 말을 잘 듣는, 같은 과 후배와 동업하는 것과 같은 선택은 좋지 않다. 이 경우는 동업자 상호 간에 수익을 낼 수 있는 시너지 효과가 작기 때문이다.

　현재와 같은 경영 환경에서는 동업을 선택하는 것이 유리하다.

자신의 창업 회사가 수익성을 내기 위해서, 당신은 부족한 점이 없는가? 있다면, 동업자로 그 부족한 점을 보완하는 것이 현실적으로 최상의 대책이 될 수 있다는 생각이 드는가?

그렇다면, 당신은 당신의 환상적인 동업자를 찾아가서 말하라.
"친구여, 같이 돈 좀 벌어 보지 않겠나? 자네 몫은 공정하게 분배하겠네."

03
개인기업과 주식회사는
뭐가 다른 걸까?

혼자서 창업할 것인지, 동업을 할 것인지를 결정했다면, 개인기업으로 창업할 것인지, 주식회사로 창업할 것인지를 결정해야 한다.

혼자서 창업하는 경우에는 보통 개인기업으로 창업을 한다.

그 이유는 무엇일까?

그 이유는 개인기업과 주식회사 등 법인기업으로 회사를 설립하고, 운영하는 경우의 장단점이 서로 다르고, 혼자서 창업을 하는 경우에는 개인기업으로 회사를 설립하는 것이 법인기업에 비하여, 상대적으로 간편하고, 자유롭기 때문이다. 또한 회사 설립 후 일정기간 동안은 세금 면에서도 유리하다.

개인기업과 법인기업의 장단점을 비교해 보자.

우리나라는 상법상 합명회사, 합자회사. 유한책임회사, 유한회사 및 주식회사라는 다섯 종류의 법인기업을 설립할 수 있지만, 창업자가 주식 발행과 판매를 통해서 자금을 조달하기 위해서는 창업기업을 주식회사로 설립하는 것이 좋다.

▎표 2-1 개인기업과 주식회사의 비교

구분	개인기업	주식회사
설립 과정	설립 절차 간단함	설립 등기 필요, 설립 절차 복잡함
책임/이윤	독점	유한 책임/이윤 분배
법적 규제	거의 없음	일정한 법적 규제 있음
자금 조달	어려움	용이함
대외신용도	낮음	높음
회계	투명성 약함	투명성이 요구됨
관련세법/세율	소득세법 6~42% 누진 7단계	법인세법 10~25% 누진 4단계

주식회사는 회사의 자본금이 주식이라는 형태로 분할되어서, 회사의 지분을 공동 소유하는 형태의 회사이다. 따라서 두 사람이 공동 창업을 한 경우에, 회사 경영상의 의사가 서로 다를 경우에는, 주식을 한 주라도 많이 가진 사람의 생각대로, 회사가 운영된다.

만약 두 사람 중에 경영에서 배제된 한 사람이 회사를 그만두려고 한다면, 자신의 주식을 남아 있는 사람에게 팔거나, 다른 사람에게 팔고, 회사를 그만둘 수 있다.

두 사람이 창업해서, 한 사람이 나머지 사람에게 주식을 판다면, 그 회사에는 한 사람의 주주만이 남게 되는데, 우리나라 현행 상법은 이러한 1인 주주 회사를 인정하고 있고, 1인 주주로 주식회사를 설립하는 것도 가능하다.

개인기업은 기업의 모든 의사를 자유롭고, 신속하게 결정할 수 있고, 다른 사람의 눈치를 볼 필요 없이 사업상 수익을 다 가져갈 수 있어서 좋다. 이런 이유 때문에, 혼자서 사업을 하는 사람은 매우 열심히 일한다. 3년 정도만 열심히 일하면, 많은 돈을 벌 수 있다는 생각이 들 것이다. 하지만 사업을 하다 보면, 여러 가지 난관에 부딪히게 된다.

창업 초기 기업에게 가장 필요한 것이 자금이다.

제품이나 서비스를 만드는 데에도 많은 돈이 들어가지만, 이 제품을 고객에게 마케팅 하는 데에도 많은 돈이 들어간다. 처음에는 자기가 갖고 있는 종잣돈을 쓰지만, 이것이 부족하면, 가족과 형제자매에게 손을 벌리고, 급기야 대출을 받게 된다.

자금 다음으로 창업자에게 필요한 것은 기술이다.

창업자는 제품을 연구, 개발하는 능력뿐만 아니라, 제조 기술도 알아야 한다. 또한 제조 기술을 알고 있다고 해도, 많은 자금을 들여서, 공장을 세울 수 없기 때문에, 다른 공장에 외주 제작을 의뢰해야 한다. 문제는 자신에게 적당한 가격으로, 좋은 품질의 제품을 만들어 줄 외주 거래처를 구하기가 쉽지 않다는 것이다. 정말 창업자에게는 쉬운 일이란 없다.

자금이나 기술 문제가 해결되었다고 하더라도, 가장 중요한 난관에 봉착하게 된다. 그것은 마케팅이라는 괴물 같은 놈 때문이다.

아무리 품질 좋은 제품을 만들었다고 하더라도, 마케팅을 잘하지 못하면 아무 소용이 없게 된다. 자금이 좀 있다면, 마케팅을 잘 할 수 있는 사람을 고용하고, 돈이 비교적 적게 드는 마케팅 전략을 쓸 수는 있지만, 요즘과 같이 치열한 경쟁 상황에서는, 성공적인 마케팅 전략을 세우고, 실행하는 것이 매우 어렵다. 따라서 창업자는 바쁘기는 바쁜데, 돈을 벌기 어려운, 곤란한 상황에 처하게 된다.

이러한 어려운 상황에 처한 창업자에게, 자금이나 기술, 마케팅의 어려운 문제를 해결해줄 수 있는 사람이 공동 사업 제안을 한다면, 창업자는 흔쾌히 그 사람과 같이 사업을 할 수밖에 없을 것이다.

공동으로 사업을 하게 되는 경우에는 회사의 형태를 개인기업으로 할 수도 있고, 주식회사로 할 수도 있다.

몇 사람이 공동으로 개인기업을 설립하는 경우에는 각각의 지분율을 동업계약서에 쓰고, 사업자등록을 할 때, 지분율을 신고하여야 한다.

사업자등록은 국세청에 세금을 내기 위해서, 신고하는 절차이므로, 실제의 지분율과 상관없이 신고된 것에 의하여 부가가치세, 소득세 등의 세금을 각자 부담하게 된다.

우리나라의 세금체계는 회사의 이익이 적을 때에는 개인기업이 유리하지만, 일정 금액 이상이 되면 주식회사가 유리하다. 현 세금체계에 따라 회사가 내야 하는 세금은 과세표준에 세율을 곱한 금액을 납부해야 하는데, 과세표준이 2,160만 원까지는 개인기업의 세금인 소득세가 적고, 2,160만 원이 넘으면 주식회사의 세금인 법인세가 적다. 이때 과세표준이란 회사의 이익, 즉 총수입 금액에서 들어간 경비를 뺀 금액에서 세법으로 정한 공제를 빼고 난 금액을 말한다.

회사의 이익에 따라 내는 세금인 소득세나 법인세뿐만 아니라, 부가가치세 등의 세금에 관해서도 회사의 이익이 적으면 개인기업이 유리하다. 하지만 회사의 이익이 매출의 약 10%라고 가정했을 때, 매출이 2억 원대 초반을 넘으면, 세율 면에서 주식회사가 유리해지게 된다.

이때 개인기업을 주식회사로 전환하면 되겠지만, 실제로 주식회사로 전환하는 데에는 몇 가지 검토해 봐야 할 점들이 있다.

주식회사로 전환하는 가장 큰 이유는 세금 때문이지만, 자금 조달도 상당히 큰 이유가 될 수 있고, 그 밖에 지분 관계, 회사의 비전, 노사문제 등도 검토해야 한다.

상법상으로는 개인이 주식회사에 현물로 출자하는 방법에 의해서 주식회사로 전환하는 것이 규정되어 있지만, 개인기업의 유·무형 자산의 가치평가를 해야 하고, 법원이 선임한 검사인의 조사나 공인된 감정인의 감정을 받아야 하는 등의 절차상 번거로움과 비용 지출 때문에, 현물 출자를 통하여 주식회사로 전환하는 방법을 쓰는 경우는 거의 없다. 따라서 개인기업을 주식회사로 전환하는 방법은 일반적으로 포괄양수도 방법에 의한다.

이 방법은 먼저 주식회사를 설립하고, 개인기업과 설립한 주식회사 간에 자산과 부채를 포괄적으로 양수도 하는 계약을 맺고, 자산과 부채를 개인기업이 팔고, 설립된 법인이 사면 된다. 물론 특허권 등의 무형자산이나, 자산을 평가해야 하는 문제가 발생하지만, 대부분의 경우, 개인기업과 설립한 주식회사가 동일하기 때문에, 통상적인 방법으로 자산을 평가하여 사고팔더라도 별다른 문제는 없다.

개인기업을 하다가, 주식회사가 되면 뭐가 달라질까? 개인기업과 주식회사의 실제 차이점은 뭘까?

주식회사는 하나의 인격을 갖는 법률상 사람(人)이고, 개인기업의 사장은 대표이지만, 주식회사의 사장은 대표이사이다. 주식회사는 최고 의사결정기관인 주주총회와 업무집행기관인 이사회와 이사 및 대표이사, 감사라는 기관을 갖고 있다.

주식회사의 감사는 이사의 직무 집행을 감시하고, 영업에 관한 보고를 요구하며, 회사의 업무와 재산 상태를 조사함으로써 대주주의 권한 남용을 제한하고, 소액 주주의 권리를 보호하는 일을 한다.

주식회사의 이사와 감사는 주주총회에서 선임하고, 정관에 규정한 경우를 제외하고는 대부분의 대표이사는 이사회에서 선임한다. 보통 지분을 많이 가진 창업자가 주식회사의 발기인이 되고, 대표이사가 된다.

주식회사는 1주당 1개의 의결권을 갖기 때문에, 중요한 의사결정은 주주총회에서 다수결로 결정하고, 일상적인 업무는 대표이사가 결정한다. 따라서 주식회사는 주식을 1주라도 많이 갖고 있는 대주주의 의사에 따라 경영이 된다. 하지만 사업상 수익이나 손실에 대해서는 각자가 가진 주식의 지분율에 따라 수익을 얻거나 손해를 감수하는, 유한 책임을 진다. 이런 점이 모든 권한을 갖는 대신, 모든 책임을 져야 하는 개인기업과 다르다.

또한 주식회사는 자본이나 기술 등 다른 사람의 협조나 도움이 필요한 경우에 유리하다. 개인기업은 개인(사장)과 개인기업 간에 자금 관계가 불분명하기 때문에, 투자자가 자금을 투자하기 어렵다. 하지만 주식회사는 세법상 복식부기를 해야 하고, 재무상태표 등의 재무제표를 작성해서 세무서에 보고해야 하는 등 여러 가지 법적인 의무를 지기 때문에, 투자자 입장에서는 주식회사에 대한 신뢰도가 개인기업보다 높다. 따라서 투자자들은 주식회사의 주식을 사는 형태로 회사의 지분을 인수해서 투자를 하게 된다.

투자자는 매년 회사의 수익에서 자신의 주식 수에 따라 배당금을 받을 수 있고, 주식회사가 코스닥 시장이나 코스피 시장에 상장이 되는 경우에는 자신이 갖고 있는 주식을 팔아서, 자신이 산 주식 가격의 몇십 배나 되는 투자 수익을 얻을 수도 있다.

회사를 경영하는 데 필요한 모든 것을 다 갖고 창업을 하는 사람은 없다. 따라서 창업자는 가족이나 친지 또는 종업원, 기술자, 컨설턴트, 엔젤투자자, 창업투자회사, 창업지원기관 등 주위에 있는 많은 사람의 도움과 협조를 필요로 한다.

창업자는 자금이나 기술, 생산, 마케팅 등 사업에 필요한 자원을 얻기 위해서, 그들을 회사의 투자자로 만들거나, 그들의 요구사항을 들어주고, 자신이 필요한 것을 얻는다.

창업자의 목표는 자신이 설립한 주식회사가 이익을 많이 냄으로써 성공하는 것이고, 회사의 주주들에게 배당도 많이 하고, 회사가 증권시장에 상장해서, 그동안 자신을 믿고 투자해 준 주주들에게 높은 수익으로 보답해 주는 것이다.

04

어떤 절차로
창업을 해야 할까?

창업을 하기로 결심을 하고, 회사의 형태를 개인기업으로 할지, 주식회사로 할지 결정했다면, 다음으로는 어떤 절차를 거쳐서 창업을 해야 할까?

창업을 하는 절차는 책 머리의 <창업 프로세스>에 표시한 바와 같이, ① 사업 환경 분석, ② 아이디어 창출, ③ 아이템 평가 및 선정, ④ 비즈니스모델링, ⑤ 시제품 제작, ⑥ 시장조사 및 시제품 보완, ⑦ 마케팅 계획 수립, ⑧ 양산 및 마케팅 실행이다. 이상의 절차를 크게 나눈다면, ① 창업 준비 단계(창업 아이템 선정 및 비즈니스 모델링)－② 시제품 제작 및 시장조사－③ 양산 및 마케팅이라고 할 수 있다.

여기서 창업 아이템 선정 및 비즈니스 모델링까지를 창업 준비 단계에 포함한 것을 주의해야 한다. 이것은 창업 아이템 선정과 비즈니스 모델링을 통해서, 목표 고객에게 전해 줄 고객 가치의 개념을 분명히 한 후, 창업을 해야 한다는 의미이다.

예비창업자는 창업 아이템 선정과 비즈니스 모델링을 통하여, 자신의 사업시스템에 대한 전반적인 것을 이해할 수 있고, 사업계획서 작성을 통하여 이를 좀 더 분명하게 알게 된다.

또한 예비창업패키지 등의 정부지원사업에 예비창업자로서 신청하여 선정된다면, 약간의 초기 창업 자금을 조달할 수 있고, 성공 창업에 대한 자신감을 갖고 사업을 시작할 수 있다.

예비창업자는 창업 아이템 선정과 비즈니스모델링의 다음 단계로 시제품 제작과 시장조사를 해야 한다. 예비창업자가 시제품을 제작하기 위해서 부품을 사거나, 외주 용역 계약을 하게 되고, 이때 세금계산서에 사업자등록번호와 상호명 등을 써야 하므로, 사업자등록이 필요하게 된다.

따라서 예비창업자는 혼자서 또는 누구와 함께, 어디에 사무실을 마련하고, 자본금을 얼마나 준비하고, 회사 이름을 어떻게 정할지를 결정한 후에, 회사 설립을 하고, 사업자등록을 해야 한다. 사업자등록을 하면 예비창업자는 창업자가 된다.

그러나 창업 절차에 대한 충분한 고려나 준비 없이 사업자등록을 하고 창업자가 되면, 예비창업패키지 등 예비창업자만 신청할 수 있는 정부지원 사업에 신청할 수 없고, 기창업자로 분류되어서 창업 3년 이내의 막강한 창업자들과 경쟁을 해야 하는 어리석음을 자초함으로써, 자금 지원을 받을 수 없게 되는 경우가 있으므로 주의해야 한다.

개인기업의 경우에는 사무 공간을 마련하고, 관할 세무서를 방문하여, 사업을 시작한 날로부터 20일 이내에 사업자등록 신청을 하면 된다. 하지만, 주식회사의 경우에는 본점 소재지에서 설립 등기를 함으로써 법인이 성립하고, 설립등기 후에 사업자등록 신청을 한다.

예비창업자는 주식회사 설립 전에, 회사의 목적, 상호, 주식의 종류와 수, 액면가 등 주식 발행 사항을 미리 결정해야 하고, 이를 정관에 기재해야 한다. 주식회사의 설립 방법에는 발기인이 주식 전부를 인수하는 발기 설립과 발기인이 주식의 일부를 인수하고 나머지 주식을 불특정 다수의 주주들이 인수하는 모집 설립이 있지만, 보통은 절차가 간편한 발기 설립의 방법에 의하여 주식회사를 설립한다.

주식회사의 발기인은 1인 이상이면 가능하므로, 예비창업자가 발기인이 되어, 주식회사의 지분 전부를 인수한다. 물론 예비창업자를 포함한 몇 명의 주주가 발기인이 되어서 공동으로 주식을 인수할 수도 있다.

예비창업자는 온라인 법인설립시스템(www.startbiz.go.kr)을 이용하여, 간편하게 주식회사의 법인설립 등기를 하고, 사업자 등록 신청과 4대 사회보험 신고도 할 수 있어서 매우 유용하다.

▼ 그림 2-1 온라인 법인설립시스템

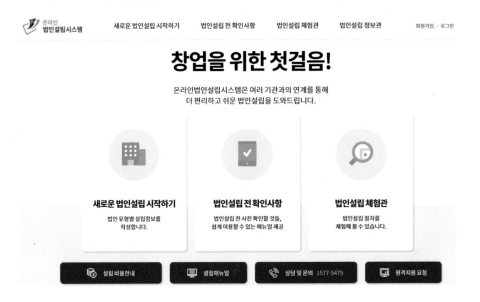

공동 창업의 경우, 동업계약서 작성 등 동업과 관련된 문제

(사례 2-1)과 같이, 여러 명이 공동으로 창업을 하기로 하고, 동업계약서를 작성하기로 했다고 가정하자. 팀별로 동업계약서를 작성하기 위해서는 동업의 구체적인 권리관계를 확정해야 한다. 아래의 동업계약서 샘플을 참고하여, ① 출자 방법 및 금액(현금이 아닌 기타 자산 또는 노무로 투자하는 경우의 평가액 산정) ② 매년 이익 또는 손해 발생 시 처리 방법(기여도 계산 및 지분에의 반영 방법) ③ 공동 창업자의 월급여 책정 ④ 동업 기간 및 동업 관계 종료 시 처리 방법 ⑤ 동업자 중 부득이한 사유로 동업을 못하게 된 경우의 지분 인수 등 처리 방법 ⑥ 동업자 사이의 의무 규정 및 위반 시의 제재 방법 등의 문제에 대하여 팀별로 토의해 보자.

토의 내용 정리

(일자 및 시간:)

토의 주제	동업계약서 작성 등 동업과 관련된 문제
팀명	
참석자	
토의 내용	
토의 결과	

<예시> 동업계약서

OOO(이하 "갑"이라 한다,)와 OOO(이하 "을"이라 한다,)는 OOO사업(OOO주식회사)를 경영하여 발생하는 이익(손해)을 공동으로 분배하기 위하여 다음과 같이 계약을 체결한다.

제1조 ("갑"의 출자 의무) "갑"은 OOO사업을 경영하는 데 필요한 자금 OOO원을 출자하여, "을"이 OOO주식회사를 설립하는 자본금에 쓰도록 한다.

제2조 ("을"의 자산 평가) "을"이 현재 OOO사업을 위하여 공여할 설비는 별지 목록 기재와 같고, 그 가액은 OOO원으로 평가하기로 상호 합의한다.

제3조 ("을"의 경영 의무) ① "을"은 선량한 관리자로서 OOO주식회사(이하 회사라고 한다.)를 경영하고, 그 자산을 관리하여야 하고, "갑"에 대한 모든 의무를 성실히 이행하여야 한다.
     ② "을"은 회사의 대표로서, 제3자와의 거래, 영업과 관련된 행위 등 회사를 경영하는 데 필요한 행위를 하고, 이에 대한 권리와 의무를 부담한다.

제4조 ("을"의 이익 분배 의무) ① "을"은 2021년 1월 1일부터 이 계약 종료 시까지 매년 이익의 OO%에 해당하는 이익금을 회계연도 종료 3개월 이내에 "갑"에게 지급하여야 한다.
     ② 제1항의 경우에 회계연도 결산 시 손해가 난 경우에는 "을"은 "갑"에게 이익금을 분배하지 않는다.
     ③ 회사가 3개년 연속으로 적자가 난 경우에는 회계연도 종료 3개월 이내에, "을"은 "갑"의 출자금 전액을 돌려주기로 한다.
     ④ "갑"은 회사의 재무제표를 상시 열람할 수 있고, "을"에게 회사 경영 전반에 관한 사항을 보고하게 할 수 있고, "을"은 이를 거절할 수 없다.

제5조 ("을"의 보증 의무) "을"은 "갑"에 대한 이익 분배 의무를 보증하기 위하여 "갑"이 추천하는 OOO를 관리담당 부서장으로 채용하여야 한다.

제6조 ("갑"의 겸업 금지 의무) "갑"은 "을"이 경영하는 회사의 동종 부류에 속하는 업을 경영할 수 없으며, 이를 위반한 경우, "갑"은 "을"에게 입은 손해를 배상하여야 하고, 이때로 부터 "갑"은 "을"에게 이익 분배를 요구할 수 없다.

제7조 (계약의 존속기간) 본 계약은 특별한 사정이 없는 한 계약일로부터 O년간 존속하고, 계약 만료 3개월 전에 "갑" 또는 "을"이 이의를 제기한 경우가 아니면 위 계약은 같

은 기간 동안 연장된다.

제8조 (계약의 해지) 다음 각 호의 경우에는 본 계약은 해지된다.

    1. 회사가 3개년 연속으로 적자가 나서 "갑"에 대한 이익 분배를 하지 못한 경우

    2. "을"이 의무 이행을 하지 않는 경우

    3. 기타 본 계약을 이행하기 어려운 중대한 사유가 발생한 경우

제9조 (계약의 해지 및 종료에 따른 원상회복) "을"은 계약이 해지되거나 종료된 경우, 그 사유가 있는 날로부터 5일 이내에 "갑"의 출자금을 현금으로 "갑"에게 지체없이 반환하여야 한다.

제10조 (손해배상) 이 계약이 "갑" 또는 "을" 어느 일방의 귀책 사유로 해지 또는 종료된 경우에는 상대방에게 그 손해를 배상해야 한다.

제11조 (관할법원) 이 계약으로 인하여 분쟁이 발생한 경우의 관할법원은 "갑"의 주소지 관할 법원으로할 것을 합의한다.

이상의 계약을 준수하기 위하여 "갑"과 "을"은 계약서 2통을 작성하여 각 1통씩 소지하고, 공증을 하기로 한다.

2020년   월   일

(갑) 성명: (인 또는 서명)

    주소:

    주민등록번호: 연락처:

(을) 성명: (인 또는 서명)

    주소:

    주민등록번호: 연락처:

주식회사로 창업하는 경우의 정관 기재 사항 결정 및 법인 설립 연습하기

각 팀이 창업을 하기 위해서 주식회사를 설립하기로 했다고 가정하자. 예비창업 팀은 회의를 통해서 회사의 목적, 상호, 주식의 종류와 수, 액면가 등 주식 발행 사항을 미리 결정하여야 하고, 이를 정관에 기재하여야 한다. 온라인 법인설립시스템(www.startbiz.go.kr)을 이용하여, 간편하게 주식회사의 법인 설립 등기를 하는 방법을 연습해 보자.

실습 내용 정리

(일자 및 시간:)

실습 주제	주식회사로 창업하는 경우의 정관기재 사항 결정 등 법인 설립 연습
창업아이템(분야)	
팀명	
참석자	
주식회사로 창업하는 경우의 정관기재 사항 결정 등	
온라인 법인설립	

**창업을 하기로
결심했는가?**

- 우리나라에서, 기술 창업에 비해서 음식점 등 자영업이나 도소매
  업, 개인서비스업의 성공 확률이 현저하게 낮다.

- 예비창업자는 자신과 가족들의 희생과 기회비용까지도 포함한 모
  든 비용, 투자해야 할 자금과 시간, 열정 등 실제 창업에 소요되
  는 유형, 무형의 자산 및 부채에 대한 리스크까지도 고려해서, 창
  업을 해야 한다.

- 창업을 하지 말라는 것이 아니고, 자신감을 갖고 사업을 시작하
  되, 성공 확률을 높일 수 있도록 모든 사항을 잘 점검하고, 문제
  점을 보완하고 극복하면서, 천천히 앞으로 나가야 한다는 것이다.
  절대 서둘러서는 안 된다. 창업은 단거리 경주가 아니고, 중장거
  리 경주이기 때문이다.

**공동 창업을
생각해 보았는가?**

- 서로를 보완할 수 있는 동업자들이 서로 힘을 합쳐서 사업을 성
  공시키고, 그 이익을 자신의 기여도에 따라 분배받는 것은 당연
  한 일이다.

- 동업계약서는 분쟁이 발생하지 않도록 예방을 하는 효과가 있지
  만, 법적인 서류이기 때문에, 궁극적으로는 상호 간에 분쟁이 발
  생한 경우에 필요하다. 여기에 꼭 있어야 하는 내용은 각자의 기
  여도를 정하고, 그 기여도에 따라 어떻게 책임을 지고, 이익을 분
  배할 것인가를 정하는 것이다.

- 동업에 의하여 창업하는 회사의 수익성이 높아질 수 있는지를 판
  단해서, 그 답이 긍정적일 때에는 동업을 선택하고, 부정적일 때
  에는 단독으로 창업을 하는 것이다. 그러나 합리적이고 이성적인
  '수익성'이라는 기준보다는, 다분히 감정적인 판단에 의해서, 잘
  못된 판단을 하는 경우가 많다.

개인기업과 주식회사는 뭐가 다른 걸까?

- 세금은 개인기업이 주식회사로 전환하는 가장 큰 이유이다. 과세표준이 2,160만 원까지는 개인기업의 세금인 소득세가 적고, 2,160만 원이 넘으면 주식회사의 세금인 법인세가 적다. 이때 과세표준이란 회사의 이익, 즉 총수입 금액에서 들어간 경비를 뺀 금액에서 세법으로 정한 공제를 빼고 난 금액을 말한다.

- 개인기업을 주식회사로 전환하는 방법은 일반적으로 포괄양수도 방법에 의한다. 이 방법은 먼저 주식회사를 설립하고, 개인기업과 설립한 주식회사 간에 자산과 부채를 포괄적으로 양수도하는 계약을 맺고, 자산과 부채를 개인기업이 팔고, 설립된 법인이 사면 된다.

- 주식회사는 자본이나 기술 등 다른 사람의 협조나 도움이 필요한 경우에 유리하다. 개인기업은 개인(사장)과 개인기업 간에 자금관계가 불분명하기 때문에, 투자자가 자금을 투자하기 어렵다. 하지만 주식회사는 세법상 복식부기를 해야 하고, 재무상태표 등의 재무제표를 작성해서 세무서에 보고해야 하는 등 여러 가지 법적인 의무를 지기 때문에, 투자자 입장에서는 주식회사에 대한 신뢰도가 개인기업보다 높다.

어떤 절차로 창업을 해야 할까?

- 창업의 절차를 크게 나눈다면, ① 창업 준비 단계(창업 아이템 선정 및 비즈니스 모델링) – ② 시제품 제작 – ③ 양산 및 마케팅이라고 할 수 있다.

- 창업 절차에 대한 충분한 고려나 준비 없이 사업자등록을 하고 창업자가 되면, 예비창업패키지 등 예비창업자만 신청할 수 있는 정부지원사업에 신청할 수 없고, 기창업자로 분류되어서 창업 3년 이내의 막강한 창업자들과 경쟁을 해야 하는 어리석음을 자초하여, 자금 지원을 받을 수 없게 되는 경우가 있으므로 주의해야 한다.

- 개인기업의 경우에는 사무 공간을 마련하고, 관할 세무서를 방문하여, 사업을 시작한 날로부터 20일 이내에 사업자 등록 신청을 하면 된다.

- 주식회사의 경우에는 본점 소재지에서 설립 등기를 함으로써 법인이 성립하고, 설립등기 후에 사업자등록 신청을 한다. 예비창업자는 주식회사 설립 전에, 회사의 목적, 상호, 주식의 종류와 수, 액면가 등 주식 발행 사항을 미리 결정해야 하고, 이를 정관에 기재해야 한다.

- 주식회사의 설립 방법에는 발기인이 주식 전부를 인수하는 발기 설립과 발기인이 주식의 일부를 인수하고 나머지 주식을 불특정 다수의 주주들이 인수하는 모집 설립이 있지만, 창업의 경우에는 절차가 간편한 발기 설립의 방법에 의하여 주식회사를 설립한다.

사업시스템의 관리

제3장의 핵심 질문

- 사업시스템이란 무엇인가?
- 돈의 흐름을 이해하고 있는가?
- 창업기업의 관리는 무엇을 말하는 걸까?
- 창업자는 어떻게 종업원을 관리해야 할까?
- 창업자는 어떻게 재무관리를 해야 할까?
- 창업자는 어떻게 세무관리를 해야 할까?

토의   성공적인 사업시스템을 구축하기 위해서 필요한 것

실습   우리 회사의 손익계산서 작성하기

핵심 질문과 요약

01

사업시스템이란
무엇인가?

창업을 하려는 이유가 무엇이었든 상관없이, 기업가가 되기로 했다면 무슨 일을 먼저 해야 할까?

성질이 급한 사람들은 사무실을 계약을 하고, 사업자등록증부터 신청하는 사람들도 있다. 하지만 사업자등록을 신청하는 것보다 중요한 일은 '자신의 사업시스템을 어떻게 구축하느냐?'이다.

흔히 사업을 하는 데에는 세 가지가 조화를 이뤄야 한다고 말한다. 그 세 가지는 '제품 또는 서비스(Manufacturing / Service), 마케팅(Marketing), 관리(Managing)'이다. 이 세 가지는 어떤 관계를 갖고 있을까?

대부분의 기업은 제품이나 서비스를 고객에게 판매하고 받은 돈으로 기업의 경비를 사용하고 수익을 남기며, 다시 제품이나 서비스를 만들어 판매한다. 이 과정은 인체라는 시스템에서 피가 흐르는 것과 유사하다. 사업이라는 시스템에서는 돈이 고객에게서 기업으로 들어오고, 제품이나 서비스가 고객에게로 제공된다. 이 시스템에서 기업에게 들어오는 돈의 흐름이 적어지면 기업은 곤란을 겪게 되고, 돈의 흐름이 막히면 기업은 죽게 된다. 즉 사업시스템에서, 돈은 인체의 피와 같은 것이다.

｜ 표 3-1 사업시스템

M (Manufacturing / Service)	고객이 만족하는 차별화된 제품(서비스)
M (Marketing)	Segmentation: 세분화된 시장에서
	Targeting: 목표 고객에게
	Strategy: 초기시장 전략, 캐즘극복 전략 → 판매
M (Manageing)	고객(수익)을 관리

　대부분의 창업자는 초기에 손해를 보면서 사업시스템을 운영한다. 사업 초기에는 자신의 아이템을 고객의 요구에 맞춰 상품화하고, 이를 판매해야 사업시스템으로 돈이 들어오기 때문에, 그때까지는 수입은 없고 비용만 발생한다. 그러나 고객에게 자신의 제품이나 서비스가 판매되고, 판매 수입이 비용보다 많아지게 되면 수익이 발생하고, 사업은 점차 성장한다.

　고객에게 창업자의 제품이나 서비스를 판매하기 위해서는, 먼저 고객이 제품이나 서비스의 존재를 인지해야 한다. 그 다음에는 고객이 기존 제품이나 서비스에 비해서 창업자의 제품이나 서비스를 구매하는 것이 자신에게 이익이 되거나, 혜택을 더 받는다고 느껴야만 지갑을 열 것이다. 그렇지 않으면 고객들은 창업자의 제품을 눈으로만 감상하고 지나쳐 갈 것이다.

　고객은 자신이 처음 대하는 제품이나 서비스에 대해서 호기심을 갖고 살펴보지만, 새로운 제품에 대하여 냉정하게 평가를 하는 경우가 더 많고, 낯선 회사의 낯선 제품이나 서비스를 선뜻 구매하지는 않는다. 그러나 소수의 고객이 자신의 지갑을 연다. 창업자의 입장에서는 그동안의 고생이나 열정에 대해서는 간에 기별도 안 가겠지만, 첫 매출을 올렸다는 뿌듯함은 가져갈 수 있다.

　창업자가 첫 매출을 올리고, 계속해서 제품을 판매한다면, 자신의 사업

시스템으로 돈이 들어온다. 창업자는 이 돈으로 사업에 필요한 사람을 채용하고, 제품을 만들고, 고객을 관리하고, 세금을 납부하는 등의 사업시스템을 유지하기 위한 여러 가지 일을 한다.

특히 중요한 것은 마케팅의 결과물인 사업 수익과 고객을 관리하는 것이다. 따라서 창업자는 사업시스템이 쉬지 않고 돌아가도록 해야 하고, 그 시스템에서 현금 흐름과 고객을 관리해야 한다.

또한 창업자는 사업시스템의 핵심이 마케팅, 즉 고객이라는 사실을 절대로 잊어서는 안 된다. 고객은 나의 사업시스템을 유지시켜 주고, 나의 사업을 성공으로 이끌어 주는, 세상에서 가장 고마운 분이기 때문이다.

그러나 사업이 초기 단계의 손실을 극복하지 못하고 계속 적자가 난다면 창업자는 어떻게 해야 할까?

유감스럽게도 창업자는 필요한 경비를 조달할 수 없게 되고, 이것이 누적되면 결국 사업을 정리해야 한다. 창업자가 사업을 정리하는 것은 부끄러운 일은 아니다. 성공한 사업가라 하더라도 한 번의 사업으로 성공하는 경우는 드물기 때문이다.

창업자는 깨끗하게 결과에 승복하고, 당신의 제품이나 서비스에 문제가 없는지, 아이템이나 사업 기회를 잘못 판단하고 있었는지를 점검해야 한다.

점검 결과, 당신 사업의 문제점을 극복하기 어렵다면, 깔끔하게 사업을 정리하고 다음 기회를 생각하는 것이 좋다. 미련을 갖고 머뭇거리는 것은 당신의 성공 확률을 줄이는 것이기 때문이다.

02
·

돈의 흐름을
이해하고 있는가?

　당신은 돈에 대해서 어떤 생각을 갖고 있는가? 우리나라에는 나쁜 부자들이 많다고 하는데, 정말 그렇게 생각하는가?

　창업은 돈을 벌기 위한 것이지만, 돈 자체는 옳고, 그르다는 가치를 수반하지는 않는다. 그렇다면 창업자는 돈을 어떻게 관리해야 할까?

돈 관리 5계명
(1) 돈이 자유와 권력을 준다는 것을 인정한다.
(2) 이유 없는 점심을 사지 않는다.
(3) 자신이 잘 모르는 것에 투자하지 마라.
(4) 내가 먼저 베풀면서 필요한 인맥을 구축하라.
(5) 남과 다른 시각을 갖고 틈새시장을 노려라.

　이상과 같은 '돈 관리 5계명'은 가슴에 새겨 두는 것이 좋다. 우리가 돈을 벌어야 하는 첫 번째 이유는 인간다운 삶을 살기 위한 것이고, 자유를 구속당하지 않고자 하는 것이다. 하지만 돈을 많이 갖고 있음에도 불구하고 더 많이 벌기 위해서 욕심을 내거나, 구두쇠처럼 돈을 아끼고, 더 많이 벌기 위해 무슨 일이라도 하면서, 마지막에는 돈의 노예가 돼버리는 사람도 있다.

창업자는 돈에 대해서 어떤 생각을 가져야 성공할 수 있을까?

돈을 버는 것은 이론적으로는 매우 간단하다. 들어오는 돈은 점점 늘어나게 하고, 나가는 돈은 점점 줄이면, 남아 있는 돈은 점점 많아져서, 나중에는 돈을 주체할 수가 없게 된다. 실제로 보통의 부자들은 이 원칙을 지키려고 노력한다. '들어오는 돈을 지난달보다 조금이라도 늘어나게 하는 방법이 없을까?'하고 늘 고민하고, 나가는 돈은 더 이상 줄일 수 없을 정도로 통제한다. 다른 사람뿐만 아니라, 자신과 가족에게도 이러한 원칙은 변하지 않는다.

창업자는 매출은 점점 늘리고, 불필요한 지출은 줄여야 한다. 그렇게 함으로써 자신의 사업시스템 안에서 돈의 흐름을 원활하게 유지해야 한다. 그러나 창업자는 자신의 사업을 위해서 필요한 돈을 아껴서는 안 된다. 투자가 필요한 경우에 투입 시기를 놓치면, 사업이 위축되거나 수익이 감소하기 때문이다.

또한 창업자는 자신이 고용한 종업원의 인건비와 복리후생비를 형편이 허락하는 한도에서 넉넉하게 줘야 한다. 종업원은 비용 지출의 대상이 아니라, 회사의 자산이기 때문이다. 창업자는 자신과 함께 사업을 이끌어갈 핵심 인력과 종업원을 가족과 같이 대하고, 형편이 허락하는 한, 최고의 대우를 해 주는 것이 좋다. 특히 마케팅 직원의 경우에는 유능한 직원을 최고의 대우로 스카우트해서 쓰는 것이 회사에 이익이 된다는 것이 정설이다.

03
창업기업의 관리는
무엇을 말하는 걸까?

창업자에게는 관리가 중요한 일이 아니다. 물론 중요하지 않다고 해서, 잘못해도 된다는 것은 아니다. 창업자에게 제품이나 서비스, 마케팅, 관리의 세 가지는 없어서는 안 되는 것이다. 다만 사업을 시작하는 창업자에게는 관리보다는 나머지 두 가지가 더 중요하다는 말이다. 따라서 창업자는 관리 업무 중에서 자신에게 꼭 필요한 것만 챙기고 나머지 관리 업무는 직원에게 맡기거나, 회계사, 노무사, 변호사 등 전문가에게 위탁하는 것이 좋다. 그러나 창업자의 사업시스템이 안정이 되면, 관리의 중요성은 점점 더 커지게 된다. 창업자가 사업 초기에 마케팅을 하느라 정신이 없다가, 매출액이 연간 몇 백억 원이 되고, 통장에 돈이 쌓이게 되면, 점차 관리의 필요성이 생기게 되는 것이다.

창업자는 사업시스템을 만들고 유지해야 하는데, 마케팅이 잘되지 않아서 돈의 흐름이 막혀 버리면, 관리할 것이 없게 된다. 따라서 창업자의 사업시스템에서 가장 중요한 것은 마케팅의 결과로, 고객으로부터 돈을 받는 장면이다.

하지만 창업자의 사업시스템 안으로 돈이 들어오면, '그 돈을 어떻게 사용할 것인가?'라는 문제와 만나게 된다. 사실 그것은 문제가 되지 않을지도 모른다. 먼저 급한 곳에 돈을 쓰는 것이 인지상정이기 때문이다. 그러나 사업 초기에는 제품과 서비스를 안정화시켜야 하고, 마케팅에도 돈이 많이 들어가며, 자신의 생활비와 종업원 인건비 등 지출이 필요한 곳이 많다. 따라서 돈이 꼭 필요한 곳에는 써야 하고, 부족한 돈은 조달해야 한다. 이것을 자금(돈) 관리 또는 재무관리라고 한다.

재무관리는 자금의 조달과 자금의 운용을 합한 개념이다. 자금의 조달은 사업을 하는데, 돈이 부족해서 자기 돈을 가져오거나, 다른 사람이나 금융기관에게 돈을 빌리는 것을 말한다. 대부분의 창업자는 사업 초기에 돈이 부족하기 때문에, 늘 '어디서 돈을 빌릴까?'라는 생각을 머릿속에 담아 두고 산다.

자금의 운용은 사업 초기의 창업자에게는 필요 없는 말이다. '남는 자금을 어떻게 운용할까?'라는 것이기 때문이다.

모든 기업에서 자금관리는 중요한 일 중의 하나이다. 자금관리가 되지 않으면, 당장 일을 할 수 없게 되고, 사업시스템이 정상적으로 유지되지 않기 때문이다. 사업시스템에는 돈이 막힘없이 흘러야 하는데, 이것을 '현금(돈) 흐름의 관리'라고 한다.

창업자는 마케팅이 잘되지 않으면 돈이 부족하게 되고, 더 이상 자금을 조달하지 못하게 되면 사업을 중단해야 한다. 이렇게 마케팅의 실패가 자금관리의 실패를 가져오게 되지만, 사업시스템 안으로 돈이 들어올 때까지 계속해서 자금을 조달할 능력이 있다면, 사업을 계속할 수는 있을 것이다.

'현금(돈) 흐름의 관리' 다음으로 창업자에게 중요한 관리는 '고객관리'이다.

'고객을 관리하는 것은 마케팅에 속하는 것이 아닌가?'라고 생각할 수도 있다. 하지만, 마케팅은 고객 스스로 창업자의 제품이나 서비스를 사도록 만드는 것이고, 고객관리는 창업자의 제품이나 서비스를 한 번 이상 구매를 한 고객(기존 고객)이 계속해서 자신의 제품이나 서비스를 사도록 관리하는 것이다.

마케팅에서 고객의 개념이 창업자가 목표로 하는 시장에 있는 잠재적인 고객의 집단을 말하는 것이라면, 고객관리에서의 고객은 기존 고객을 말하는 것이다. 따라서 고객관리는 기존 고객이 다른 제품이나 서비스를 사지 않고, 창업자 자신의 제품이나 서비스를 사도록, 고객을 유지하고 관리하는 활동이라고 할 수 있다.

고객관리가 왜 현금 흐름의 관리, 다음으로 중요할까? 그 이유는 고객을 관리함으로써 생기는 창업자의 이익이 마케팅을 통해서 신규 고객을 만드는 것보다 비용이 적게 들어서, 보다 효율적이기 때문이다.

창업자는 고객관리를 통해서 기존 고객을 만족시킴으로써 고객 충성도를 높일 수 있고, 이런 충성도가 높은 고객은 주위 사람들에게 창업자의 제품이나 서비스에 대해서 입소문을 내주는 일이 많다. 또한 충성 고객은 회사의 실수에도 너그럽게 반응하고, 감싸준다.

많은 기업들이 자신의 충성 고객에게 어떤 형태이든 인센티브를 주고 있다. 창업자도 충성 고객에게 인센티브를 주고, 고객관리를 해야 한다.

고객관리는 충성 고객을 만들고, 이런 고객이 이탈하지 않도록 지속적으로 관리하는 것이 핵심이다. 고객은 창업자가 자신을 제대로 배려하지 않고, 형식적이고, 기계적으로 대한다고 생각하면, 그 순간 180도로 다른 사람이 된다. 고객을 얻기는 어려워도 잃어버리는 것은 한순간이다.

고객은 우리가 일반적으로 생각하는, 목표시장의 새로운 고객이나 기존 고객 이외에도 유통 채널 및 그 종사자, 내부 고객인 종업원이 있다. 창업자는 그들을 목표시장의 새로운 고객이나 기존 고객처럼 모셔야 한다. 그래야만 그들이 창업자가 돈을 벌 수 있게 도와줄 것이다.

유통 채널 및 그 종사자들과 시장 정보를 공유하고, 다양한 판촉 활동을 진행하면서 상호 신뢰와 우호적인 관계를 유지해야만, 그들이 우리 제품에 대한 문제점이나 개선점에 대한 의견을 줄 것이다.

또한 창업자는 자신이 고용한 종업원의 만족도가 높은지 늘 살펴야 한다. 종업원의 만족도는 고객 만족도에 직접적인 영향을 미치기 때문이다.

04
창업자는 어떻게
종업원을 관리해야 할까?

1인 기업의 창업자는 할 일은 많고 시간은 없다. 따라서 불필요한 일에 시간을 빼앗겨서는 안 되며, 시간을 효율적으로 사용해야 한다. 1인 기업은 창업자 개인의 역량만으로 경영하는 방식이므로, 개인의 역량이 부족하거나 업무량이 너무 많고, 외주 용역을 줄 수 없는 경우라면 마음에 맞는 동업자를 영입하거나, 새로운 인력을 채용해야 한다. 일반적으로 창업자에게 경영의 핵심 업무를 함께 처리할 핵심 인력은 1명 이상 필요하다. 또한 핵심 업무는 아니라도 종업원을 채용해야 하는 경우가 생긴다.

창업자는 채용한 종업원에게 업무를 배정하면, 종업원이 업무를 익히고, 게으름을 피우지 않고, 스스로 일을 찾아서, 적극적으로 일하기를 바랄 것이다. 과거에는 생산성을 높이기 위하여, 업무 표준을 정하고, 정해진 업무를 얼마나 빠르고 정확하게 수행하는지를 초시계로 측정하여 업무 능률에 따라 급여를 지급했다. 그러나 메이요(Mayor)와 매슬로우(Maslow) 등은 돈만이 생산성을 향상시키는 요인이 아니라고 했다. 과거의 과학적인 관리 방법에서 새로운 인간 중심의 경영 방식으로 바뀐 것이다.

심리학자인 매슬로우는 '동기는 욕구에서 나오고, 만족된 욕구는 더 이상 동기부여를 하지 못한다'고 했다. 그 욕구는 중요도에 따라 계층으로 구분되는데, 하위의 욕구가 만족되면, 상위 단계의 욕구가 발현되어 이를 만족시키기 위한 일을 하도록 동기부여 된다. 하위 단계부터 '생리적 욕구 – 안전 욕구 – 사회적 욕구 – 존경과 자존감 – 자아 실현 욕구'로 구분된다고 하였다.

허즈버그(Herzberg)는 성취감, 인정감 등의 동기 요인은 직원들이 더 생산적이고 만족스럽게 일하게 하는 직무 요인이지만, 임금, 근무 환경, 감독 등의 위생 요인은 불만족을 유발하고 있다고 하여도 반드시 동기부여가 되지는 않는다고 하였다.

두 가지 동기부여 이론을 비교하면 아래 그림과 같다. 이러한 동기부여 이론이 타당하다고 생각하는가?

▼ 그림 3-1 매슬로우의 욕구 단계설과 허즈버그의 동기 이론의 비교

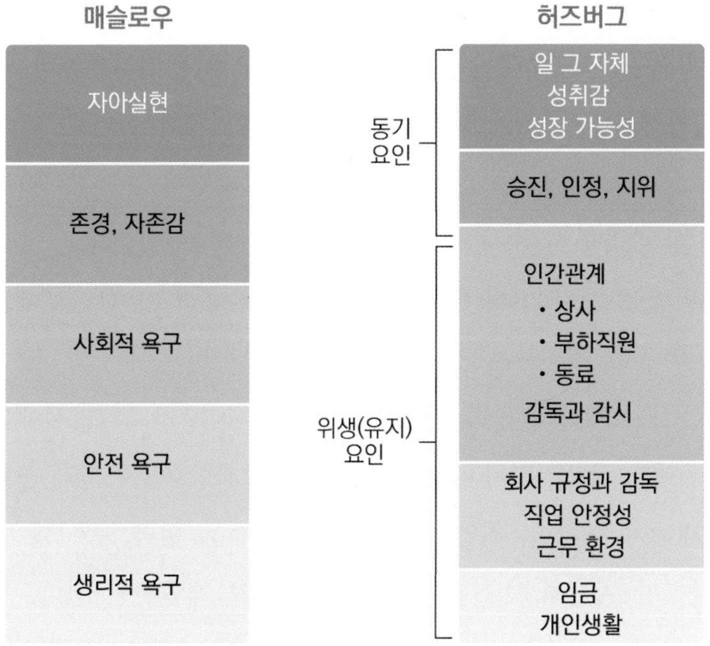

창업자는 과거와 같이 초시계를 사용하여 측정을 하고, 임금을 지불하는 과학적 관리 방법으로 종업원을 관리할 수 없고, 동기부여 이론에 따라, 종업원이 성취감과 인정감을 느낌으로써 스스로 열심히 일하게 하는 방식으로 종업원을 관리해야 한다. 특히 회사의 일정 부분을 책임지고 있는 핵심 인력에 대해서는 성과에 대한 보상을 명확하게 하고, 회사의 지분을 공유함으로써 함께 노력하여 회사의 발전을 이루는 것이 가장 중요하다. 창업자가 채용하는 핵심 인력은 대부분 피터 드러커 교수가 말하는 '지식 노동자'이므로, 필요한 보수 교육을 시키지 않거나 적절한 보상 등의 대우를 하지 않으면, 이직을 함으로써 창업자에게 많은 타격을 줄 것이다. 또한 임금이나 보상 못지않게 중요한 것은 종업원에게 직무에 대한 재량권을 주고, 종업원의 재량권의 범위와 책임 한계를 명확하게 하는 것이다.

종업원을 관리하기 위해서는 채용, 훈련과 개발, 동기부여, 직무 부여와 평가, 보상과 혜택 등을 수행하여야 한다. 그러나 창업자는 인사부서나 인사 담당자를 두기가 어려우므로, 스스로 종업원 관리를 해야 한다.

창업자가 종업원 관리를 위해서 알아야 할 사항은 다음과 같다.
(1) 채용은 주위의 소개나 인터넷 채용 사이트를 이용하고, 신입보다는 경력 사원 위주로 채용하는 것이 좋다.
(2) 채용 시에는 근로계약서를 작성하고 교부해야 한다. 근로계약서에는 임금, 근로 시간, 휴일, 연차휴가, 취업 장소, 종사할 업무 등의 근로 조건을 기재해야 하지만, 취업 규칙이 있는 경우는 임금, 종사할 업무 등의 사항만 기재하고 취업 규칙에 의한다고 계약하면 된다. 취업 규칙은 10인 이상 사업장에는 의무적으로 작성, 신고해야 한다.
(3) 임금이나 근로 조건 등은 동종 업계보다 좋지 않으면 제대로 된 인재를 구하기 어려우므로, 항상 좋은 조건으로 종업원을 채용하고 관

리하는 것이 유리하다.

(4) 임금 체계는 단순하게 구성하도록 하고, 성과급에 관한 부분을 미리 정하여, 종업원에게 알려줘야 한다. 임금, 근로 시간, 휴가, 해고 등의 사항은 복잡하므로, 잘 모르는 경우는 노무사 등과 상담하도록 한다.

(5) 상시 근로자 4인 이하 사업에는 근로기준법이 적용되지 않는 경우가 있다. 해당 사업장에서는 해고가 자유로우나, 30일 전에 해고 예고는 해야 하고, 휴업 수당을 지급하지 않아도 되며, 근로 시간의 적용이 엄격하지 않으니, 휴게시간과 유급 휴일은 줘야 한다. 연차휴가나 여직원의 생리휴가 등도 적용되지 않는다.

05
창업자는 어떻게 재무관리를 해야 할까?

들어오고 나간 돈을 기록하는 것과 같이 돈의 흐름을 표시하는 것을 회계라고 한다.

회계 장부를 기록하는 것은 창업자가 가져야 할 매우 좋은 습관이다. 회계 장부를 기록하는 이유는 그 기록을 통하여 사업을 성공으로 이끄는 방법을 알 수 있고, 사업의 수익 여부를 알려주며, 기록을 통하여 대금 지불 사실이 입증되어 분쟁을 예방해 주기 때문이다.

회계의 목적은 창업자에게 기업의 재무 상태와 운영 성과를 알게 하여 올바른 판단을 하게 하고, 주주, 채권자, 투자자 등의 이해관계자에게 기업의 재무 정보를 알려주는 것이다.

부기는 기업의 영업 활동의 내용을 일정한 원리에 의하여 계속적으로 장부에 기록, 계산 정리하는 것, 즉 장부기입의 줄임말이다.

단식부기는 가계부와 같이 재산의 변동 사항을 간단하게 기록하는 것으로, 계산이 간단하다는 장점이 있으나, 기업 활동의 내용을 체계적으로 나타내지 못하는 단점이 있다. 이러한 단점 때문에 기업의 회계는 복식부기를 사용한다. 복식부기는 기업의 거래 금액이 왼쪽의 차변과 오른쪽의 대변에 동일한 금액으로 기록됨으로써 자기 검증기능을 갖는다. 따라서 일정 기간의 차변의 합계와 대변의 합계는 항상 동일하다. 이때 차변과 대변의 요소는 원인과 결과가 된다.

┃ 표 3-2 복식부기의 원리(차변의 합＝대변의 합)

	차변	대변	
증가	자산		감소
감소		부채	증가
감소		자본	증가
발생	비용	수익	발생

과거에는 회계 장부에 일일이 손으로 기록했으나, 오늘날에는 컴퓨터와 회계 소프트웨어를 이용하여 회계 정보를 입력하면 그 정보를 처리하여, 정해진 양식에 따라 표시해 주기 때문에, 창업자가 손쉽게 재무상태표, 손익계산서, 현금흐름표의 재무제표를 보고 내 회사의 재무 상태를 알 수 있게 되었다.

재무상태표는 일정 시점에서의 회사의 재정 상태를 나타내 주는 회계 보고서로, 왼쪽에는 자산을, 오른쪽에는 부채와 자본이 표시되고, '자산＝부채＋자본'의 등식이 성립한다. 즉 자산은 부채와 자본으로 이루어졌다는 의미로, 자산의 원천이 빌린 돈(부채)인지, 자기 돈(자본)인지를 알 수 있다. 자산은 회사가 소유한 경제적 자원인데, 건물, 토지, 기계 등의 유형 자산과 특허권, 상표권 등의 무형 자산으로 나눌 수 있다. 자산은 유동성이 큰 것부터 먼저 표시되는데, 유동성이란 빨리 현금화할 수 있는 정도를 의미한다. 일반적으로 현금, 예금, 유가증권, 외상 매출금 등의 순으로 현금화가 쉽다. 1년 안에 현금화할 수 있는 자산을 유동자산이라고 하고, 유동화에 1년이 초과되는 경우를 비유동자산이라고 한다.

부채는 빌린 돈으로, 갚아야 할 의무가 있다. 자산의 경우와 같이 만기가 1년 이내의 경우를 유동부채, 1년을 초과하는 경우를 비유동부채라고 한다.

자본은 자본금과 주식 발행 초과금 등의 자본 잉여금과 이익 중에서 배당하지 않고 남아 있는 이익 잉여금으로 구성된다. 주식 발행 초과금이란 주식의 발행가와 액면가의 차이로 발생하는 잉여금을 말한다.

자산, 부채, 자본의 각 항목을 알면 아래 양식에 따라 재무상태표를 작성할 수 있다.

┃ 표 3-3 재무상태표 양식

재무상태표
제×기 20××년 12월 31일

(단위: 원)

×××회사				
자산		부채	
유동자산	×××	유동부채	×××
비유동자산	×××	비유동부채	×××
		부채총계	×××
		자본	
		납입자본	×××
		이익잉여금	×××
		기타자본요소	×××
		자본총계	×××
자산총계	×××	부채와 자본총계	×××

손익계산서는 일정 기간 동안의 이익 또는 손실이 얼마인지를 나타내주는 회계 보고서이다. 이익 또는 손실은 다음과 같은 방식으로 나타낼 수 있다.

(1) 매출총액 – 매출원가 = 매출총이익

(2) 매출총이익 – 영업비용(판매비용 + 일반관리비) = 영업이익

(3) 영업이익 – 영업외손익(영업외수익-영업외손실) = 세전이익

(4) 세전이익 − 법인세(소득세) = (당기)순이익

매달, 분기별 또는 연간의 손익계산서를 작성할 수 있고, 그 양식은 아래와 같다.

영업외수익이란 영업 이외의 재무 활동으로 얻은 이자, 배당금 등을 말하고, 영업외비용이란 채무에 대한 이자 비용 등을 의미한다.

회사의 이익은 위와 같이 4가지의 이익이 있을 수 있고, 영업의 결과로 얻어지는 영업이익이 회사의 실적으로서, 사업의 성패를 좌우하므로 가장 중요하다고 할 수 있으나, 법인세(소득세)를 내고 난 다음의 순이익이 당기에 남아 있는 이익이기 때문에, 영업이익보다 중요할 수도 있다.

▌ 표 3-4 손익계산서 양식

손익계산서
제×기 20××년 1월 1일부터 20××년 12월 31일까지

(단위: 원)

×××회사	
매출액	×××
매출원가	(×××)
1) 기초상품	×××
2) 당기매입	×××
3) 기말상품	(×××)
매출총이익	×××
판매비와 일반관리비	(×××)
영업이익	×××
영업외수익	×××
영업외비용	(×××)
세전손익	×××
법인세(소득세)	(×××)
당기순손익	×××

문제 3-1

손익계산(매출총이익, 영업이익, 세전이익 구하기)

기술전자(주)의 2020년 매출액은 1억원, 매출원가는 5천만 원, 판매비와 일반관리비는 3천만 원, 이자 수입은 2백만 원, 은행 차입금 이자는 3백만 원이었다. 기술전자(주)의 2020년 매출총이익, 영업이익 및 세전이익은 얼마인가?

정답 매출총이익 5,000만 원, 영업이익 2,000만 원, 세전이익 1,900만 원

풀이 매출총이익: 매출액 – 매출원가이므로, 1억 원 – 5,000만 원

영업이익: 매출총이익 – 판매비 및 일반관리비이므로, 5,000만 원 – 2,000만 원,

세전이익: 영업이익 + 영업외수익 – 영업외비용이므로, 2,000만 원 + 200만 원 – 300만 원

손익분기점이란 총수입과 총비용이 같아서 손해도 이익도 없는 점을 말한다. 즉 손익분기점은 총수입＝총비용, 매출액＝매출원가이고, 매출원가는 총변동원가와 총고정원가의 합계이다.
(1) 매출액＝총변동원가＋총고정원가, 매출액－총변동원가＝총고정원가
(2) (단위당 판매 가격×판매 수량) － (단위당 변동원가×판매 수량)＝총고정원가

판매 수량×(단위당 판매 가격 － 단위당 변동원가)＝총고정원가

(1)과 (2)의 등식에서 손익분기점의 판매 수량을 구하면,
손익분기점 판매 수량＝총고정원가÷(단위당 판매 가격－단위당 변동원가)이다.

손익분기점에서의 판매 수량은 총고정원가가 클수록, 단위당 변동원가가 클수록 크다. 손익분기점 분석은 기업이 손익분기점을 알고, 그 이상의 수

량을 판매해야 한다는 것을 알려주기 때문에 중요하다.

 문제 3-2

손익분기점 구하기

어떤 제품의 단위당 판매 가격이 1,000원이고, 단위당 변동원가가 500원, 총고정원가가 1,000만원인 경우에 몇 개를 팔아야 손익분기점이 될까?

정답 2만 개

풀이 1,000만원÷(1,000원 - 500원)

창업자는 매달 손익계산서를 작성할 수 있다. 손익은 총수입에서 총비용을 뺀 값이므로, 보통의 경우는 플러스(+)가 나와야 정상이다. 그런데 수치상으로는 수익이 나고 있는데, 계좌에 현금이 없는 경우가 있다. 외상 등의 이유로 판매 시점에 돈을 받지 못했기 때문이다. 이런 경우를 현금 흐름이 끊겼다고 하는데, 창업자에게 현금 흐름이 끊기는 것은 신용 거래를 할 수 없게 되는 것을 의미하고, 이런 일이 반복되면 사업을 할 수 없게 된다. 따라서 창업자에게 있어서 현금 흐름의 관리는 매우 중요하다. 창업자는 현금 흐름을 관리하기 위하여, (1) 가능하면 현금이나 카드를 받고 (2) 거래처와 정해진 날에 입금하고, 수금하며 (3) 매일 수입과 지출 및 현금 잔고를 확인하여야 한다.

현금흐름표는 일정 기간 동안의 현금 흐름의 변경 내용을 영업 활동, 투자 활동, 재무 활동으로 나누어 표시하는 회계 보고서이다.

영업 활동이란 제품의 판매 활동을, 투자 활동이란 영업 활동을 위한 자산의 취득과 처분을, 재무 활동이란 자금을 조달하고, 상환하는 활동을 말한다. 현금흐름표를 보면 각 활동별로 자금의 유입과 유출을 확인할 수 있고, 일정 기간 동안에 현금이 증가했는지 감소했는지를 알 수 있다.

▍표 3-5 현금흐름표 양식

현금흐름표
제×기 20××년 1월 1일부터 20××년 12월 31일까지

(단위: 원)

×××회사		
영업활동으로 인한 현금흐름		×××
1. 당기순이익	×××	
2. 현금의 유출이 없는 비용 등의 가산	×××	
3. 현금의 유입이 없는 수익 등의 차감	(×××)	
4. 영업활동으로 인한 자산 부채의 변동	×××	
투자활동으로 인한 현금흐름		×××
투자활동 현금유입액	×××	
투자활동 현금유출액	(×××)	
재무활동으로 인한 현금흐름		×××
재무활동 현금유입액	×××	
재무활동 현금유출액	(×××)	
현금의 증가(감소)		×××
기초의 현금		×××
기말의 현금		×××

06
창업자는 어떻게
세무관리를 해야 할까?

창업자가 알아야 하는 세금은 부가가치세와 소득세 또는 법인세이다. 이 세금들은 창업자가 스스로 신고하고, 납부하여야 하는 세금이기 때문에 이를 신고, 납부하지 않으면, 신고와 납부 불성실로 가산세를 내야 한다. 국가는 세법에 의하여 기업의 이익 등에 대하여 세금을 납부하도록 하고 있고, 기업은 세법이 허용하는 한도에서 각종 공제 제도, 손금 제도 등으로 세금을 절세할 수 있다. 그러나 법이 허용하는 한도를 넘으면 탈세가 되고, 조세범처벌법에 의하여 3년 이하의 징역이나 탈세액의 3배 이하의 벌금을 낼수도 있다. 따라서 창업자가 정해진 기간 내에 부가가치세와 소득세 또는 법인세를 신고, 납부하면 가산세를 내지 않고, 약간의 세금 감면을 받는다. 이외에도 창업자는 주민세, 사업소세, 취득세, 등록세 등을 내는 경우가 발생할 수 있다.

국세청으로부터 고지되는 모든 세금은 창업자가 고지서를 보고 이의가 없으면 세금을 납부하고, 납부와 동시에 세금이 확정되는 것이다. 그러나 세금을 낼 이유가 없거나 금액이 맞지 않으면, 불복하여 관할 세무서에 이의신청을 할 수 있다.

창업자는 사업자등록을 한 이후에 국세청 홈텍스에 가입을 하고 로그인하여, 부가가치세, 소득세 또는 법인세를 신고, 납부할 수 있고, 각종 증명을 발급받을 수도 있다.

▼ 그림 3-2 국세청 홈텍스 홈페이지

부가가치세는 제품의 거래나 서비스의 제공 과정에서 얻어지는 부가가치에 대하여 과세하는 세금이며, 세율은 10%이다.

부가가치는 매출과 매입의 차액을 의미한다. 따라서 부가가치세는 (매출의 부가가치세액) − (매입의 부가가치세액) 또는 (매출 금액 − 매입 금액) × 10%로 계산한다.

문제 3-3

부가가치세 계산

창업자가 A 제품을 11,000원에, B 제품을 22,000원에 매입하여 C 제품을 만들어 55,000원에 판매(매출)한 경우에 신고해야 하는 부가가치세는 얼마일까? (제품 가격에 부가가치세가 포함되어 있음)

정답 2천 원

풀이 부가가치세는 (매출의 부가세액-매입의 부가세액)으로 계산할 수 있으므로, C 제품 매출의 부가가치세액인 5,000원에서, A와 B의 매입의 부가가치세액의 합계액 3,000원(1,000원 + 2,000원)을 빼면 2,000원이 된다.

또는 창업자는 A와 B 제품을 30,000원에 매입하여 C 제품을 만들어 50,000원에 팔았으므로, C 제품을 만들어서 부가된 가치는 그 차액인 20,000원이고, 부가가치세율이 10%이므로 부가가치세는 2,000원이다.

부가가치세는 6개월을 과세기간으로 하여 신고·납부하는데, 개인 일반사업자의 경우에는 전반기 6개월분은 7월 1일부터 25일까지, 하반기 6개월분은 다음 해 1월 1일부터 25일까지 2회 신고 납부하고, 연간 매출액이 8,000만 원 미만인 개인 간이사업자의 경우에는 1년을 과세기간으로 하여, 다음 해 1월 1일부터 25일까지 1회 신고 납부한다. 법인 사업자는 개인 일반사업자와 같이 상기 2회를 확정 신고하고, 4월 1일부터 25일까지와 10월 1일부터 25일까지 2회를 예정 신고하여 1년에 총 4회를 신고한다.

창업자의 매출에서 매입 등 각종 비용을 공제하고 남은 이익에 대해서, 개인 사업자는 소득세를, 법인사업자는 법인세를 신고, 납부해야 한다. 신고·납부 기간은 소득세는 매년 5월 1일부터 31일까지, 법인세는 회계연도 후 3개월 이내이다. 따라서 12월 결산 법인의 경우는 다음 해 3월 31일까지이다.

소득세를 신고·납부하는 모든 사업자는 장부를 비치·기록해야 하고, 간편 장부 대상자를 제외한 모든 사업자는 복식부기에 의하여 작성된 재무제표를 신고서와 함께 제출해야 한다. 간편 장부 대상자는 해당 과세기간에 신규로 사업을 시작하였거나, 수입 금액이 국세청이 정한 금액에 미달하는 사업자이다. 제조업 등은 1억 5,000만 원 미만이고, 기술서비스업 등은 7,500만 원 미만이다.

┃ **표 3-6 간편 장부 양식**

간편장부

① 일자	② 계정 과목	③ 거래 내용	④ 거래처	⑤ 수입 (매출)		⑥ 비용 (원가관련 매입포함)		⑦ 고정자산 증감(매매)		⑧ 비고
				금액	부가세	금액	부가세	금액	부가세	

자료: 국세청

장부를 기장하는 사업자의 소득 금액은 총수입 금액에서 필요 경비를 공제하여 계산한다. 장부를 비치·기장하지 않은 사업자의 소득 금액은 업종별로 정해지는 기준경비율이나 단순경비율을 적용, 필요경비를 계산하여 신고·납부한다. 장부를 비치·기장하지 않은 창업자는 홈택스에 로그인하고 소득세 신고를 할 때, 자신에게 적용되는 기준경비율이나 단순경비율 등의 세율을 확인할 수 있다.

2018년 귀속 이후 분에 대한 종합 소득세의 세율은 7단계 누진 구조에 의하여 계산된다.

(계산식) 과세표준×세율−누진공제

┃ 표 3-7 종합소득세 세율

과세표준	세율	누진공제
12,000,000원 이하	6%	−
12,000,000원 초과 46,000,000원 이하	15%	1,080,000원
46,000,000원 초과 88,000,000원 이하	24%	5,220,000원
88,000,000원 초과 150,000,000원 이하	35%	14,900,000원
150,000,000원 초과 300,000,00원 이하	38%	19,400,000원
300,000,000원 초과 500,000,000원 이하	40%	25,400,000원
500,000,000원 초과	42%	35,400,000원

자료: 국세청

 문제 3-4

소득세 계산하기

2020년 귀속 종합소득세의 과세표준이 1억 원인 경우에 소득세는 얼마인가?
(종합소득세 세율 자료를 활용하라.)

정답 20,100,000원
풀이 100,000,000원 × 0.35−14,900,000원

　　법인 사업자는 법인의 각 사업연도의 소득에 대하여, 소득세가 아닌 법인세를 신고·납부하여야 한다. 다만, 법인의 소득 중에는 조세 정책적 또는 사회 정책적 목적을 위해 비과세하거나 감면해 주는 소득이 법인세법 및 조세특례제한법 등에 열거되어 있으므로 해당 법인은 신고 전에 이를 충분히 검토해야 한다.

법인 사업자는 복식부기에 의한 기장 의무가 있고, 법인세 신고 시 재무제표와 세무조정계산서 등을 제출해야 하므로, 창업자가 기장과 신고를 세무사 또는 회계사에게 위탁하는 경우가 많다.

법인세의 세율도 소득세와 같이 누진 다단계 구조이고, 영리법인의 세율은 다음 표에 의하여 계산하면 된다.

(계산식) 과세표준×세율−누진공제

▌표 3-8 영리법인의 법인세율

소득종류 법인종류	각 사업연도 소득		
	과세표준	세율	누진공제
영리법인	2억 이하	10%	−
	2억 초과 200억 이하	20%	2,000만원
	200억 초과 3,000억 이하	22%	42,000만원
	3,000억 초과	25%	942,000만원

자료: 국세청

성공적인 사업시스템 구축을 위하여 필요한 것

여러분이 팀별로 주식회사를 설립해서, 사업을 시작했다고 가정하고, 어떻게 사업시스템을 구축하고 사업을 시작해야 할지 서로 토의해 보자.

사업시스템의 3가지 요소인, '제품 또는 서비스(Manufacturing / Service), 마케팅(Marketing), 관리(Managing)'가 어떤 관계를 갖고 있어야 창업에 성공할 수 있을까?

토의 내용 정리

(일자 및 시간:)

토의 주제	성공적인 사업시스템 구축을 위하여 필요한 것
팀명	
참석자	
토의 내용	
토의 결과	

우리 회사의 손익계산서 작성하기

여러분이 회사를 창업하여 2020년 1년 동안 다음과 같이 수입과 비용이 있었다고 가정하고, 〈표 3-3〉의 손익계산서 양식에 따라 우리 회사의 손익계산서를 작성해 보자.

1. 우리 회사는 볼펜과 문구용 가위를 외주로 제조, 판매하는 회사이고, 회사 이름은 팀별로 정해보자.

2. 2020년 연간 수입(매출) 가정
   - 볼펜의 매출액: 1억 원(판매 단가 2,000원)
   - 가위의 매출액: 1억 원(판매 단가 2,500원)

3. 2020년 연간 비용(지출) 가정
   - 제조(외주) 매출 원가율: 50%(볼펜과 가위 동일함)
   - 사무실 월세: 800,000원
   - 인건비: 2인 월 4,000,000원
   - 전기료 등 관리비: 월 200,000원
   - 광고비 등 판매비: 월 2,000,000원
   - 회사 소유 주택 월세 수입: 월 500,000원
   - 지급이자: 은행 대출 이자 월 300,000원
   - 세금: 세전 수익의 5%

손익계산서

제1기 2020년 1월 1일부터 2020년 12월 31일까지

(단위: 원)

회사명:
매출액
매출원가
1) 기초상품
2) 당기매입
3) 기말상품
매출총이익
판매비와 일반관리비
영업이익
영업외수익
영업외비용
세전손익
법인세(소득세)
당기순손익

**사업시스템이란
무엇인가?**

- 사업을 하는 데에는 세 가지가 조화를 이뤄야 한다고 말한다. 그 세 가지는 '제품 또는 서비스(Manufacturing / Service), 마케팅(Marketing), 관리(Managing)'이다.

- 창업자는 사업시스템의 핵심이 마케팅, 즉 고객이라는 사실을 절대로 잊어서는 안 된다. 고객은 나의 사업시스템을 유지시켜 주고, 나의 사업을 성공으로 이끌어 주는, 세상에서 가장 고마운 분이기 때문이다.

**돈의 흐름을
이해하고 있는가?**

- <u>돈 관리 5계명</u>

  (1) 돈이 자유와 권력을 준다는 것을 인정한다.

  (2) 이유 없는 점심을 사지 않는다.

  (3) 자신이 잘 모르는 것에 투자하지 마라.

  (4) 내가 먼저 베풀면서 필요한 인맥을 구축하라.

  (5) 남과 다른 시각을 갖고 틈새시장을 노려라.

- 창업자는 매출은 점점 늘리고, 불필요한 지출은 줄여야 한다. 그렇게 함으로써 자신의 사업시스템 안에서 돈의 흐름을 원활하게 유지해야 한다.

**창업기업의 관리는
무엇을 말하는
것일까?**

- 창업자는 관리 업무 중에서 자신에게 꼭 필요한 것만 챙기고 나머지 관리 업무는 직원에게 맡기거나, 회계사, 노무사, 변호사 등 전문가에게 위탁하는 것이 좋다.

- 창업자의 사업시스템이 안정이 되면, 관리의 중요성은 점점 더 커지게 된다. 창업자가 사업 초기에 마케팅을 하느라 정신이 없다가, 매출액이 연간 몇 백억 원이 되고, 통장에 돈이 쌓이게 되

면, 점차 관리의 필요성이 생기게 되는 것이다.

- 재무관리는 자금의 조달과 자금의 운용을 합한 개념이다.

- 마케팅은 고객 스스로 창업자의 제품이나 서비스를 사도록 만드는 것이고, 고객관리는 창업자의 제품이나 서비스를 한 번 이상 구매를 한 고객(기존 고객)이 계속해서 자신의 제품이나 서비스를 사도록 관리하는 것이다.

- 창업자는 고객관리를 통해서 기존 고객을 만족시킴으로써 고객 충성도를 높일 수 있고, 이런 충성도가 높은 고객은 주위 사람들에게 창업자의 제품이나 서비스에 대해서 입소문을 내주는 일이 많다.

- 고객은 우리가 일반적으로 생각하는, 목표시장의 새로운 고객이나 기존 고객 이외에도 유통 채널 및 그 종사자, 내부 고객인 종업원이 있다. 창업자는 그들을 목표시장의 새로운 고객이나 기존 고객처럼 모셔야 한다. 그래야만 그들이 창업자가 돈을 벌 수 있게 도와줄 것이다.

창업자는 어떻게 종업원을 관리해야 할까?

- 창업자는 동기부여 이론에 따라, 종업원이 성취감과 인정감을 느낌으로써 스스로 열심히 일하게 하는 방식으로 종업원을 관리하여야 한다.

- 회사의 일정 부분을 책임지고 있는 핵심 인력에 대해서는 성과에 대한 보상을 명확하게 하고, 회사의 지분을 공유함으로써 함께 노력하여 회사의 발전을 이루는 것이 가장 중요하다. 창업자가 채용하는 핵심 인력은 대부분 피터 드러커 교수가 말하는 '지식 노동자'이므로, 필요한 보수 교육을 시키지 않거나 적절한 보상 등의 대우를 하지 않으면, 이직을 함으로써 창업자에게 많은 타격을 줄 것이다.

- 임금이나 보상 못지않게 중요한 것은 종업원에게 직무에 대한 재량권을 주고, 종업원의 재량권의 범위와 책임 한계를 명확하게 하는 것이다.

창업자는 어떻게 재무관리를 해야 할까?

- 회계의 목적은 기업가에게 기업의 재무 상태와 운영 성과를 알게 하여 올바른 판단을 하게 하고, 주주, 채권자, 투자자 등의 이해관계자에게 기업의 재무 정보를 알려주는 것이다.

- 복식부기는 기업의 거래 금액이 왼쪽의 차변과 오른쪽의 대변에 동일한 금액으로 기록됨으로써 자기 검증기능을 갖는다. 따라서 일정 기간의 차변의 합계와 대변의 합계는 항상 동일하다. 이때 차변과 대변의 요소는 원인과 결과가 된다.

- 과거에는 회계 장부에 일일이 손으로 기록했으나, 오늘날에는 컴퓨터와 회계 소프트웨어를 이용하여 회계 정보를 입력하면 그 정보를 처리하고, 정해진 양식에 따라 표시해 주기 때문에, 창업자가 손쉽게 재무상태표, 손익계산서, 현금흐름표의 재무제표를 보고 내 회사의 재무 상태를 알 수 있게 되었다.

- 재무상태표는 일정 시점에서의 회사의 재정 상태를 나타내 주는 회계 보고서로, 왼쪽에는 자산을, 오른쪽에는 부채와 자본이 표시되고, '자산 = 부채 + 자본'의 등식이 성립한다.

- 손익계산서는 일정 기간 동안의 이익 또는 손실이 얼마인지를 나타내 주는 회계 보고서이다. 이익 또는 손실은 다음과 같은 방식으로 나타낼 수 있다.

  (1) 매출총액 − 매출원가 = 매출총이익

  (2) 매출총이익 − 영업비용(판매 비용 + 일반관리비) = 영업이익

  (3) 영업이익 − 영업외손익(영업외수익 − 영업외손실) = 세전이익

  (4) 세전이익 − 법인세(소득세) = (당기)순이익

- 손익분기점이란 총 수입과 총 비용이 같아서 손해도 이익도 없는 점을 말한다.

  손익분기점 판매 수량 = 총고정원가 ÷ (단위당 판매 가격 − 단위당 변동원가)이다.

- 현금흐름표는 일정 기간 동안의 현금 흐름의 변경 내용을 영업 활동, 투자 활동, 재무 활동으로 나누어 표시하는 회계 보고서이다.

창업자는 어떻게 세무관리를 해야 할까?

- 창업자가 알아야 하는 세금은 부가가치세와 소득세 또는 법인세이다. 이 세금들은 창업자가 스스로 신고하고, 납부해야 하는 세금이기 때문에 이를 신고, 납부하지 않으면, 신고와 납부 불성실로 가산세를 내야 한다.

- 부가가치세는 제품의 거래나 서비스의 제공 과정에서 얻어지는 부가가치에 대하여 과세하는 세금이며, 세율은 10%이다. 부가가치세는 (매출의 부가가치세액) – (매입의 부가가치세액) 또는 (매출 금액 – 매입 금액)×10%로 계산한다.

- 창업자의 매출에서 매입 등 각종 비용을 공제하고 남은 이익에 대해서, 개인 사업자는 소득세를, 법인사업자는 법인세를 신고, 납부해야 한다.

- 장부를 기장하는 사업자의 소득 금액은 총 수입 금액에서 필요 경비를 공제하여 계산한다. 장부를 비치·기장하지 않은 사업자의 소득 금액은 업종별로 정해지는 기준경비율이나 단순경비율을 적용, 필요 경비를 계산하여 신고, 납부한다.

- 법인 사업자는 복식 부기에 의한 기장 의무가 있고, 법인세 신고 시 재무제표와 세무조정계산서 등을 제출해야 하므로, 창업자가 기장과 신고를 세무사 또는 회계사에게 위탁하는 경우가 많다.

창업 아이템과
비즈니스모델링

CHAPTER 04 4차 산업혁명 시대의
          창업 환경 분석
CHAPTER 05 창업 아이디어 창출과
          아이템 선정
CHAPTER 06 창업자의 권리 보호
CHAPTER 07 비즈니스모델링
CHAPTER 08 시제품 제작과 시장조사

4차 산업혁명 시대의
창업 환경 분석

제4장의 핵심 질문

- 4차 산업혁명이 비즈니스에 미치는 영향은 무엇인가?
- 비즈니스 환경이란 무엇이고, 왜 중요한가?
- 경제적 · 법적 환경은 비즈니스에 어떤 영향을 미치나?
- 기술은 비즈니스에 어떤 영향을 미치나?
- 사회적 환경은 비즈니스에 어떤 영향을 미치나?

토의   4차 산업혁명이 비즈니스에 미치는 영향

실습   창업자(아이템)와 관련한 경제적 · 법적, 기술적, 사회 · 문화적, 글로벌
        환경 등을 도표로 나타내기

핵심 질문과 요약

01

4차 산업혁명이 비즈니스에 미치는 영향은 무엇인가?

4차 산업혁명은 무엇일까?

창업자는 4차 산업혁명을 이해하지 못하고 비즈니스를 할 수 없다. 현재는 4차 산업혁명 시대의 초입이고, 창업자는 현재 또는 미래의 고객에게 가치를 줄 수 있는 혁신적인 비즈니스모델로 사업을 시작해야 하기 때문이다. 따라서 창업자가 4차 산업혁명을 이해하지 못한다면 시대의 트렌드를 따라가지 못해서 성공하기 어렵다.

4차 산업혁명은 말 그대로 4번째의 산업상 체제의 커다란 변화이다. 1차 산업혁명은 18세기 중반에서 19세기 초반, 증기기관의 발명과 기계식 생산 방식이 도입된 기계화 혁명이다. 2차 산업혁명은 19세기 말에 전기의 힘에 의한 대량 생산 방식을 통한, 중화학공업 중심의 대량 생산 혁명이다. 3차 산업혁명은 1970년대의 컴퓨터와 인터넷에 의한 정보화와 자동화 생산 시스템을 기반으로 한 지식·정보 혁명이다.

4차 산업혁명은 2016년 이후, 사물인터넷(Internet of Things, IoT), 클라우드 컴퓨팅(Cloud Computing), 빅 데이터(Big Data), 인공지능(Artificial Intelligence), 즉 ICBA를 기반으로 하는 초연결, 초지능, 융합화의 새로운 혁명이다. 따라서 4차 산업혁명 시대에는 사물인터넷을 통해 방대한 빅데이터를 생성하고, 이를 인공지능이 분석, 해석, 판단, 자율제어 등을 수행하면서 제품이나 서비스를 생산한다.

▼ 그림 4-1 산업혁명의 역사와 4차 산업혁명

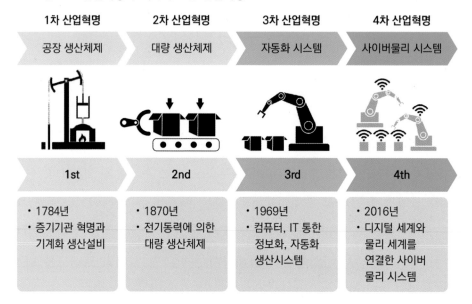

1차 산업혁명	2차 산업혁명	3차 산업혁명	4차 산업혁명
공장 생산체제	대량 생산체제	자동화 시스템	사이버물리 시스템
1st	2nd	3rd	4th

• 1784년
• 증기기관 혁명과
  기계화 생산설비
	• 1870년
	• 전기동력에 의한
	  대량 생산체제
		• 1969년
		• 컴퓨터, IT 통한
		  정보화, 자동화
		  생산시스템
			• 2016년
			• 디지털 세계와
			  물리 세계를
			  연결한 사이버
			  물리 시스템

4차 산업혁명을 이해하기 위해서 주요 기술적 특징을 알아보자.

4차 산업혁명의 기술적 특징은 초연결성(Hyper-Connectivity), 초지능화(Super-Intelligence), 융합화(Convergence)이다.

초연결성은 사물인터넷과 정보통신기술의 진화를 통해서 인간과 인간, 인간과 사물, 사물과 사물이 서로 연결되어, 상호 네트워킹을 하는 것이다. 이 과정에서는 개인정보 유출이나 프라이버시 침해의 우려도 있어서 정보보안 문제를 관리해야 한다.

초지능화는 인공지능과 빅데이터를 연계·활용하여 기술 및 산업 구조를 지능화하고 스마트하게 한다. 초인공지능이라고도 한다. 딥러닝(Deep-Learning) 등 기계학습과 빅데이터에 기반한 초지능화 시장은 가파르게 성장하고 있다.

융합화는 초연결성과 초지능성의 결합을 통하여, 산업과 기술에서의 융합이 이루어짐으로써 그 경계가 허물어지는 현상이다.

▼ 그림 4-2 4차 산업혁명의 주요 특징

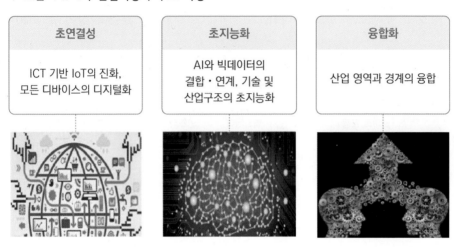

초연결성	초지능화	융합화
ICT 기반 IoT의 진화, 모든 디바이스의 디지털화	AI와 빅데이터의 결합·연계, 기술 및 산업구조의 초지능화	산업 영역과 경계의 융합

4차 산업혁명 시대에서는, 모든 산업 분야에서 정보통신기술(Information Technology)이 활용되면서, IT와 금융의 융합인 핀테크(Fintech), IT와 가전제품의 융합인 스마트 홈(Smart Home), IT와 의료의 융합인 유비쿼터스 헬스케어(u-Health) 등이 이루어진다. 또한 IT와 생명공학(Bio-Technology), 나노기술의 융합, IT와 기계의 융합인 메카트로닉스(Mechatronics) 등의 기술 간 융합 사례도 발생한다.

이처럼 ICBA를 기반으로 하는 4차 산업혁명으로 인해, 초연결화, 초지능화, 융합화가 진행됨으로써, 모든 것이 상호 연결되고, 보다 지능화된 사회로 급속하게 변하고 있다.

4차 산업혁명은 창업, 즉 비즈니스를 시작하는 것에 어떤 영향을 줄까? 이것은 4차 산업혁명으로 바뀌게 되는, 비즈니스와 관련된 특징을 알아보면 될 것이다.

첫째, 과거의 육체적, 물리적 노동에서 정신적, 지적 노동으로 바뀌게 됨으로써, 지식과 정보 위주의 신경제가 도래한다.

둘째, ICBA 등의 지능·정보기술이 산업기기 및 생산 과정과 연결됨으로써 상호 소통하고 스스로 최적화, 효율화를 달성할 수 있는 환경이 조성된다.

▼ 그림 4-3 4차 산업혁명의 핵심 기술(지능·정보기술)

셋째, 생산과 소비의 연결과 융합화가 이루어짐에 따라, 현실 세계는 가상현실과 증강현실로 연결되고, 공유를 기반으로 한 공유경제와 주문형 디지털 경제인 온디맨드 경제(On−Demand Economy)가 확대되면서 플랫폼 기반으로 경제가 발전한다.

넷째, 구글, 네이버 등의 검색엔진에서 거의 모든 정형화된 지식이 공급되고, 인공지능의 시대가 도래하면서, 고급 지식도 보편화되는 시대가 된다. 따라서 인간에게 창의력이 중요해지고, 새로운 것을 만들지 못하면 기업이나 개인은 생존하기 어렵게 될 것이다.

다섯째, 인공지능이 학습 부문과 이성적 부분을 담당함에 따라, 인간은 감성 부문에 주력하게 될 것이다.

여섯째, 지능·정보기술과 관련된 산업이 발전하면서, 4차 산업혁명과 관련된 일자리는 늘어나지만, 기존의 기술 수준이 낮은 단순, 반복적인 일자리는 사라지게 된다. 텔레마케터, 도서관 사서, 계산원, 택시 기사 등의 일자리는 사라질 것이고, 회계사, 의사, 고위 간부 등 고숙련 고임금의 업무도 대부분 자동화될 것이다.

일곱째, 기술 및 산업 측면과 일자리의 변화는 고용인력의 직무 역량에 영향을 미친다. 복합적 문제 해결 능력 및 인지능력이 요구되고, 과학(Science), 기술(Technology), 공학(Engineering), 수학(Mathematics), 즉 STEM 분야의 지식이 필요하게 된다.

여덟째, 기술 보유를 통한 시장 선점이 중요해 짐에 따라, 목표시장에 인재와 자본을 집중적으로 투입하여 최대한 빠르게 시장을 장악해야만 승자독식의 시장 선도자가 될 수 있다.

창업자는 이러한 비즈니스와 관련된 4차 산업혁명의 영향을 이해하고, 이 시대에 적합한 비즈니스모델을 수립해야 한다. 비즈니스모델이란 고객들이 원하는 가치를 제공함으로써 이에 따른 수익을 얻는 구조를 말하므로, 4차 산업혁명 시대에는 ICBA 등의 지능·정보기술을 이용한 수익 모델을 만드는 것이다. 따라서 전통적인 제조에 지능·정보기술을 접목한 제품, 서비스 중심의 고객 문제 해결형 제품, 공유 서비스, 플랫폼 서비스 등과 이러한 제품과 서비스의 결합이 중요한 비즈니스모델이 된다.

4차 산업혁명의 지능·정보기술을 창업 아이템에 접목 또는 활용함으로써, 창업자는 시대의 트렌드에 맞는 비즈니스모델을 만들 수 있다.

과거 우리 사회는 취업 중심의 사회였고, 이러한 경향은 지금도 계속되고 있다. 그러나 4차 산업혁명 시대에는 창의성이 매우 큰 가치를 가지므로, 창의성을 가져야만 성공할 수 있는 창업의 중요성이 매우 커질 것이다. 특히 대학 및 중·고등학교에서의 창업 교육의 중요성에 대하여 학생과 교사가 공감하는 시대가 됨에 따라, 창업 교육은 코딩 교육과 함께 기초교육으로 자리 잡을 날이 머지않았다.

▼ 그림 4-4 지능·정보기술과 산업기술의 융합화 사례

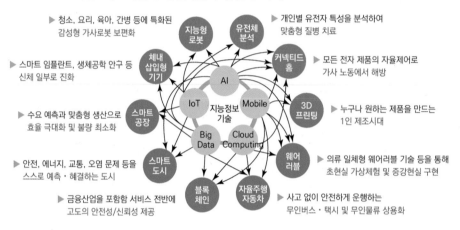

▶ 청소, 요리, 육아, 간병 등에 특화된
  감성형 가사로봇 보편화

▶ 스마트 임플란트, 생체공학 안구 등
  신체 일부로 진화

▶ 수요 예측과 맞춤형 생산으로
  효율 극대화 및 불량 최소화

▶ 안전, 에너지, 교통, 오염 문제 등을
  스스로 예측·해결하는 도시

▶ 금융산업을 포함함 서비스 전반에
  고도의 안전성/신뢰성 제공

▶ 개인별 유전자 특성을 분석하여
  맞춤형 질병 치료

▶ 모든 전자 제품의 자율제어로
  가사 노동에서 해방

▶ 누구나 원하는 제품을 만드는
  1인 제조시대

▶ 의류 일체형 웨어러블 기술 등을 통해
  초현실 가상체험 및 증강현실 구현

▶ 사고 없이 안전하게 운행하는
  무인버스·택시 및 무인물류 상용화

지능형 로봇 · 유전체 분석 · 체내 삽입형 기기 · 커넥티드 홈 · 스마트 공장 · AI · IoT · 지능정보기술 · Mobile · 3D 프린팅 · Big Data · Cloud Computing · 스마트 도시 · 웨어러블 · 블록체인 · 자율주행 자동차

02

비즈니스 환경이란 무엇이고, 왜 중요한가?

창업자에게 비즈니스 환경은 왜 중요한가?

우리는 제1장에서 SWOT 분석에 대해서 알아보았다. 창업자는 비즈니스를 시작하기 전에, SWOT 분석을 통하여 자신의 약점과 강점, 진입해야 하는 시장을 둘러싼 기회와 위험 요소를 정확하게 분석하고, 그에 따른 전략을 수립해야 한다.

창업자가 외부의 비즈니스 환경을 이해해야만, 고객이 만족하는 창업 아이템을 선정할 수 있고, 올바른 사업 전략을 수립할 수 있다. 또한 비즈니스 환경의 기회 및 위험 요소를 분석함으로써 사업을 시작하는 적절한 시기를 결정할 수 있다.

창업자가 시장 진입 시기를 적절하게 결정하지 못하면, 제품이나 서비스의 판매가 잘되지 않고, 홍보와 판매에 많은 돈과 시간이 들어서, 비즈니스에서 어려움을 겪을 수 있다.

비즈니스 환경은 비즈니스에 도움이 되거나 방해가 되는 환경을 말한다. 창업자는 도움이 되는 환경은 비즈니스에 활용하고, 방해가 되는 환경은 적절한 방법으로 우회 또는 회피하는 방법을 찾아야 한다.

비즈니스 환경은 비즈니스를 하는 국가의 경제적·법적 환경, 기술적 환경, 경쟁적 환경, 사회적 환경으로 나눌 수 있다.

창업자는 자신의 제품이나 서비스를 수출하거나, 투자하거나, 글로벌 아이템을 구상하기 위하여, 글로벌 비즈니스 환경을 고려하여 전 세계 또는 특정 국가의 비즈니스 분석을 해야 한다.

창업자가 글로벌 시장에 진출하는 방법은 수출 외에도 다음과 같은 방법이 있다.

창업자가 로얄티를 받고 해외 기업에게 내 제품을 제조하거나 상표를 사용할 수 있는 권리를 줄 수 있는데, 이를 라이선싱(Licensing)이라고 한다. 창업자는 라이선스를 받은 라이선시(Licensee)의 판매를 돕기 위해서 상품 배급, 판매 촉진, 경영 컨설팅 등을 한다. 이 밖에도 해외 기업에게 자신의 제품을 위탁 제조하게 하여 자신의 상표로 판매하는 위탁 제조(Contract Manufacturing), 해외 기업과의 합작 투자(Joint Venture)나 전략적 제휴(Strategic Alliance), 해외 지사 설립이나 해외 기업에 대한 직접 투자를 함으로써 창업자는 자신의 매출과 이익을 증가시킬 수 있다.

국가 간의 물물교환을 무역이라고 하는데, 19세기 영국의 경제학자 리카르도(David Ricardo)는 무역이 발생하는 이유를 '비교 우위' 때문이라고 했다. 비교 우위란 한 국가가 가장 효율적으로 생산할 수 있는 상품을 판매하고, 덜 효율적인 상품은 효율성이 높은 다른 나라에서 수입하는 것이 상호 이익이므로 국가 간에 무역이 발생한다는 것이다. 우리나라도 비교 우위가 높은 반도체, 휴대폰, 자동차 등을 수출하고, 비교 우위가 낮은 커피, 목재, 밀가루 등은 수입한다.

2020년 우리나라 무역 규모는 코로나19의 확산으로 9,803억 달러를 기록했으며, 452억 달러의 흑자를 기록했다. 2021년에는 반도체 및 바이오 제품이 수출을 주도함으로써 약 1조 1천억 원의 무역 규모가 예상된다. 우리나라의 가장 큰 교역국은 중국이고, 아세안, 미국, EU의 순서이다. 중국, 미국과 아세안은 우리의 무역수지가 흑자이고, 반대로 EU는 우리의 무역수지가 적자이다.

이러한 글로벌 시장에서의 우리의 경쟁력은 창업자에게 많은 도움이 된다. 하지만 창업자가 글로벌 시장에서 성공하는 것은 쉽지 않다. 국내 시장에 비하여 더 많은 장벽과 규제와 갈등이 있기 때문이다.

글로벌 비즈니스에서 가장 중요한 것은 창업자가 자신의 제품이나 서비스를 판매하는 나라와 그 고객에게 모든 것을 맞추는 현지화 전략이다. 창업자의 고객은 국내에 있든, 해외에 있든, 내국인이든, 외국인이든, 언제나 가장 중요하다.

창업자는 제품이나 서비스를 만들 때, 글로벌 시장을 고려해서 기획하고 개발하며, 디자인해야 하고, 제품을 해외 시장에 판매하기 위하여 창업진흥원, 무역협회, KOTRA, 중소벤처기업진흥공단 등의 도움을 받을 수 있다.

03
·

경제적·법적 환경은 비즈니스에 어떤 영향을 미치나?

창업자는 법으로 금지하거나 인·허가를 필요로 하는 경우를 제외하고는 언제든지 자유롭게 창업할 수 있고, 폐업할 수 있다.

정부는 1986년 중소기업창업지원법을 제정하여 기술창업을 지원하고 있고, 기술 개발 과제에 대하여 R&D 지원을 하고 있다.

반면에 창업자는 비즈니스를 통하여 지역 사회에 일자리를 제공하고, 제품의 판매를 통하여 국가 경제를 성장시킨다. 또한 부가가치세와 소득세, 법인세 등의 세금을 납부하고, 종업원의 고용에 따른 국민연금과 의료보험금을 분담하는 등의 법적 의무도 부담하고 있다.

경기가 좋은지 나쁜지, 돈을 번 경우에 세금을 얼마나 내야 하는지, 다른 기업들과 공정하게 경쟁할 수 있는 환경이 되는지, 대출 등 금융 시스템이 나에게 유리한지, 이자율과 통화량에 대한 정부의 정책이 어떤지 등 창업자를 둘러싼 경제 환경도 창업자에게 커다란 영향을 준다.

자본주의는 자유 시장을 기본으로 하는 시스템으로, 자유 시장에서는 사유 재산이 인정되고, 기업가는 기업을 소유하고 경영할 수 있다.

자유 시장에서는 어떤 제품을 얼마나 생산할지를 시장에서 소비자와 생산자가 가격을 협상해서 결정한다. 따라서 어떤 제품에 대하여 내가 받고 싶은 가격을 받을 수 없고, 시장에서의 협상에 의하여 생산자와 소비자를 모두 만족시키는 점에서 가격과 수량이 결정된다. 이것을 수요와 공급의 법칙이라고 하고, 그 균형점에서 가격과 수량이 결정된다.

자유 시장에서 가격과 수량을 결정하는 경쟁의 형태는 다음과 같다.

(1) 완전 경쟁

완전 경쟁 시장은 다수의 공급자와 다수의 수요자가 있고, 시장 정보가 공개되고, 제품의 품질이 거의 동일하며, 가격을 조정할 정도의 공급자나 수요자가 없는 시장이다. 하지만 이러한 가정은 비현실적이므로, 현실에서는 완전 경쟁 시장이 존재하지 않으며, 사과, 감자, 옥수수 등의 농산물 시장이 완전 경쟁 시장에 근접해 있다.

(2) 독점적 경쟁

독점적 경쟁은 다수의 공급자가 매우 비슷한 제품을 판매하지만, 소비자에 의해 그 차이가 판단되는 시장이다. 이 시장에서는 제품의 차별화가 판매의 열쇠가 된다. 공급자는 광고, 브랜드, 포장 등에 의하여 자신의 제품이 타사 제품과 다르다는 것을 소비자에게 인식시키려고 한다. 햄버거, 컴퓨터, 라면, 청바지 등의 제품과 창업자의 소비재 제품의 대부분이 이 시장에 해당한다.

(3) 과점

과점은 몇몇 공급자들이 시장을 장악하고 있는 경우이다. 공급자가 소수인 이유는 제품 생산에 많은 초기 비용 투자가 있어야 하기 때문이고, 담배, 정유, 자동차, 휴대폰, 항공기, 알루미늄 등의 소재와 같은 제품이 여기에 해당한다.

과점 제품의 가격은 거의 같다. 그 이유는 가격 인하가 서로의 수익만을 감소시키기 때문이다. 과점 시장에 속하는 제품의 공급자도 독점적 경쟁 시장과 같이 가격 경쟁을 하지 않고, 제품 차별화나 광고, 서비스 향상 등 비가격 경쟁을 통하여 더 많은 수량을 판매하고자 한다.

(4) 독점

독점은 하나의 공급자만 있는 시장이다. 따라서 독점 시장의 공급자는 시장의 공급량과 가격을 조절할 수 있다. 이런 이유로 전기, 천연가스, 물 등의 공공재의 공급은 국가가 정한 공기업만이 공급하도록 법으로 정하고 있다.

흔히 자영업자나 기업가들은 사업이 잘 안 되는 이유를 경기가 나쁜 탓으로 돌린다. 경기가 나쁘다는 것은 경기가 침체해서, 전반적으로 제품이 잘 안 팔린다는 것을 의미한다. 우리나라는 내수보다는 수출 위주의 시스템을 갖고 있다. 창업자가 내수로만 판매하는 경우는 수출의 경우에 비하여, 경기에 민감하다고 할 수 있다. 경기에 민감한 소비재 등을 판매하는 경우는 경기가 후퇴하고 있다는 보도만으로도 매출이 줄어서, 경기의 방향을 알 수 있다면 사업 계획을 세우는 데 도움이 된다. 그러나 종합주가지수의 방향을 맞추기 어렵듯이 경기의 방향을 맞추기가 쉽지 않으므로, 경기가 좋지 않다는 가정하에 사업 계획을 세우는 것이 좋다.

실업률이 높아지고 경기가 나빠지면, 정부는 경기를 부양하기 위하여 시중의 통화량을 증가시키고, 이자율을 낮춘다. 통화량의 증가는 제품 구매로 이어질 수 있고, 이자율 하락은 대출을 증가시키는 효과가 있어서 경기가 더 나빠지지는 않을 것이다.

　정부가 경기를 부양하기 위하여, 통화량과 이자율을 조절하는 것을 통화 정책, 세금이나 정부 지출을 조절하는 것을 재정 정책이라고 한다. 정부의 이러한 통화 및 재정 정책의 시행은 경제와 시장에 영향을 미치고, 창업자에게도 영향을 준다.

04 · 기술은 비즈니스에 어떤 영향을 미치나?

정보 통신 기술은 기업 경영이나 창업에 광범위하고, 지속적인 영향을 주고 있다. 정보 통신 기술은 사람과 사람 사이의 소통이지만, 4차 산업혁명 시대로 진입함에 따라, 사물인터넷을 통하여 사물과 사람, 사물과 사물 사이의 정보가 교환되고, 이를 통하여 생산과 소비 환경 및 개인의 생활 양식에서 급격한 변화가 발생하고 있다.

스마트폰 등 디지털 기기, 무료 동영상 공유 사이트인 유튜브(Youtube), 페이스북(Facebook), 트위터(Twitter)와 같은 소셜 네트워크(Social Network)는 사람들의 의사소통과 생활 방식을 완전히 변화시켰고, 기업가들은 이러한 것을 이용하여 공급자와 소비자에게 다가가는 방법을 고안하였다. 또한 창업자는 새로운 기술 제품에 대한 소비자의 반응을 알아보거나, 제품을 홍보, 판매하기 위해서, 소셜 네트워크 서비스(SNS)를 활용하고 있다.

최근에는 클라우드 컴퓨팅에 기반한 빅데이터를 활용하여 고객의 감성을 읽어내고, 신용카드 사용 통계 등의 자료를 분석하여 마케팅에 활용하기도 한다. 소상공인시장진흥공단의 소상공인 마당(www.sbiz.or.kr)의 '상권정보'에서는 빅데이터를 활용한 상권 분석 자료를 제공하여 창업자를 지원하고 있다.

2016년 알파고와 이세돌 기사의 바둑 대국으로 유명해진 인공지능(AI)

기술은 인간의 학습 능력과 추론 능력, 지각 능력 및 자연어 이해 등을 컴퓨터 프로그램으로 실현한 것이다. 클라우드 컴퓨팅 환경의 급속한 발전과 빅데이터가 뒷받침됨으로써 인간만이 갖고 있었던 지능을 기계가 갖게 됨에 따라, 음성 인식, 자율 주행 등과 함께, 점차 인간의 이성적인 부분을 대체하게 되었다. 따라서 인공지능은 인간의 경제, 사회, 문화를 크게 변화시킬 것이고, 비즈니스의 지형을 바꿀 것이며, 인간의 일자리를 빼앗음으로써 인류 역사에 커다란 충격을 줄 것이다. 또한 자율 주행이나 드론 등을 통한 무인 운송, 3D 프린팅 기술, 신소재 공학, 로봇 공학 등의 물리학 기술도 향후 변화를 일으키는 중요한 원인이 될 것이다.

또 하나의 중요한 기술적 변화는 태양광, 풍력, 연료전지 등 신재생 에너지와 LED이다. 태양전지는 빛에너지를, 풍력 발전은 바람을, 연료전지는 화학 에너지를 각각 전기 에너지로 바꾸어 줌으로써, 원자력과 화석 원료에 의존한 전기 생산을 위험이 없고, 이산화탄소 발생이 없는 친환경의 전기 생산 방식으로 바꾸어 준다. 또한 LED는 전기를 빛에너지로 전환하는 효율이 높아서 최대 90% 정도까지 에너지를 절감할 수 있는 친환경 기술이다. LED 기술은 이미 LED TV, 자동차 부품 등에 광범위하게 쓰이고 있다.

생명공학(Biotechnology)은 산업적으로 유용한 제품 또는 공정을 개선하기 위해서 생체 또는 생물학적 시스템을 활용하는 기술로서, DNA 재조합 응용 기술 등의 합성생물학, 발효공학, 유전공학, 농업공학 등의 기술을 아우르는 개념으로, 인간의 생명 유지와 환경 보호를 위하여 꼭 필요한 기술이다.

메타버스(Metaverse)는 가공, 추상을 의미하는 메타(Meta)와 현실 세계를 의미하는 유니버스(Universe)의 합성어로, 현실의 '나'를 대리하는 아바타를 통해, 일상 활동과 경제생활을 영위하는 3D 기반의 3차원 가상세계를 의미한다. 가상현실(Virtual Reality), 증강현실(Augmented Reality) 등의 기술 발전과 더불어, 웹과 인터넷 등의 가상세계가 현실 세계에 흡수된 형태인 메타버스가 각광을 받고 있다. 미국의 페이스북, 애플, 구글과 중국의 텐센트 등의 기업이 메타버스 플랫폼과 콘텐츠 산업에 뛰어들었다. 세컨드라이프, 트위니티 등의 SNS, 네이버제트의 제페토, 가상현실 편의점 등이 메타버스 사례이다. 미래에는 인터넷이 3차원 네트워크로 진화하고 있는 만큼, 메타버스는 향후 IT산업의 핵심 키워드가 될 전망이다.

▼ 그림 4-5 메타버스의 주요 용어

메타버스 주요 용어

가상현실 (VR·Virtual Reality)	컴퓨터로 만들어 놓은 가상 세계에서 사람이 실제와 같은 체험을 할 수 있도록 하는 기술
증강현실 (AR·Augmented Reality)	2D 또는 3D로 표현되는 가상의 물체를 현실 공간과 겹쳐 보이게 하면서 상호작용하는 환경
혼합현실 (MR·Mixed Reality)	현실 세계와 가상 세계 정보를 결합해 두 세계가 결합한 가상의 공간을 만들어 내는 것
확장현실 (XR·eXtended Reality)	VR, AR, MR을 포함해 미래에 등장할 또 다른 형태의 현실까지 모두 포괄하는 개념

자료: 조선비즈, 2021.5.10.

창업자는 4차 산업혁명 시대의 ICBA 기술, 정보 통신 기술, 태양전지, LED 등 친환경 기술 및 생명공학 기술의 변화를 비즈니스에 잘 활용해야 한다. 또한 이러한 기술을 활용한 제품과 서비스를 통하여 고객의 요구와 필요에 잘 대응함으로써, 창업으로 성공할 수 있다.

05

사회적 환경은 비즈니스에 어떤 영향을 미치나?

우리의 생활 여건, 주거 환경, 소비 동향, 여가 활동 등의 사회적 여건이 비즈니스에 영향을 미친다.

창업자는 이러한 사회적 환경을 잘 살펴봄으로써 새로운 제품과 서비스를 만들 수 있고, 더 좋게 개선할 수 있다.

사회적 환경은 인구통계학적인 변화의 영향을 받는다. 특정 지역에서의 인구의 이동이나 성별, 인종, 소득 상황 등은 사회적 환경을 변화시키고, 이러한 사회적 환경의 변화는 창업자에게 새로운 사업 기회를 제공한다.

최근 우리나라에서 발생하고 있는 중요한 인구통계학적 변화는 고령화와 1인 및 2인 가구의 증가, 외국인 노동자의 증가, 다문화 가정, 동성애자 등 사회적 다양성의 증가이다.

우리나라는 65세 이상 고령 인구가 총인구에서 차지하는 비중이 2010년 기준 11%로 고령화 사회(7% 이상)에, 2018년에는 고령 인구 비중 14% 이상인 고령 사회에 진입하였고, 2026년에는 고령 인구 비중 20% 이상인 초고령 사회에 진입할 것으로 예상된다.

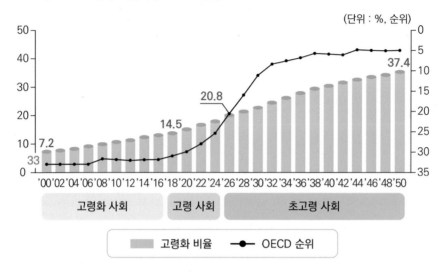

▼ 그림 4-6 고령화 비율 및 OECD 순위

고령화의 원인은 의학의 발달로 평균 수명이 늘어나는 것과 출산율이 낮은 것이다.

2020년 우리나라 합계출산율은 0.837명으로 세계 최하위 수준이다. 또한 노인 인구는 2011년부터 2020년까지 연평균 4.4%(매년 약 29만명)씩 매우 빠른 속도로 증가했고, 노인 빈곤율은 2018년 기준 43.4로 OEC 국가 중에서 가장 높다.

고령화가 되면 소비 시장이 침체하고 소비가 줄어들기 때문에 국가 성장률이 떨어진다. 따라서 사회와 경제에 탄력과 성장을 주기 위해서, 국가는 젊은 외국인의 이민을 장려하고 다문화 가정에 대한 제도적인 지원을 할 것이다.

고령화로 인하여 전반적인 내수 시장의 침체는 피할 수 없으나, 노인에게 꼭 필요한 의료, 헬스케어 서비스와 관련 제품은 수요가 늘어날 것이다. 고령화와 IT 기술의 발전 및 소득 증대에 힘입어, 헬스케어 산업은 급성장

할 것으로 예상된다. 스마트폰의 앱으로 혈당, 혈압, 체온, 식사량, 운동량 등을 기록함으로써 당뇨, 고혈압 등을 조절 관리하는 모바일 헬스케어가 일 상화되는 날이 머지않았다. 또한 IT와 반도체, AI 등의 기술을 바탕으로 한 의료기기 분야도 우리나라가 집중해야 할 미래 기술 분야이고, 가정용 스마 트 의료기기도 개발, 보급되어 편리하게 사용될 것이다.

고령화와 이혼율의 증가, 청년 실업의 증가, 낮은 출산율, 늦은 결혼 등 은 1인 및 2인 가구의 비중을 증가시키는 요인이 되고 있다. 2019년 1인 가 구 비중은 30.2%였고, 2012년 기준으로 1~2인 가구의 비중은 50%를 넘었 으며, 2025년에는 60%를 넘을 것으로 전망된다. 이러한 1~2인 가구의 증 가는 생활 스타일과 관련된 제품과 서비스의 판매에 많은 영향을 주고 있 으며, 소포장 제품, 간편식, 소형 가전, 소형 가구 등 이와 관련된 새로운 제품이나 서비스가 증가하고 있다.

4차 산업혁명이 비즈니스에 미치는 영향

팀별로 4차 산업혁명이 비즈니스에 미치는 영향에 대하여 서로 토의해 보자.

관심 있는 비즈니스 분야나 아이템에 대한 최근의 뉴스와 기사를 통해서 위 주제에 대한 토의 내용을 정리해 보자.

토의 내용 정리

(일자 및 시간:)

토의 주제	4차 산업혁명이 비즈니스에 미치는 영향
팀명	
참석자	
토의 내용	
토의 결과	

창업자(아이템)와 관련한 경제적·법적, 기술적, 사회·문화적, 글로벌 환경 등을 도표로 나타내기

팀별로 창업 아이템 또는 창업 분야를 정하고, 창업 아이템과 관련된 비즈니스 환경이 우리 팀에 미치는 영향을 기회 요인과 위협 요인으로 나누어 정리해 보자.

실습 내용 정리

(일자 및 시간:)

실습 주제	창업 아이템(분야)와 관련한 비즈니스 환경 분석	
창업아이템(분야)		
팀명		
참석자		
구분	기회 요인	위협 요인
경제적·법적 환경		
기술적 환경		
사회·문화적 환경		
글로벌 환경		
기타 환경		
결론		

핵심
질문과
요약

**4차 산업혁명이
비즈니스에 미치는
영향은 무엇인가?**

- 4차 산업혁명은 2016년 이후, 사물인터넷(Internet of Things, IoT), 클라우드 컴퓨팅(Cloud Computing), 빅 데이터(Big Data), 인공지능(Artificial Intelligence), 즉 ICBA를 기반으로 하는 초연결, 초지능, 융합화의 새로운 혁명이다.

- 4차산업혁명의 기술적 특징은 초연결성(Hyper-Connectivity), 초지능화(Super-Intelligence), 융합화(Convergence)이다.

  초연결성은 사물인터넷과 정보통신기술의 진화를 통해서 인간과 인간, 인간과 사물, 사물과 사물이 서로 연결되어, 상호 네트워킹을 하는 것이다.

  초지능화는 인공지능과 빅데이터를 연계, 활용하여 기술 및 산업 구조를 지능화하고 스마트하게 한다.

  융합화는 초연결성과 초지능성의 결합을 통하여, 산업과 기술에서의 융합이 이루어짐으로써 그 경계가 허물어지는 현상이다.

- 창업자는 4차 산업혁명의 영향을 이해하고, 이 시대에 적합한 비즈니스모델을 수립해야 한다. 비즈니스모델이란 고객들이 원하는 가치를 제공함으로써 이에 따른 수익을 얻는 구조를 말하므로, 4차 산업혁명 시대에는 ICBA 등의 지능정보기술을 이용한 수익모델을 만드는 것이다. 따라서 전통적인 제조에 지능정보기술을 접목한 제품과 서비스 중심의 고객 문제 해결형 제품, 공유 서비스, 플랫폼 서비스 등과 이러한 제품과 서비스의 결합이 중요한 비즈니스모델이 된다.

**비즈니스 환경이란
무엇이고, 왜
중요한가?**

- 비즈니스 환경은 비즈니스를 하는 국가의 경제적 · 법적 환경, 기술적 환경, 경쟁적 환경, 사회적 환경으로 나눌 수 있다. 창업자는 자신의 제품이나 서비스를 수출하거나, 투자하거나, 글로벌 아이템을 구상하기 위하여, 글로벌 비즈니스 환경을 고려하여 전

세계 또는 특정 국가의 비즈니스 분석을 해야 한다.

- 국가 간의 물물교환을 무역이라고 하는데, 19세기 영국의 경제학자 리카르도(David Ricardo)는 무역이 발생하는 이유를 '비교 우위' 때문이라고 했다. 비교 우위란 한 국가가 가장 효율적으로 생산할 수 있는 상품을 판매하고, 덜 효율적인 상품은 효율성이 높은 다른 나라에서 수입하는 것이 상호 이익이므로 국가 간에 무역이 발생한다는 것이다.

- 글로벌 비즈니스에서 가장 중요한 것은 창업자가 자신의 제품이나 서비스를 판매하는 나라와 그 고객에게 모든 것을 맞추는 현지화 전략이다. 창업자의 고객은 국내에 있든, 해외에 있든, 내국인이든, 외국인이든, 언제나 가장 중요하다.

경제적 · 법적 환경은 비즈니스에 어떤 영향을 미치나?

- 자유 시장에서 가격과 수량을 결정하는 경쟁의 형태는 (1) 완전 경쟁 (2) 독점적 경쟁 (3) 과점 (4) 독점으로 나눌 수 있다.

- 독점적 경쟁은 다수의 공급자가 매우 비슷한 제품을 판매하지만, 소비자에 의해 그 차이가 판단되는 시장이다. 이 시장에서는 제품의 차별화가 판매의 열쇠가 된다. 공급자는 광고, 브랜드, 포장 등에 의하여 자신의 제품이 타사 제품과 다르다는 것을 소비자에게 인식시키려고 한다. 햄버거, 컴퓨터, 라면, 청바지 등의 제품과 창업자의 소비재 제품의 대부분이 이 시장에 해당한다.

- 정부가 경기를 부양하기 위하여, 통화량과 이자율을 조절하는 것을 통화 정책, 세금이나 정부 지출을 조절하는 것을 재정 정책이라고 한다. 정부의 이러한 통화 및 재정 정책의 시행은 경제와 시장에 영향을 미치고, 창업자에게도 영향을 준다.

기술은 비즈니스에 어떤 영향을 미치나?

- 스마트폰 등 디지털 기기, 무료 동영상 공유 사이트인 유튜브(Youtube), 페이스북(Facebook), 트위터(Twitter)와 같은 소셜 네트워크(Social Network)는 사람들의 의사소통과 생활 방식을 완전히 변화시켰고, 기업가들은 이러한 것을 이용하여 공급자와 소비자에게 다가가는 방법을 고안하였다. 또한 창업자는 새로운

기술 제품에 대한 소비자의 반응을 알아보거나, 제품을 홍보, 판매하기 위해서, 소셜 네트워크 서비스(SNS)를 활용하고 있다.

- 메타버스(Metaverse)는 가공, 추상을 의미하는 메타(Meta)와 현실 세계를 의미하는 유니버스(Universe)의 합성어로, 현실의 '나'를 대리하는 아바타를 통해, 일상 활동과 경제생활을 영위하는 3D 기반의 3차원 가상세계를 의미한다. 미래에는 인터넷이 3차원 네트워크로 진화하고 있는 만큼, 메타버스는 향후 IT산업의 핵심 키워드가 될 전망이다.

- 창업자는 4차 산업혁명 시대의 ICBA 기술, 정보 통신 기술, 태양전지, LED 등 친환경 기술 및 생명공학 기술의 변화를 비즈니스에 잘 활용해야 한다. 또한 이러한 기술을 활용한 제품과 서비스를 통하여 고객의 요구와 필요에 잘 대응함으로써, 창업으로 성공할 수 있다.

사회적 환경은 비즈니스에 어떤 영향을 미치나?

- 최근 우리나라에서 발생하고 있는 중요한 인구통계학적 변화는 고령화와 1인 및 2인 가구의 증가, 외국인 노동자의 증가, 다문화 가정, 동성애자 등 사회적 다양성의 증가이다.

- 고령화로 인하여 전반적인 내수 시장의 침체는 피할 수 없으나, 노인에게 꼭 필요한 의료, 헬스케어 서비스와 관련 제품은 수요가 늘어날 것이다. 고령화와 IT 기술의 발전 및 소득 증대에 힘입어, 헬스케어 산업은 급성장할 것으로 예상된다. 또한 IT와 반도체, AI 등의 기술을 바탕으로 한 의료기기 분야도 우리나라가 집중해야 할 미래 기술 분야이고, 가정용 스마트 의료기기도 개발, 보급되어 편리하게 사용될 것이다.

- 1~2인 가구의 증가는 생활 스타일과 관련된 제품과 서비스의 판매에 많은 영향을 주고 있으며, 소포장 제품, 간편식, 소형 가전, 소형 가구 등 이와 관련된 새로운 제품이나 서비스가 증가하고 있다.

창업 아이디어 창출과
아이템 선정

제5장의 핵심 질문

• 창업 아이템의 선정이 왜 중요한가?
• 성공 확률이 높은 창업 아이템은 어떤 것일까?
• 창업 아이디어는 어떻게 창출하나?
• 창업 아이템을 어떤 절차로 선정해야 하나?

토의   창업 아이디어의 사업성에 대한 토의 및 그림으로 표현하기

실습   창업 아이템 선정을 위한 브레인스토밍과 브레인라이팅

핵심 질문과 요약

01

창업 아이템의 선정이
왜 중요한가?

창업 아이템의 선정이 왜 중요할까?

우리는 그 이유를 너무나 잘 알고 있다. 창업자는 사업 아이템을 선정하는 것이 얼마나 중요한 것인지를 잘 알고 있지만, 너무나 자신감에 넘친 나머지, 충분하게 검토하지 못하고 아이템을 결정하는 경우가 있다. 즉 근거 없는 자신감으로 창업 아이템에 대한 철저한 준비와 분석을 하지 않고, 아이템을 선정하는 실수를 한다.

창업자가 아이템 선정을 잘하지 못한 경우는 창업의 첫 단추를 잘못 끼운 것과 유사하다. 창업에서 아이템을 잘못 선택하면 제품 개발 등으로 비용을 낭비하고, 결국은 시장에서의 마케팅에 어려움을 겪게 되기 때문에 비즈니스를 계속하기 어렵게 된다.

이 사업 아이템은 정말 좋은 아이템이라는 생각으로, 충분한 사전 검토와 분석 없이 결정해서는 낭패를 보기 쉽다. 따라서 사업 아이템의 결정만큼은 돌다리도 두드려 보고 건너는 소심함과 조심성이 필요하다.

어쨌든 예비창업자가 창업의 기회를 인식하고, 자신이 결정한 아이템으로 사업을 했을 경우 성공할 확률이 높다고 생각한다면, 이 아이템으로 성공적인 비즈니스를 할 수 있는지를 분석하고 종합적으로 검토해야 할 것이다.

예비창업자는 하나의 아이템 또는 두, 세 개의 아이템에 대하여 관련 분야 기술자 또는 전문가와 면담을 하는 등의 방법으로 정보를 수집하고 이를 토대로 사업 타당성을 검토하는 경우가 많다. 그러나 관련 분야 기술자나 전문가도 예비창업자에게 사업 아이템에 대해서 기술적인 조언이나, 사업성에 대한 정보를 줄 수는 있지만, 사업 아이템에 대한 정확한 사업성을 분석할 수 있는 결정적인 조언을 해 주기는 어렵다. 결국 예비창업자는 사업 아이템에 대한 시장 정보를 수집하고, 기술적인 조언 등을 들을 수는 있겠지만, 이 아이템으로 창업을 해서 성공할 수 있는지는 자신이 판단할 수밖에 없다.

창업자가 사업 아이템을 만드는 세 가지 방법이 있다.

첫째, 기존 제품을 가지고, 기존 시장이 아닌 새로운 시장을 개척해서 판매하는 방법이다. 국내의 특정 제품을 다른 나라에 수출하는 경우가 이에 해당한다. 기존 제품의 사업자와의 판매 계약 등이 필요할 뿐 아니라, 정보통신의 발달로 이러한 기회는 점점 줄어들고 있어서, 사업 아이템의 개발이라고 하기도 어렵다.

둘째, 기존 제품을 개선하여 기존 시장에서 새로운 수요를 창출하거나, 기존 시장이 아닌 새로운 시장에서 판매하는 방법이다. 이 경우에는 개선된 제품과 기존 제품의 차별화 정도, 특허 등을 통한 진입 장벽 여부가 사업에서 중요한 요소가 된다. 만약 기존 제품과의 차별화가 크지 않고, 이러한 차별성이 특허 등으로 보호되지 않는다면, 기존 제품의 사업자나 신규 진입자가 개선된 제품의 유사 제품으로, 창업자가 개척해 놓은 시장에 진입할 수 있다.

셋째, 기존 제품과 전혀 다른 혁신적인 제품을 개발하여 새로운 시장을 만들면서 판매하는 방법이다. 혁신의 의미는 사업자가 아닌, 고객의 입장에서 새롭다는 것이므로, 혁신적인 제품의 장점은 시장이 무한하다는 것이고,

단점은 혁신적인 제품을 알고 있는 고객이 없어서, 창업자가 고객을 만들어야 한다는 것이다. 시장에서 고객의 생각은 언제나 옳다고 할 수 있으나, 새롭고 혁신적인 제품에 대해서는 고객이 그 제품을 잘 이해하지 못하거나, 제품의 용도에 대하여 창업자가 생각한 것과 다르게 생각할 수 있다. 이런 경우에 창업자는 출시 제품의 시장 반응에 대한 철저한 조사와 제품의 개념에 대한 정립이 필요하고, 이러한 과정에서 비용이 많이 발생할 것이다. 하지만 성공한 많은 창업자는 이러한 혁신적인 제품으로 세상을 바꾼 사람들이다.

일반적으로 나의 고객은 기존에는 없었던, 새롭고 좋은 소재로 제품을 만들거나, 새롭고 유익한 제품이나 서비스로 고객을 만족시켜 주기를 원하며, 새로운 공정이나 방법을 통하여 기존 제품의 가격을 낮춰 주기를 원한다. 즉 창업자는 새롭고 유익하며 품질 좋은 제품이나, 기존보다 더 싸게 제품을 만들어 판매할 수 있어야 제품의 경쟁력이 있는 것이다.

02

성공 확률이 높은 창업 아이템은 어떤 것일까?

비즈니스를 선택하는 데 있어서, 성공 확률이 높은 사업을 선택하는 것은 당연하다. 그렇다면 어떤 사업이 성공 확률이 높을까?

창업자는 질 가능성이 높은 싸움을 피해서, 적절한 사업 분야를 선택해야 한다.

첫째, 창업자가 경험이 전혀 없고 잘 모르는 산업 분야에서의 창업은 성공 확률이 낮다. 창업자가 지식도 경험도 없는 분야에서 창업하는 것이 불리하다는 것은 너무도 당연한 이야기지만, 어떤 우연에 의하여 과감하게 사업에 뛰어들어 많은 수업료를 내는 경우가 없지 않다.

둘째, 생산 공정이 복잡하고, 제품이나 서비스의 생산에 높은 수준의 지식이 요구되는 자본 집약적인 산업과 광고로 높은 부가가치를 올리는 광고 집약적 산업 분야에서는 성공 확률이 낮다.

셋째, 느리게 성장하고 있는 시장이나 고객의 기호가 단순한 시장에서는 성공 확률이 낮다. 창업자는 느리게 성장하는 시장보다 급성장하는 시장에서 더 좋은 성과를 보인다. 그 이유는 급성장하는 시장에서 창업자는 새로운 가치로 새로운 고객을 창출할 수 있으므로, 고객이 있는 기존 기업보다 유리하다. 또한 고객의 기호가 단순한 시장보다는, 고객의 기호가 다양하고 복합적으로 작용하는 시장에서, 창업자는 창의성을 발휘할 수 있다.

넷째, 창업자는 산업의 라이프사이클 초기 국면, 즉 미성숙 또는 성장 초기의 시장에서 비교적 쉽게 고객을 유치할 수 있고, 성공 확률도 높다. 그 이유는 창업자가 치열한 경쟁이 이루어지고 기술 표준이 정해진 성숙된 시장보다는, 미성숙 또는 성장 초기시장에서 소수의 업체와 경쟁하는 것이 유리하기 때문이다.

마지막으로, 그 산업을 구성하는 기업의 평균 규모가 큰 산업이나, 몇몇 기업의 시장 점유율이 높은, 집중된 산업에서는 성공 확률이 낮다. 대기업 등 규모가 큰 몇 개의 기업이 산업이나 업종을 지배하는 경우에는, 창업자가 새롭게 시장에 진입하는 것이 거의 불가능하다.

03
창업 아이디어는
어떻게 창출하나?

앞장에서, 우리는 4차 산업혁명 시대 초입인 현 상황의 비즈니스 환경에 대하여 이해하고, 이를 분석하였다.

그렇다면 돈을 벌 수 있는 창업 아이디어는 어떻게 만들어야 할까?

우리는 성공한 창업자에게 '어떻게 그 사업을 하게 되었는지?' 또는 '그 사업을 결정하게 된 이유가 무엇인지?'를 묻는 경우가 많다. 사업을 시작하려고 하는 창업자는 어떤 사업 아이템으로 사업을 해야 성공할 수 있는지에 관심이 많기 때문이다.

비즈니스의 기회는 상당히 많이, 그리고 여러 업종에서 발생하고 있지만, 예비창업자가 이런 아이템으로 사업을 하면 돈을 벌 수 있다는 생각으로 사업을 시작하는 것이 일반적이다. 즉, 창업자는 사업 기회가 발생하고, 이를 좋은 기회라고 인식했을 때 창업을 하게 된다.

사업 기회를 어떻게 갖게 되었는지에 대한, 한 설문 조사에 의하면, 창업자의 전직의 경험 및 훈련된 자기 기술과 관련하여 발생했다는 응답이 45%로 1위였다. 다음으로 취미(16%), 우연한 기회(11%), 친구와 친척, 가족 등 주변 사람의 제안(11%), 타인의 제안(7%), 교육(6%) 등의 순이었다.

창업자가 이전에 경험했던 일에서 아이디어를 얻어서 아이템을 만들고, 사업을 시작한 경우가 가장 많은 이유는 무엇일까?

창업자가 자신이 경험했고, 잘 알고 있는 분야에서 아이디어를 얻고 사업을 하는 것이 성공할 확률이 가장 높다고 할 수 있다. 비즈니스란 '고객의 문제를 해결해 주고 돈을 버는 것'이므로, 자신이 경험했고, 잘 알고 있는 분야에서, '고객의 문제를 이렇게 해결해 준다면 돈을 벌 수 있겠구나!' 하는 생각이 창업 기회로 연결되는 것이다. 또한 고객의 입장에서, 사용상의 불편함이나 필요가 사업 아이템을 결정하게 하거나, 체험이 아닌 단순한 관찰에 의해서도 사업 아이템을 결정할 수 있다. 그러나 사업의 기회를 의도적으로 찾고 있어도 사업 아이템을 얻지 못할 수도 있고, 생각지도 않은 우연한 기회가 사업으로 연결되기도 한다.

어떤 경우에는 창업 아이템이 없어서 다른 사람의 아이디어나 특허를 사서 이를 사업화하거나, 아이디어 개발자나 특허권자와 동업으로 공동 창업을 할 수도 있다. 이 경우, 개발자와 같이 공동 창업을 하는 것이 성공 가능성이 크다. 그 이유는 공동 창업이 서로의 능력을 보완해 주기 때문이다.

창업 아이디어의 창출은 일반적으로 고객 문제의 인식에서 출발한다. 이러한 고객 문제의 해결책으로 다양한 대안을 검토하여 도출된, 한두 가지의 아이디어가 창업 아이템이 되는 것이다.

창업 아이디어를 도출하는 방법으로 가장 많이 사용하는 것이 브레인스토밍(Brain Storming)이다.

브레인스토밍은 아이디어 창출과 아이디어 평가를 분리한 방법으로, 자유 분망하게 사고할 수 있는 분위기에서 스스로 아이디어를 만들거나, 다른 사람이 만든 아이디어로부터 새로운 아이디어를 만들어 내는 기법이다.

이를 위하여 브레인스토밍은 다음 네 가지 원칙을 준수해야 한다.

(1) 비판금지: 다른 사람의 발언을 비판하지 않는다.

(2) 자유분방: 자유분방한 분위기를 유지한다.

(3) 다다익선: 아이디어의 질보다 양이 중요하다.

(4) 결합개선: 다른 사람의 아이디어와 결합하여 아이디어를 개선한다.

브레인스토밍의 절차는 다음과 같다.
(1) 회의 진행자, 기록할 사람, 발표자를 정하고, 적절하게 자리를 배치한다.
(2) 주제(고객의 문제 또는 상황)를 정하고, 10분 정도 생각, 조사할 시간을
    준다.
(3) 진행자는 아이디어 발표 방법과 시간, 순서를 정한다.
(4) 순서에 따라 발표하고 기록자는 발표 내용을 기록한다.
(5) 기록자가 발표된 아이디어를 정리하여 읽어준다.
(6) 발표된 아이디어 중에서 중복되거나, 가치가 없는 아이디어를 제외한다.
(7) 남은 아이디어에 대하여 논의하여 현실성 있고, 적합한 아이디어를
    결정한다.

브레인라이팅(Brain Writing)은 적극적이고 주장이 강한 소수의 인원이 회
의를 주도하여, 소극적인 좋은 아이디어가 묻힐 수 있는 브레인스토밍의 단
점을 극복하기 위한 기법이다. 별도의 기록지에 해결 과제에 대한 개인의
생각을 각자 기록하고, 옆 사람에게 돌려서 의견을 첨부하는 방식으로, 집
단 사고와 개인사고를 동시에 살릴 수 있는 장점이 있다.

브레인라이팅의 절차는 다음과 같다.
(1) 팀을 구성하고, 팀원들에게 브레인라이팅 기록지를 배부한다.
(2) 기록지의 가장 위에 주제(고객의 문제 또는 상황)를 적는다.
(3) 첫째 줄에 자신의 아이디어(주제의 해결책)를 3개 정도 기록한다.
(4) 적은 기록지를 옆 사람에게 넘기고 다른 사람의 기록지를 받는다.
(5) 받은 기록지의 두 번째 줄에 윗줄 내용을 참고하여 자신의 아이디어

를 3개 정도 적는다.

(6) 참가자의 기록지가 모두 돌아갈 때까지 위와 같은 과정을 반복한다.

▌표 5-1 브레인라이팅 기록지

주제 (   )

	A	B	C
1			
2			
3			
4			
5			
6			

SCAMPER는 아이디어 개발 방법으로 많이 사용되는데, 아이디어의 대체(Substitute), 결합(Combine), 적용(Adopt), 수정 또는 확대(Modify or Magnify), 다른 용도로(Put to other uses), 제거 또는 축소(Eliminate or Minify), 뒤집기/재정렬(Reverse/ Rearrange)하여, 아이디어를 개발하는 기법이다.

▌표 5-2 SCAMPER

S	대체(substitue)	무엇을 대신 사용할 수 있을까?
C	조합, 결합(Combine)	무엇을 결합시킬 수 있을까?
A	적용(Adopt)	조건이나 목적에 맞게 조절할 수 있을까?
M	수정(Modify), 확대(Magnify)	색, 모양, 행태 등을 바꿀 수 있을까?
P	다른 용도로(Put to other uses)	다른 용도로 사용할 수 있을까?
E	제거 혹은 축소(Eliminate or minify)	어떤 것을 삭제, 제거할 수 있을까?
R	뒤집기(Reverse, Rearrange)	순서를 바꿀 수 없을까?

SCAMPER는 창업 아이디어 창출을 위해서, (1) 네모 모양을 둥근 모양으로, 빨간색을 파란색으로 대체(Substitute)하거나 (2) 수도꼭지에 온도계를 결합(Combine)하거나 (3) 꽃병에 시계 기능을 적용(Adopt)하거나 (4) 모양이나 형태를 수정 또는 확대(Modify or Magnify)하거나 (5) 기존 제품의 용도를 다른 용도(Put to other uses)로 바꾸거나 (6) 불필요한 기능을 제거 또는 축소(Eliminate or minify)하거나 (7) 순서나 모양을 뒤집기/재정렬(Reverse/Rearrange)하여, 새로운 아이디어나 제품을 만드는 것이다.

04
창업 아이템을
어떤 절차로
선정해야 하나?

　창업자는 복수의 아이템 중에서 성공할 수 있는 하나의 아이템을 골라야 한다. 여러 개의 아이템이 좋아 보이더라도 아이템의 선정 과정을 통하여 단 하나의 아이템만을 선정하는 것이 성공 확률이 높다. 즉 '선택과 집중'이 매우 중요하며, 사업의 우선순위가 중요하다.

　하나의 창업 아이템을 선정하는 절차는 다음과 같다.

　만약 아이템을 평가하고 선정하는 과정에서 생각지 못한 문제점을 발견하여 사업이 어렵다고 판단한다면, 과감하게 평가를 중단하고 새로운 아이디어를 모색해야 한다.

　사업 아이템의 평가는 사업이 가능한지를 조사하고 검토하는 선정 단계와 선정된 아이디어를 제품 또는 서비스로 만드는 것이 가능한지를 조사, 검토하는 상품화 단계로 구성된다.

　창업 아이템의 선정에서 가장 중요한 요소는 제품이나 서비스의 혁신성과 고객 가치이다. 제품이나 서비스의 혁신성은 고객을 만드는 데 매우 중요하다. 혁신성이란 새로운 제품이나 서비스라는 의미이고, 혁신성은 고객에게 흥미로움, 놀라움, 도발적인 것 등의 느낌을 줌으로써 구매 의욕을 자극한다.

　창업자는 '목표 고객이 왜 당신의 제품을 구매해야 하는가?'에 대한 해답을 제시할 수 있어야 한다. 그 해답을 사업 아이템이 '고객에게 주는 가치' 또는 '고객 가치'라고 한다. 고객 가치는 고객의 입장에서의 제품이나 서비스를 구매하는 이유이다. 그 이유는 품질 대비 가격, 즉 가성비, 디자인, 내가 불편하다고 느꼈던 문제를 해결해 주는 것 등이다.

제품이나 서비스의 혁신성과 고객 가치는 사업성과 직결된다.

사업성이란 창업자가 자신의 제품이나 서비스의 교환을 통해서, 지속적인 이익을 낼 수 있는지를 나타내는 것으로, 다음의 3가지 질문에 긍정적인 답이 가능하다면 일단 사업성을 갖고 있다고 할 수 있다.

(1) 사람들이 이 아이디어로 만든 제품 또는 서비스를 원할까?

(2) 내가 이 아이디어로 만든 제품 또는 서비스를 사람들이 사줄까?

(3) 내 제품이나 서비스를 많은 사람이 사려고 하는 가격에 팔더라도 나에게 이익이 될까?

창업 아이템의 선정에서 가장 중요한 것은 사업성이지만, 그 밖에도 창업자 자신의 전직, 경험, 취미 등을 고려해야 하고, 창업에 따른 희생과 창업에서 얻는 대가를 비교해서 희생이 너무 크다고 생각되면, 사업성이 있더라도 창업에 대하여 한 번 더 생각해 보는 것이 좋다.

창업자는 선정된 창업 아이템에 대하여 정말 사업을 해도 되는지를 심층적으로 검토해야 한다. 아이템에 대한 심층적 검토는 상품화 가능성, 시장 분석, 원가 분석, 손익 분석의 순서로 진행하고, 사업의 장기적 전망을 판단하는 것도 필요하다.

상품화 가능성은 아이디어를 구체화하여 상품화할 수 있는가를 검토하는 것이다. 근래는 3D 프린터 등의 보급으로 단순한 형태의 원형 제품(Prototype Product)은 간편하게 제작할 수 있으므로 평가에 많은 도움이 된다. 상품화 전에 실시하는 시장 조사에서, 원형 제품을 사용하면 제품에 대한 이해가 쉬워지기 때문에 보다 정확한 조사가 가능하다.

상품화 가능성의 조사에 있어서 가장 중요한 일은 상품화와 관련된 선행 특허기술조사이다. 선행특허기술조사는 창업자의 아이템과 동일하거나 유사한 발명의 선출원 또는 선등록 여부를 조사하여, 관련 기술의 동향을 파악하고, 내 제품 또는 기술과 비교하는 것이다. 창업자는 자신의 아이템의 기술적인 위치를 파악하고, 사업이 가능한지를 판단할 수 있다.

창업자는 특허정보검색서비스인 키프리스에서 필요한 자료를 검색하여 편리하게 이용할 수 있다. 특히 초보자검색 바로가기 서비스를 이용하면 편리하다.

▼ 그림 5-1 특허정보검색서비스 키프리스

시장 분석은 예상 고객에게 살 의향이 있는지, 어느 정도의 가격이 적정하겠는지 등의 의견을 물어보는 것이다. 창업자는 예상 고객의 구매 행동 등에 대한 관찰 조사, 예상 고객에 대한 질문지 및 면접조사, 전문가 인터뷰 등의 현장 조사를 통하여, 본인의 사업 아이템에 대한 예상 고객의 반응과 생각을 알아야 한다.

창업자는 현장 조사를 위하여 조사 계획을 세우고, 조사 기록과 영상 등을 남길 수 있도록 사전에 준비해야 한다.

현장 조사 중에서 관찰 조사는 관찰 대상을 제3자의 입장에서 관찰하는 것과 관찰 대상의 동의하에 동행하거나 동거하면서 관찰하는 방법 등이 있다.

현장 조사 중 인터뷰는 질문 내용을 미리 정하여 인터뷰를 실행하는데, 자기소개, 과제 소개, 화제 유도, 감정 탐색, 질문, 감사 인사 및 마무리의 순서로 진행한다.

인터뷰 진행 시 주의할 점은 다음과 같다.

(1) 질문 시, '일반적으로' 또는 '통상적으로'라는 말은 쓰지 않는 것이 좋다.

(2) 질문에 대한 제한된 답변을 유도하지 않는다.

(3) 양자택일의 질문을 하지 않는다.

(4) 질문은 되도록 짧게 한다.

(5) 침묵을 두려워하지 않는다.

(6) 스토리를 이야기하도록 독려한다.

(7) 왜냐고 묻는다.

(8) 중립적인 질문을 한다.

시장 분석을 해야 하는 고객은 제품 또는 서비스에 따라 달라질 수 있는

데, 유통 경로에 따라 도매상, 소매상, 최종 소비자 등이 있다. 그러나 그 의견의 중요성은 최종 소비자, 즉 사용자가 가장 중요하다. 최종 소비자가 지갑을 여는 것이 중요하기 때문이다.

시장 분석에서, 창업자는 자신의 아이템의 시장을 자기중심적으로 조사하고 평가해서는 안 된다. 냉정하고 객관적인 분석을 하지 않으면 시장 진입 시에 허망한 결과를 맞을 수 있다.

시장 분석 결과에 따라 아이템을 만드는 경우, 시장에서 요구하는 가격에 만들 수 있는지를 검토해야 한다. 시장에서 요구하는 가격이란 고객이 요구하는 품질을 만족시키면서, 제품 생산 및 마케팅 등의 소요 비용을 시장 가격보다 낮게 하는 것이다. 이를 위하여, 제품 생산 원가를 분해하여, 품질을 훼손하지 않으면서 가장 비용이 적게 드는 방법을 찾아내야 한다.

손익 분석은 손해도 이익도 없는 손익분기점이 되려면 매출액이 얼마나 되어야 하는지를 계산해 보고, 실패하면 얼마가 손해인지, 성공하면 얼마를 벌 수 있는지 예상해 보는 것이다.

장기적인 관점에서 나의 사업을 전망해 보는 것도 필요하다.

"나의 아이템과 나의 사업은 성장성이 있고, 높은 이익을 창출할 수 있는 유망한 사업인가?"라는 질문에 긍정적으로 대답할 수 있어야 한다. 긍정적으로 대답할 수 없다면 그 이유가 무엇인지 생각해 봐야 한다.

사업 아이템에 문제가 있다면 그에 대한 대책을 세워야 한다. 하지만 아이템에 문제가 없다면, 창업자가 아이템을 사업화하고 운영하는 데 자신과 경험이 없어서, 두려움을 갖는 것이다. 이 경우에는 창업자의 부족한 부분을 채워줄 동업자나 종업원을 구하거나, 창업 멘토를 통하여 지도를 받고, 자신감을 키우는 것이 필요하다.

창업 아이디어의 사업성에 대한 토의 및 그림으로 표현하기

팀별로 최종 선정된 창업 아이디어의 사업성에 대하여 토의하고, 창업 아이디어를 그림으로 표현해 보자. 그림으로 표현된 창업 아이디어를 시장조사에 활용하면, 잠재 고객의 이해도를 높일 수 있다.

토의 내용 정리

(일자 및 시간:)

토의 주제	창업 아이디어의 사업성에 대한 토의 및 그림으로 표현하기
팀명	
참석자	
토의 내용 및 결과	
창업 아이디어를 그림으로 표현하기	

창업 아이템 선정을 위한 브레인스토밍과 브레인라이팅

팀별로 창업 아이디어를 창출하기 위하여, 브레인스토밍과 브레인라이팅을 실시한다.
브레인스토밍과 브레인라이팅은 정해진 규칙과 절차를 지켜야 한다.

• 브레인스토밍 기록지: 팀 별로 브레인스토밍을 통해서 얻은 아이디어를 기록한다.

브레인스토밍을 통한 창업 아이디어 기록지
1.
2.
3.
4.
5.

• 브레인라이팅 기록지

주제(   )

	A	B	C
1			
2			
3			
4			
5			
6			

● 브레인스토밍 및 브레인라이팅 결과 정리

순서	브레인스토밍 결과	브라인라이팅 결과
1		
2		
3		

**창업 아이템의
선정이 왜
중요한가?**

- 이 사업 아이템은 정말 좋은 아이템이라는 생각으로, 충분한 사전 검토와 분석 없이 결정해서는 낭패를 보기 쉽다. 따라서 사업 아이템의 결정만큼은 돌다리도 두드려 보고 건너는 소심함과 조심성이 필요하다.

- 일반적으로 나의 고객은 기존에는 없었던, 새롭고 좋은 소재로 제품을 만들거나, 새롭고 유익한 제품이나 서비스로 고객을 만족시켜 주기를 원하며, 새로운 공정이나 방법을 통하여 기존 제품의 가격을 낮춰 주기를 원한다. 즉 창업자는 새롭고 유익하며 품질 좋은 제품이나, 기존보다 더 싸게 제품을 만들어 판매할 수 있어야 제품의 경쟁력이 있는 것이다.

**성공 확률이 높은
창업 아이템은
어떤 것일까?**

- 창업자가 경험이 전혀 없고 잘 모르는 산업 분야에서의 창업은 성공 확률이 낮다.

- 생산 공정이 복잡하고, 제품이나 서비스의 생산에 높은 수준의 지식이 요구되는 자본 집약적인 산업과 광고로 높은 부가가치를 올리는 광고 집약적 산업 분야에서는 성공 확률이 낮다.

- 느리게 성장하고 있는 시장이나 고객의 기호가 단순한 시장에서는 성공 확률이 낮다.

- 창업자는 산업의 라이프사이클 초기 국면, 즉 미성숙 또는 성장 초기의 시장에서 비교적 쉽게 고객을 유치할 수 있고, 성공 확률도 높다.

- 그 산업을 구성하는 기업의 평균 규모가 큰 산업이나, 몇몇 기업의 시장 점유율이 높은, 집중된 산업에서는 성공 확률이 낮다.

**창업 아이디어는
어떻게 창출하는가?**

- 창업 아이디어의 창출은 일반적으로 고객 문제의 인식에서 출발한다. 이러한 고객 문제의 해결책으로 다양한 대안을 검토하여 도출된, 한두 가지의 아이디어가 창업 아이템이 되는 것이다.

- 브레인스토밍(Brain Storming)은 아이디어 창출과 아이디어 평가를 분리한 방법으로, 자유 분망하게 사고할 수 있는 분위기에서 스스로 아이디어를 만들거나, 다른 사람이 만든 아이디어로부터 새로운 아이디어를 만들어 내는 기법이다.

- 브레인라이팅(Brain Writing)은 적극적이고 주장이 강한 소수의 인원이 회의를 주도하여, 소극적인 좋은 아이디어가 묻힐 수 있는 브레인스토밍의 단점을 극복하기 위한 기법이다.

- SCAMPER는 아이디어 개발 방법으로 많이 사용되는데, 아이디어의 대체(Substitute), 결합(Combine), 적용(Adopt), 수정 또는 확대(Modify or Magnify), 다른 용도로(Put to other uses), 제거 또는 축소(Eliminate or Minify), 뒤집기/재정렬(Reverse/Rearrange)하여, 아이디어를 개발하는 기법이다.

**창업 아이템을
어떤 절차로
선정해야 하나?**

- 사업 아이템의 평가는 사업이 가능한지를 조사하고 검토하는 선정 단계와 선정된 아이디어를 제품 또는 서비스로 만드는 것이 가능한지를 조사, 검토하는 상품화 단계로 구성된다.

- 창업 아이템의 선정에서 가장 중요한 요소는 제품이나 서비스의 혁신성과 고객 가치이다.

- 제품이나 서비스의 혁신성은 고객을 만드는 데 매우 중요하다. 혁신성이란 새로운 제품이나 서비스라는 의미이고, 혁신성은 고객에게 흥미로움, 놀라움, 도발적인 것 등의 느낌을 줌으로써 구매 의욕을 자극한다.

- 창업자는 '목표 고객이 왜 당신의 제품을 구매해야 하는가?'에 대한 해답을 제시할 수 있어야 한다. 그 해답을 사업 아이템이 '고객에게 주는 가치' 또는 '고객 가치'라고 한다. 고객 가치는 고객의 입장에서의 제품이나 서비스를 구매하는 이유이다. 그 이유는 품질 대비 가격, 즉 가성비, 디자인, 내가 불편하다고 느꼈던 문

제를 해결해 주는 것 등이다.

• 아이템에 대한 심층적 검토는 상품화 가능성, 시장 분석, 원가 분석, 손익 분석의 순서로 진행하고, 사업의 장기적 전망을 판단하는 것도 필요하다.

• 상품화 가능성의 조사에 있어서 중요한 일은 상품화와 관련된 선행 특허를 조사하여 관련 기술의 동향을 파악하고, 내 제품 또는 기술과 비교하는 것이다. 창업자는 특허정보검색서비스인 키프리스에서 필요한 자료를 검색하여 편리하게 이용할 수 있다.

• 시장 분석은 예상 고객에게 살 의향이 있는지, 어느 정도의 가격이 적정하겠는지 등의 의견을 물어보는 것이다. 창업자는 예상 고객의 구매 행동 등에 대한 관찰 조사, 예상 고객에 대한 질문지 및 면접조사, 전문가 인터뷰 등의 현장 조사를 통하여, 본인의 사업 아이템에 대한 예상 고객의 반응과 생각을 알아야 한다.

• 사업 아이템에 문제가 있다면 그에 대한 대책을 세워야 한다. 하지만 아이템에 문제가 없다면, 창업자가 아이템을 사업화하고 운영하는 데 자신과 경험이 없어서, 두려움을 갖는 것이다. 이 경우에는 창업자의 부족한 부분을 채워줄 동업자나 종업원을 구하거나, 창업 멘토를 통하여 지도를 받고, 자신감을 키우는 것이 필요하다.

CHAPTER

06

창업자의 권리 보호

제6장의 핵심 질문

• 왜 나의 기술이나 아이디어를 보호해야 할까?
• 나의 기술을 보호하기 위한 기밀 유지는 어떻게 해야 할까?
• 특허는 무엇이고, 어떤 절차로 신청, 등록이 되는 걸까?
• 실용신안과 특허의 차이점은 무엇인가?
• 상표는 무엇이고, 어떤 절차로 신청, 등록이 되는 걸까?
• 디자인 등록은 무엇이고, 어떤 절차로 신청, 등록이 되는 걸까?
• 지식재산권의 침해에 대한 대응 방법은 무엇인가?

토의   우리 기술은 특허 등록이 가능한지 토의하기(특허검색서비스 활용 방법)

실습   디자인 등록 출원 신청하기

핵심 질문과 요약

01

왜 나의 기술이나 아이디어를 보호해야 할까?

창업자는 자신의 기술이나 아이템을 보호해야 한다는 사실을 잘 알고 있다.

자신의 혁신적인 제품이나 서비스를 다른 사람이 모방하지 못 하도록 보호하지 않으면, 제품이나 서비스 출시에 따르는 수익을 실현하지 못하는 것이 자명하기 때문이다. 하지만 많은 창업자는 새로운 기술이나 서비스를 모방하지 못하도록 하는데, 상당한 어려움을 겪고 있다.

기존 기업들은 창업자들이 출시한 새로운 제품이나 서비스를 비교적 손쉽게 모방한다. 기존 기업의 기술 전문가들이 신제품을 간단하게 분해하여 어떤 원리로 작동하는지를 파악하고, 그 제품보다 더 개선된 제품을 만들 수 있다. 또한 신제품의 개발 과정에 참여한 종업원을 채용함으로써 유사한 모방 제품이나 서비스를 만들기도 한다. 또 다른 방법으로는, 경쟁 업체들이 공개 특허나 특허 관련 자료 및 출판물에서 얻은 정보를 바탕으로, 부분적인 모방과 추정을 통하여 신제품과 서비스를 모방하기도 한다.

창업자는 새로운 제품이나 서비스로 시장의 요구를 만족시킴으로써, 처음에는 시장을 독점할 수 있고, 이를 통하여 상당한 수익을 얻을 수도 있다. 이러한 최초의 성공을 목격한 경쟁 업체들은 제품이나 서비스를 모방하기 위하여 모든 방법을 동원하게 되고, 모방을 통하여 고객의 일부를 빼앗아 가는 등의 방법을 통하여 창업자의 수익을 감소시킨다.

창업자의 권리를 보호함으로써, 경쟁자로부터 자신의 수익을 지킬 수 있는 방법은 두 가지가 있다.

첫째는 기밀 유지이다. 기밀 유지는 새로운 제품이나 서비스에 대한 정보를 제3자에게서 차단하고 기밀로 관리하는 것이다.

둘째는 특허 등의 지식재산권을 확보함으로써 경쟁 업체의 시장 진입 장벽을 구축하는 것이다.

기밀 유지는 기술을 공개할 필요가 없고, 권리의 존속기간이 정해져 있지 않다는 장점이 있으나, 사실상 권리 구제가 어려운 경우가 많다는 단점이 있다. 반면에, 특허 등 지식재산권 확보는 기술을 공개해야 하고, 권리의 존속기간이 법으로 정해져 있다는 단점이 있지만 권리 구제가 확실하고, 재산적 가치가 있으며, 마케팅에도 도움이 된다는 장점이 있다.

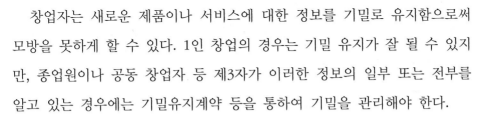

02 나의 기술을 보호하기 위한 기밀 유지는 어떻게 해야 할까?

창업자는 새로운 제품이나 서비스에 대한 정보를 기밀로 유지함으로써 모방을 못하게 할 수 있다. 1인 창업의 경우는 기밀 유지가 잘 될 수 있지만, 종업원이나 공동 창업자 등 제3자가 이러한 정보의 일부 또는 전부를 알고 있는 경우에는 기밀유지계약 등을 통하여 기밀을 관리해야 한다.

새로운 제품이나 서비스가 복잡할수록, 그 생산 공정이 복잡할수록 경쟁업체들이 이를 모방할 가능성이 작아진다. 그러나 이러한 복잡성은 모방하는 시간을 지연시킬 뿐이고 모방을 원천적으로 막지는 못한다. 모방을 원천적으로 막기 위해서는 제조 공정이나 설계 등 주요 정보에 제3자가 접근할 수 없도록 차단하는 것이 가장 좋은 방법이지만, 현실적으로 기업의 업무수행과정에서 정보의 일부 또는 전부가 동업자, 종업원, 협력업체 등에게 알려지는 경우가 있을 수 있다. 이 경우, 관련자에게서 기밀유지계약서를 받았다고 해도, 그들의 머릿속에 있는 것까지 통제할 수 없으므로, 기밀이 누설될 가능성이 있다.

창업자는 이러한 기밀을 법적으로 보호받을 수 있을까?

부정경쟁 방지 및 영업 비밀에 관한 법률은 창업자의 영업 비밀을 보호하고 있다. 이 법에서 영업 비밀은 '공공연히 알려져 있지 아니하고 독립된 경제적 가치를 가지는 것으로서, 합리적인 노력에 의하여 비밀로 유지된 생산 방법, 판매 방법, 그밖에 영업 활동에 유용한 기술상 또는 경영상의 정보'라고 규정하고 있다. 영업 비밀에는 고객 및 거래처 정보, 회계 정보, 개발 제품이나 설비의 설계도 및 디자인, 신제품 아이디어, 연구개발 노트, 실험 결과 데이터, 생산 및 제조 방법 등의 기술 및 경영 정보가 모두 포함된다. 또한 영업 비밀 침해 행위는 영업 비밀을 부정하게 취득, 사용, 공개하는 행위를 말한다.

영업 비밀은 회사 임직원의 퇴직이나 이직 또는 협력업체를 통하여 유출되는 것이 대부분이다. 창업자는 임직원의 입사 시, 근로계약서에 재직 및 퇴직 후 일정 기간(약 1년) 동안 근로자의 전직이나 경업을 금지하는 약정을 맺거나, 필요한 경우 근로자에게 비밀유지서약서나 각서를 받아둬야 한다. 또한 창업자와 연구개발 등을 함께하는 협력업체의 영업 비밀 유출을 막기 위해서, 협력 계약서 등에 비밀 유지 의무를 반드시 명시하고, 연구개발의 결과물에 대한 특허 등의 권리에 대한 약정도 명확하게 규정하는 것이 좋다.

창업자는 종업원의 직무발명에 대하여 인센티브 지급을 명확하게 규정하고, 정당한 보상을 하여 임직원들이 외부에 영업 비밀을 유출하지 않고도 회사 생활에 만족하는 근로 환경을 조성하는 것이 바람직하다.

영업 비밀은 창업자의 회사가 다른 회사에 인수, 합병되는 경우에도 문제가 될 수 있다. 합병에 의해서 창업자의 영업 비밀은 인수자에게 포괄적으로 이전되므로, 영업 비밀에 대한 규정을 명확하게 해야 한다.

부정경쟁 방지 및 영업 비밀에 관한 법률 개정(2019.1.8.)에 의하여, 영업 비밀 침해로 인한 손해 배상은 3배까지 가능하게 되었고, 영업 비밀 침해로 인한 형사적 벌칙도 강화되었다. 영업 비밀을 외국에서 사용하거나 외국에서 사용될 것임을 알면서 취득·사용 또는 제3자에게 누설한 자는 15년 이하의 징역 또는 15억 원 이하의 벌금에, 이를 국내에서의 침해한 자는 10년 이하의 징역 또는 5억 원 이하의 벌금에 처하는 것으로 되었다.

창업자는 특허청 산하 한국특허정보원의 영업비밀보호센터(www.tradesecret.or.kr)의 영업 비밀 원본증명제도를 활용할 수 있다. 창업자가 영업 비밀 원본증명서를 발급받으면, 해당 영업 비밀의 내용이 진실로 추정되므로, 분쟁 발생 시에 유리하다.

03
•

특허는 무엇이고,
어떤 절차로
신청, 등록이 되는 걸까?

새로운 제품이나 서비스에 대한 정보를 제3자로부터 차단하고 기밀로서 관리하는 것이 불가능하다고 판단하는 경우, 창업자는 경쟁 업체들에 의한 모방에 대비하여 법적인 장벽을 만들어 새로운 제품이나 서비스 개발에서 발생한 수익을 온전하게 실현할 수 있다. 모방에 대비한 법적인 장벽은 창업자가 개발한 기술이나 제품 등에 지식재산권을 신청, 등록하는 것이다.

지식재산이란 '인간의 창조적 활동 또는 경험에 의하여 창출되거나 발견된 지식, 정보, 기술, 사상이나 감정 표현, 영업이나 물건의 표시, 생물의 품종이나 유전자원 등의 무형 자산으로 재산적 가치가 있는 것'을 말하고, 지식재산권이란 '법령 또는 조약 등에 따라 인정되거나 보호되는 지식재산에 관한 권리'를 의미한다.

특허권, 실용신안권, 상표권, 디자인권, 저작권은 전통적인 지식재산권이고, 과학 기술의 발전과 정보산업 환경의 변화에 따라 새로운 분야에서 출현하는 지식 재산을 보호할 필요가 생겼으며, 이를 '신지식재산권'이라고 한다. 신지식재산에는 반도체 집적 회로 배치 설계, 컴퓨터 프로그램, 식물 신품종 등이 해당하고, 산업 스파이 등에 의한 기술 정보의 불법 유출을 방지하기 위하여 영업 비밀이 법적 보호를 받을 수 있으며, 온라인 디지털 콘텐츠의 불법적 이용도 법으로 규제하고 있다.

산업재산권	특허권 실용신안권 디자인권 상표권	특허법에 의하여 발명을 독점적으로 이용할 수 있는 권리 실용신안법에 의하여 발명품을 독점적으로 이용할 수 있는 권리 디자인보호법에 의하여 등록한 디자인에 대해 가지는 독점적 권리 등록 상표를 지정 상품에 독점적으로 사용할 수 있는 권리
저작권	저작인격권 저작재산권 저작인접권	저작자가 저작물에 대해 가지는 인격적 권리 (공표권, 성명표시권, 동일성 유지권) 저작자가 저작물에 대해 가지는 일반적 권리 (복제권, 공연권, 공중송신권, 전시권, 배포권, 대여권 등) 저작자가 아닌 실연자, 음반 제작자, 방송사업자의 권리
신지식 재산권	산업저작권 첨단산업재산권 정보재산권 기타	컴퓨터 프로그램 등 반도체 집적회로 배치 설계, 생명공학 등 데이터베이스, 영업 비밀 등 지리적 표시, 캐릭터, 새로운 상표(소리, 냄새, 입체) 등

창업자는 지식재산권을 확보함으로써, 다음과 같은 유리한 점을 가질 수 있다.

(1) 경쟁 업체에 대한 시장 진입 장벽 구축

(2) 지식재산권에 의한 공격으로부터의 보호

(3) 광고, 홍보 등 마케팅상의 이점

(4) 재산적 가치

(5) 타인의 무단 도용 방지

지식재산권 중에서 창업자의 권리 보호와 직접적인 관계가 있는 산업재산권에 대해서 알아보자.

▌표 6-1 산업재산권의 종류

구분	특허권	실용신안권	디자인권	상표권
정의	특허법에 의하여 발명을 독점적으로 이용할 수 있는 권리	실용신안법에 의하여 발명품을 독점적으로 이용할 수 있는 권리	디자인보호법에 의하여 등록한 디자인에 대해 가지는 독점적 권리	상표법에 의하여 등록 상표를 지정 상품에 독점적으로 사용할 수 있는 권리
보호 대상	자연법칙을 이용한 기술적 사상의 창작으로 수준이 높은 발명 → 발명(물건, 방법)	자연법칙을 이용한 기술적 사상의 창작으로서 물품의 형상, 구조, 조합에 관한 실용성 있는 고안 → 물품의 구조 및 형상에 관한 고안	물품의 형상, 모양, 색채 또는 이들을 결합한 것으로서 시각을 통해 미감을 느끼게 하는 것 → 물품의 디자인	타인의 상품과 식별하기 위해 사용하는 기호, 문자, 도형, 입체적 형상, 색채, 홀로그램, 동작 또는 이들을 결합한 것 → 상품 및 서비스에 사용하는 마크
존속 기간	출원일로부터 20년, 의약품은 5년 한도 내에서 연장 가능	칠원일로부터 10년	설정 등록 출원일로부터 20년	설정 등록일로부터 10년, 10년마다 갱신가능한 반영구적 권리

특허는 기술 공개의 대가로 일정 기간 동안 새로운 기술적 사상의 창작(발명)에 대하여 발명자에게 그 발명의 독점적 실시를 행할 수 있는 배타적 권리를 부여하여 보호하는 것이다.

특허 제도는 기술 공개를 촉진함으로써 기술을 축적하게 하고, 발명자에게 독점권을 부여함으로써 사업화를 촉진하고, 발명 의욕을 고취시킨다. 따라서 특허 제도는 기술 공개와 발명자 보호를 통하여 산업을 발전시킨다.

특허권을 받기 위하여 출원 발명이 갖추어야 할 요건은 다음과 같다.

(1) 자연법칙을 이용한 기술적 사상의 창작으로서 고도한 것(발명)

(2) 산업에 이용할 수 있어야 함(산업상 이용 가능성)

(3) 출원하기 전에 이미 알려진 기술(선행기술)이 아니어야 함(신규성)

(4) 선행기술과 다른 것이라 하더라도, 그 선행기술로부터 쉽게 생각해 낼 수 없어야 함(진보성)

우리나라는 발명이 이루어진 시기와 관계없이 특허청에 먼저 출원한 발명에 권리를 부여하는 선출원주의를 채택함으로써 신속한 발명의 공개를 유도하고 있으며, 특허권의 효력은 출원일로부터 20년간, 권리를 획득한 국가 내에서만 발생한다.

특허 출원서는 다음과 같이 구성된다.
(1) 출원서: 출원인, 대리인 및 발명(고안)의 명칭 등을 기재
(2) 명세서: 발명의 상세한 설명을 기재
(3) 청구 범위: 특허 발명의 보호 범위를 기재
(4) 도면: 필요한 경우 기술 구성을 도시하여 발명을 명확히 표현함
(5) 요약서: 발명을 요약 정리

창업자는 특허 등 출원서를 특허청에 직접 또는 우편으로 제출하거나, 또는 특허로 사이트(www.patent.go.kr)에서 전자 출원할 수 있다. 특허를 비롯한 지식재산권의 출원에는 수수료를 납부하여야 하며, 개인이나 소기업은 수수료 감면 혜택이 있다.

창업자가 특허를 직접 출원하는 경우는 많지 않고, 대부분 변리사를 특허 대리인으로 지정하여 특허 출원, 등록 및 등록 관리를 대행하게 하고 있다. 창업자가 직접 출원하는 경우에는 선행 특허와의 충돌, 청구 범위 설정 등 전문적인 부분에서 실수를 함으로써 손해를 볼 수 있으므로 유능한 변리사를 이용하는 것이 낫다고 생각한다. 그러나 특허 외에 실용신안, 상표, 디자인권은 신청하는 범위가 대부분 명확하므로, 직접 출원하는 것도 별다

른 문제를 일으키지는 않을 것이다. 그러나 지식 재산권의 재산적 가치가 매우 큰 경우에는 변리사를 통하는 것이 안전하다.

▼ 그림 6-2 특허 출원 절차

선행 기술 조사	특허 출원에 앞서 동일한 발명, 유사한 발명의 선출원, 선등록 여부를 검색해야 한다.
출원인 코드 부여 신청	특허청에 처음으로 특허 출원 등의 절차를 밟고자 하는 자연인과 법인은 특허청에서 자신의 고유 번호인 출원인 코드를 부여 받아야 한다.
제출 서류 준비	명세서, 요약서, 특허 출원서, 도면 각 1부와 수수료 감면 대상인 경우 해당 증명서류를 제출해야 한다.
접수 및 수수료 납부	출원서는 방문 또는 우편으로 접수 가능하며, 납입고지서에 해당하는 금액을 제출 당일 또는 다음 날까지 납부해야 한다.
방식 심사 및 출원번호 통지서 수령	서식의 필수사항 기재 여부, 기간의 준수 여부, 증명서 첨부 여부, 수수료 납부 여부 등 절차상의 이상 유무를 심사한다. 출원서 접수 후 약 1주일 이후에 출원 번호 통지서를 받을 수 있다.
출원 공개	출원된 서류는 출원일로부터 18개월 경과 후 자동으로 공개한다. 그러나 본인의 신청에 의해 조기에 출원 공개를 할 수 있다.

특허를 출원하여 특허청에서 이를 심사하고 등록할 때까지의 절차는 아래와 같다.

▼ 그림 6-3 특허 출원 및 심사 절차 흐름도

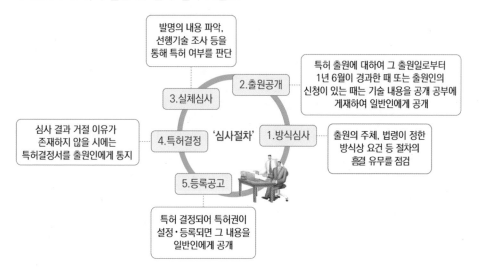

우선심사제도는 특허 및 실용신안 등록 출원은 심사 청구 순서에 따라 심사하는 것이 원칙이나, 일정한 요건을 만족하는 경우에 우선적으로 심사하는 제도이다.

우선 심사 요건은 (1) 심사 청구가 있는 출원 (2) 청구 범위에 기재된 발명이 우선 심사 대상일 것이다. 우선 심사 대상은 (1) 출원 공개 후 제3자가 업(業)으로 출원된 발명을 실시하고 있는 것으로 인정되는 출원 (2) 신청자가 자체 선행기술조사를 하고, 우선심사신청설명서를 특허청장에게 제출한 출원(방위산업, 녹색기술, 수출촉진 등 긴급 처리가 필요한 출원이어야 함)이다.

우리나라에서 특허권 등의 권리를 취득하였더라도 다른 나라에서 권리를 취득하지 못하면 그 나라에서는 독점 배타적인 권리를 행사할 수가 없다. 창업자가 제품이나 서비스를 해외에 수출하는 경우에는 해외출원이 필요하고, 해외출원을 하는 방법에는 전통적인 출원 방법과 PCT(Patent Cooperation Treaty/특허협력조약) 국제출원 방법이 있다. 전통적인 출원 방법은 특허 획득을 원하는 모든 나라에 각각 개별적으로 특허 출원하는 방법으로, Paris루트를 통한 출원이라고도 한다.

PCT국제출원은 국적국 또는 거주국의 특허청에 하나의 PCT출원서를 제출하고, 그로부터 정해진 기간 이내에 특허 획득을 원하는 국가로의 국내단계에 진입할 수 있는 제도로, PCT국제 출원의 출원일이 지정국가에서의 출원일로 인정받을 수 있다. 다만, 선(先)출원에 대한 우선권을 주장하여 출원하는 경우, 선출원의 출원일로부터 12개월 이내에 PCT국제출원을 해야 우선권 주장을 인정받을 수 있다.

▼ 그림 6-4 PCT 국제출원과 일반 해외출원 절차 비교

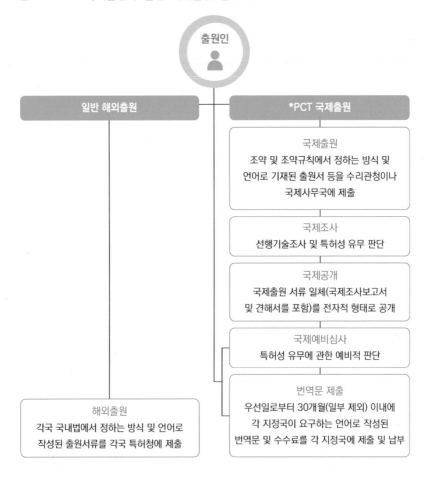

04

실용신안과 특허의
차이점은 무엇인가?

실용신안권은 새로운 기술적 고안에 대하여 고안자가 일정 기간 독점적 실시를 할 수 있는 배타적 권리이다. 실용신안권의 대상인 고안은 새로운 기술적 발명이라는 점에서는 특허와 같지만, 특허권의 대상인 발명보다 고도성이 요구되지 않으므로, 이를 소발명이라고 한다. 고도성에서 차이가 있지만 특허와 실용신안은 거의 동일한 제도이다. 또한 특허와 실용신안은 출원 및 심사 절차도 동일하다.

특허권과 실용신안권의 차이점은 다음과 같다.

▎표 6-2 특허권과 실용신안권의 차이점

구분	특허권	실용신안권
보호 대상	물건(물질 발명 포함), 방법, 용도	물건(물질은 불포함)
성립 요건	고도성 요구함	고도성 불필요
부등록 사유	* 공서양속에 반하거나 공중의 위생을 해할 우려가 있는 경우	* 공서양속에 반하거나 공중의 위생을 해할 우려가 있는 경우 * 국기, 훈장 등과 동일, 유사한 고안
도면	필요시 첨부	반드시 첨부
심사 청구 기간	5년	3년
유효 기간(존속 기간)	출원일로부터 20년	출원일로부터 10년

05

상표는 무엇이고, 어떤 절차로 신청, 등록이 되는 걸까?

창업자는 자신의 상품에 대한 상표를 특허청에 등록함으로써 자신의 상표를 독점적으로 사용하고, 타인이 사용하지 못하도록 할 수 있다.

상표는 자신의 상품을 타인의 상품과 구별하기 위하여 사용하는 일체의 감각적인 표현 수단을 의미하고, 기호, 문자, 도형, 입체적 형상 또는 이들을 결합한 것, 이들 각각에 색채를 결합한 것, 색채 또는 색채의 조합, 홀로그램, 동작 등 시각적으로 인식할 수 있는 모든 유형을 상표로서 보호하고 있다.

▌표 6-3 상표의 종류

구분	상표 구성 방식	예시
기호 상표	문자나 기호 등을 간략히 도안화하거나 'ㅁ, ◦, ※' 등의 기호 이용	Ω
문자 상표	한글, 한자, 외국어, 로마자, 숫자 등의 문자로 구성	산엘청
도형 상표	동물, 식물, 풍경 등의 자연물이나 인공물, 추상물 또는 기하학적인 도형으로 구성	
입체 상표	상품 또는 용기의 외형을 입체적 형상으로 도안화하여 구성	
결합 상표	기호, 문자, 도형 등을 결합한 상표 또는 입체적 형상 중 둘 이상을 하나로 결합하거나 이들 각각에 색채를 결합하여 구성	특허청

넓은 의미에서 상표는 서비스표, 단체표장, 업무표장을 포함한다.

서비스표는 자기의 서비스업을 타인의 서비스업과 식별하기 위하여 사용하는 표장을 말하고, 단체표장은 상품을 공동으로 생산·판매 등을 하는 업자 등이 설립한 법인이 직접 사용하거나 그 감독 하에 있는 단체원으로 하여금 자기의 영업에 관한 상품 또는 서비스업에 사용하게 하기 위한 표장을 말한다. 업무표장은 YMCA, 보이스카웃 등과 같이 영리를 목적으로 하지 아니하는 업무를 영위하는 자가 그 업무를 나타내기 위하여 사용하는 표장이므로 창업자와는 무관하다.

상표의 기능은 다음과 같다. 상표는 창업자가 자신의 제품을 마케팅하는 데 큰 도움이 되지만, 소비자가 상표를 인식하기까지 많은 시간이 소요되는 단점이 있다.

(1) 자타상품의 식별 기능
(2) 출처 표시 기능
(3) 품질 보증 기능
(4) 광고 선전 기능
(5) 재산적 기능

상표로 등록되기 위해서는 자타 상품 간의 식별력을 가져야 하므로, 상품의 보통 명칭, 관용 상표, 성질 표시 상표, 성씨 등 식별력이 없는 상표는 등록할 수 없다.

상표 출원은 상품류 구분 및 상품을 1개류 또는 다류의 상품을 지정하여 상표마다 출원하여야 한다. 즉 하나의 출원서로 동시에 둘 이상의 상표를 출원할 수 없다(1상표 1출원주의).

상표권의 존속기간은 설정 등록일로부터 10년이지만, 계속하여 갱신할 수 있으므로 반영구적인 권리이다.

▼ 그림 6-5 상표 등록출원 및 등록 절차

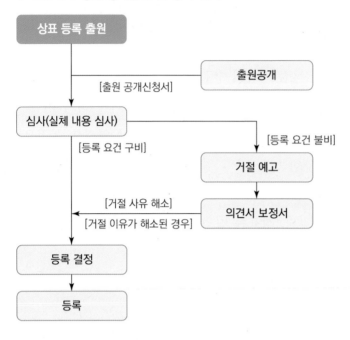

06

디자인 등록은 무엇이고, 어떤 절차로 신청, 등록이 되는 걸까?

디자인 등록 제도의 보호 대상이 되는 디자인은 물품의 형상, 모양이나 색채 또는 이들을 결합한 것으로서 시각을 통하여 미감을 일으키게 하는 것이다.

▼ 그림 6-6 디자인의 성립 요건

물품성	독립성이 있는 구체적인 유체 동산
형태성	형상, 모양, 색채 또는 이들을 결합한 것
시각성	육안으로 식별할 수 있는 것
심미성	아름다움에 대한 감각을 불러 일으키는 것

디자인 등록 출원에는 심사 등록 출원과 무심사 등록 출원이 있다.

물품의 특성상 유행성이 강하고 라이프사이클이 짧은 식품류, 의복류, 직물지류, 잡화류 등은 디자인 무심사 등록 출원을 해야 하고, 기타 물품에 대해서는 디자인 심사 등록 출원을 해야 한다.

디자인 등록 출원의 심사 절차는 다음과 같다.

▼ 그림 6-7 **디자인 등록 출원의 심사 절차**

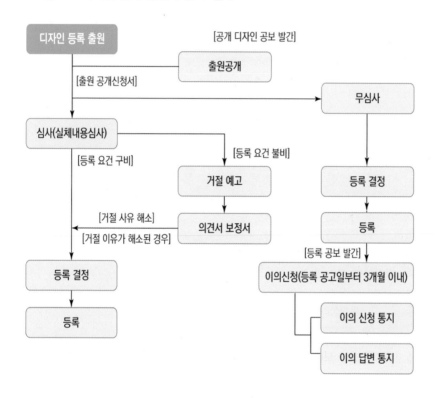

디자인 등록을 하기 위해서는 디자인의 성립 요건인 신규성, 창작성, 공업상 이용 가능성 등을 충족하여야 하지만, 무심사 등록 출원된 디자인에 대해서는 위의 등록 요건 중 신규성, 창작성 등을 심사하지 않고, 방식 심사와 성립 요건, 공업상 이용 가능성, 부등록 사유 해당 여부 등만을 심사하여 등록한다. 다만, 무심사 등록 출원된 디자인이 국내 주지의 디자인에 의하여 용이하게 창작된 경우에는 특허청이 등록을 거절할 수 있다. 디자인권의 존속기간은 디자인의 설정 등록 출원일로부터 20년이다.

디자인은 모방이 용이하고 유행성이 강하다는 특성이 있으므로 다른 지적 재산권과는 다른 몇 가지 특유의 제도를 가지고 있다.

(1) 유사 디자인 제도

디자인은 기본디자인이 창작된 이후에 이를 기초로 한 여러 가지 변형디자인이 계속 창작되는 특성이 있고, 그 유사 범위가 추상적이고 불명확하므로 미리 유사 범위 내의 유사 디자인을 등록받아 침해·모방을 사전에 방지하기 위하여, 자신이 등록 또는 출원한 기본디자인의 변형된 디자인을 유사 디자인으로 등록할 수 있는 제도이다.

(2) 한 벌 물품 디자인 제도

디자인은 1디자인 1출원주의를 취하고 있으나, 예외적으로 한 벌로 사용되는 물품으로서 전체적으로 통일성이 있는 경우에는 하나의 출원으로 심사·등록할 수 있도록 하는 제도이다. 대상 품목은 한 벌의 끽연용구세트, 한 벌의 커피세트, 한 벌의 오디오세트 등 86개 물품이다.

(3) 비밀 디자인 제도

디자인은 모방이 용이하고, 유행성이 강하므로 디자인권자가 사업 실시 준비를 완료하지 못한 상황에서 디자인이 공개되는 경우에는 타인의 모방에 의한 사업상 이익을 모두 상실할 우려가 있기 때문에, 출원인의 신청에 의하여 디자인권의 설정 등록일부터 3년 이내의 기간 동안 공고하지 않고 비밀 상태로 유지할 수 있도록 하는 제도이다.

(4) 출원 공개 제도

출원 중에 있는 디자인을 제3자가 모방할 경우 이에 적절하게 대응할 수 있는 제도로서, 등록 출원 시 또는 출원 이후 출원인의 출원 공개신청이 있는 경우에는 등록 전이라도 디자인의 출원 내용을 공보를 통하여 공개하고, 공개 후 제3자로부터의 모방 실시가 있는 경우에는 모방자에게 경고할 권리가 발생하며, 그 디자인이 등록된 후에는 디자인권자는 모방자에게 보상청구권을 행사할 수 있다. 또한 제3자의 무단 모방이 있는 경우에는 우선심사를 청구할 수 있도록 하여 조기에 보상청구권을 행사할 수 있도록 하였다.

(5) 정보제공제도

등록 출원된 디자인에 대하여 누구든지 당해 디자인이 거절 이유에 해당하여 등록될 수 없다는 취지의 정보를 증거와 함께 특허청장에게 제공할 수 있고, 이에 의하여 거절 결정할 수 있도록 하는 제도이다.

07
지식재산권의 침해에 대한 대응 방법은 무엇인가?

지식재산권 중에서 저작권은 창작하는 순간부터 자연적으로 권리가 생기므로 등록할 필요가 없으나, 분쟁 발생 시, 자신의 저작물임을 증명하기 위해서는 저작권등록협회에 등록하는 것이 유리하다. 그러나 특허권, 실용신안권, 상표권, 디자인권 등 산업재산권은 출원을 통해서 권리를 등록해야만 배타적이고 독점적인 권리를 가질 수 있다.

창업자는 특허권 등 지식 재산권에 대한 침해에 대하여 다음과 같이 대응할 수 있다.

(1) 민사적 대응 방법으로서, 침해 금지 및 예방 청구권과 손해 배상 청구권, 신용 회복 청구권 및 부당이득 반환 청구권을 행사할 수 있다.

(2) 형사적 대응 방법으로서 권리를 침해한 자를 검찰에 고발하여, 행위자를 7년 이하의 징역 또는 1억 원 이하의 벌금에 처하게 할 수 있다.

대부분의 경우, 상대방의 지식재산권에 대한 침해 행위는 민사적 대응과 형사적 대응이 모두 가능하지만, 먼저 형사적인 대응 후에 민사적 대응을 하는 것이 유리하다.

지식재산권에 대한 침해 행위가 발생한 경우에, 창업자는 대한법률구조공단(www.klac.or.kr)의 소상공인에 대한 무료 법률 구조를 포함한 전문가의 도움을 받을 수 있다.

우리 기술은 특허 등록이 가능한지 토의하기(특허검색서비스 활용 방법)

창업 아이템의 기술에 대한 선행 특허를 특허정보 검색서비스인 키프리스에서 검색하고, 우리 기술이 특허 등록이 될 수 있는지 토의해 보자.

우리 기술이 특허 등록이 어렵다면, 실용신안 등록이 가능한지도 토의해 보자.

키프리스의 초보자검색 바로가기 서비스를 이용하면 편리하다.

토의 내용 정리

(일자 및 시간:)

토의 주제	우리 기술은 특허 등록이 가능한가? (키프리스의 선행기술 조사 후 토의)
팀명	
참석자	
토의 내용	
토의 결과	

디자인 등록 출원 신청하기

팀별로 창업 아이템과 관련한 하나의 디자인을 선정하고, 직접 디자인 등록 출원 신청을 해보자.

특허 등 산업재산권을 출원하고, 등록할 수 있는 특허로 서비스에서 디자인 등록 출원을 체험해 보자.

특허로 사이트의 **지식재산 탐구생활**에서는 디자인 등록 출원뿐만 아니라, 특허, 상표 출원을 할 수 있는 방법을 알려준다.

**왜 나의 기술이나
아이디어를
보호해야 할까?**

- 자신의 혁신적인 제품이나 서비스를 다른 사람이 모방하지 못하도록 보호하지 않으면, 제품이나 서비스 출시에 따르는 수익을 실현하지 못한다.

- 기밀 유지는 기술을 공개할 필요가 없고, 권리의 존속기간이 정해져 있지 않다는 장점이 있으나, 사실상 권리 구제가 어려운 경우가 많다는 단점이 있다. 반면에, 특허 등 지식재산권 확보는 기술을 공개해야 하고, 권리의 존속기간이 법으로 정해져 있다는 단점이 있지만 권리 구제가 확실하고, 재산적 가치가 있으며, 마케팅에도 도움이 된다는 장점이 있다.

**나의 기술을
보호하기 위한
기밀 유지는
어떻게 해야 할까?**

- 부정경쟁 방지 및 영업 비밀에 관한 법률은 창업자의 영업비밀을 보호하고 있다.

- 창업자는 임직원의 입사 시, 근로계약서에 재직 및 퇴직 후 일정 기간(약 1년) 동안 근로자의 전직이나 경업을 금지하는 약정을 맺거나, 필요한 경우 근로자에게 비밀 유지 서약서나 각서를 받아 둬야 한다.

- 창업자는 특허청 산하의 한국특허정보원의 영업비밀보호센터의 영업 비밀 원본증명제도를 활용할 수 있다.

**특허는 무엇이고,
어떤 절차로 신청,
등록이 되는 걸까?**

- 창업자는 지식 재산권을 확보함으로써, (1) 경쟁 업체에 대한 시장 진입 장벽 구축 (2) 지식재산권에 의한 공격으로부터의 보호 (3) 광고, 홍보 등 마케팅상의 이점 (4) 재산적 가치 (5) 타인의 무단 도용 방지 등 유리한 점을 가질 수 있다.

- 특허권을 받기 위하여 출원 발명이 갖추어야 할 요건은 다음과 같다.

(1) 자연법칙을 이용한 기술적 사상의 창작으로서 고도한 것(발명)

(2) 산업에 이용할 수 있어야 함(산업상 이용 가능성)

(3) 출원하기 전에 이미 알려진 기술(선행기술)이 아니어야 함(신규성)

(4) 선행기술과 다른 것이라 하더라도 그 선행기술로부터 쉽게 생각해 낼 수 없어야 함(진보성)

- PCT국제출원은 국적국 또는 거주국의 특허청에 하나의 PCT출원서를 제출하고, 그로부터 정해진 기간 이내에 특허 획득을 원하는 국가로의 국내 단계에 진입할 수 있는 제도로, PCT국제출원의 출원일이 지정국가에서 출원일로 인정받을 수 있다.

실용신안과 특허의 차이점은 무엇인가?

- 실용신안권의 대상인 고안은 새로운 기술적 발명이라는 점에서는 특허와 같지만, 특허권의 대상인 발명보다 고도성이 요구되지 않으므로 이를 소발명이라고 한다. 고도성에서 차이가 있으나, 특허와 실용신안은 거의 동일한 제도이다.

상표는 무엇이고, 어떤 절차로 신청, 등록이 되는 걸까?

- 상표는 (1) 자타상품의 식별 기능 (2) 출처 표시 기능 (3) 품질보증 기능 (4) 광고 선전 기능 (5) 재산적 기능을 갖고 있고, 이러한 상표의 기능은 창업자가 자신의 제품을 마케팅하는 데 많은 도움이 되지만, 소비자가 상표를 인식하기까지 많은 시간이 소요되는 단점이 있다.

- 상표권의 존속기간은 설정 등록일로부터 10년이지만, 계속하여 갱신할 수 있으므로 반영구적인 권리이다.

디자인 등록은 무엇이고, 어떤 절차로 신청, 등록이 되는 걸까?

- 디자인 등록 출원에는 심사 등록 출원과 무심사 등록 출원이 있다. 물품의 특성상 유행성이 강하고 라이프싸이클이 짧은 식품류, 의복류, 직물지류, 잡화류 등은 디자인 무심사 등록 출원을 해야하고, 기타 물품에 대해서는 디자인 심사 등록 출원을 해야 한다.

- 디자인권의 존속 기간은 디자인의 설정 등록출원일로부터 20년이다.

**지식재산권의
침해에 대한 대응
방법은 무엇인가?**

- 특허권, 실용신안권, 상표권, 디자인권 등 산업재산권은 출원을 통해서 권리를 등록해야만 배타적이고 독점적인 권리를 가질 수 있다.

- 창업자는 특허권 등 지식 재산권에 대한 침해에 대하여 다음과 같이 대응할 수 있다.

  (1) 민사적 대응 방법으로서, 침해 금지 및 예방 청구권과 손해 배상 청구권, 신용 회복 청구권 및 부당이득 반환 청구권을 행사할 수 있다.

  (2) 형사적 대응 방법으로서 권리를 침해한 자를 검찰에 고발하여, 행위자를 7년 이하의 징역 또는 1억원 이하의 벌금에 처하게 할 수 있다.

비즈니스모델링

제7장의 핵심 질문

- 비즈니스 모델이란 무엇인가?
- 비즈니스 모델 캔버스는 무엇이고, 어떻게 작성해야 할까?
- 린 캔버스는 무엇이고, 어떻게 작성해야 할까?

토의   가치제안의 유형 알아보기

실습   린 캔버스 작성하기

핵심 질문과 요약

01

비즈니스 모델이란
무엇인가?

창업자는 고객의 문제를 해결해 주는 제품이나 서비스를 목표 고객에게 판매해서 돈을 버는 사람이다. 목표 고객은 창업자의 제품이나 서비스가 자신에게 이익이 되거나 만족을 주기 때문에 사는 것이고, 이러한 목표 고객의 이익이나 만족을 '가치'라고 한다. 따라서 목표 고객에게 제공된 창업자의 제품이나 서비스를 '고객가치'라고 하고, 창업자가 제품이나 서비스를 목표 고객에게 판매하는 것을 '가치교환'이라고 한다. 즉 창업자는 가치교환을 통해서 고객에게 만족과 이익을 주는 것을 업(業)으로 하는 사람이다.

창업자는 고객에게 제품이나 서비스가 제공하는 이익이나 만족을 제안하면서 이를 고객의 돈과 교환하고자 하는데, 이것을 '가치제안'이라고 한다. 또한 창업자는 고객가치, 즉 제품이나 서비스를 생산하고, 이를 목표 고객에게 전달해서 가치교환을 해야 한다. 여기서 창업자의 제품이나 서비스를 생산하는 것을 '가치생산', 이를 목표 고객에게 전달하는 것을 '가치전달'이라고 한다.

비즈니스 모델(Business Model)은 창업자의 고객가치, 즉 제품이나 서비스를 목표 고객에게 전달하고 판매하는, 가치교환의 구조가 수익을 낼 수 있는지를 표현한 것이다.

▼ 그림 7-1 비즈니스 모델의 구조

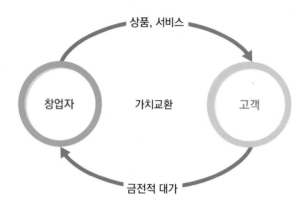

비즈니스 모델은 (1) 가치생산 (2) 가치제안 (3) 가치전달 (4) 수익 등식 (수익－비용)으로 구성되어 있어서, 창업자의 비즈니스가 지속적인 수익을 냄으로써 성공할 수 있는지를 보여준다.

▼ 그림 7-2 비즈니스 모델의 구성 요소

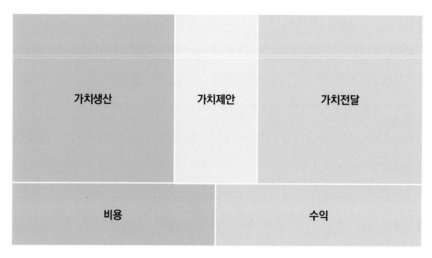

창업자는 다양한 비즈니스 모델을 검토하여, 기존 요금 부과 방식의 결합이나 전혀 새로운 가격 체계를 수립함으로써, 혁신적인 비지니스 모델을 수립할 수 있다. 이 경우에도 새로운 비즈니스 모델이 유사한 기존 비즈니스 모델보다 목표 고객에게 더 많은 혜택과 가치를 줄 수 있도록 설계해야 한다.

일반적으로 많이 쓰이는 비즈니스 모델 유형은 다음과 같다.

(1) 일시불 및 할부 지불: 많은 제품의 구매 시에 사용하는 일반적인 유형

(2) 투입 시간: 많은 서비스에서, 투입 시간 대비 가격이 결정되는 유형

(3) 사용료: 제품이나 서비스의 사용 기간을 기준으로 비용이 부과되는 유형

(4) 소모품: 초기에 낮은 비용으로 제품을 공급하고, 소모품을 다소 높은 가격에 공급하여 수익을 높이는 유형(예: 프린터와 프린터 잉크 등)

(5) 광고: 신문, 잡지, 웹이나 앱 사이트 등의 회원이나 방문자에게 광고를 노출하고 수익을 얻는 유형

(6) 정보 제공: 취업사이트와 같이 취업 희망자의 정보를 제공하고, 기업으로부터 정보 제공료를 회비 등의 형태로 받는 유형

(7) 거래 수수료: 거래를 연결하여 일정 금액을 수수료로 받는 유형(경매 수수료, 알선 수수료, 신용카드 수수료 등)

(8) 종량제: 사용량에 따라 비용이 부과되는 유형(전기요금 등)

(9) 정액제: 기간별로 일정 금액을 부과하는 유형(월정액 구독료 등)

(10) 유지 보수: 공장, 시설물, 기계 등의 유지 보수를 제공하고 대가를 받는 유형

(11) 프랜차이즈: 가맹점에게 상표 사용, 기술 제공, 마케팅 등을 제공하고 대가를 받는 유형

(12) 가치 공유: 자원이나 시설을 공유 사용하게 하여, 공유자와 수익을 배분하는 유형

(13) 크라우드펀딩: 온라인을 통하여, 개인들에게서 소규모의 후원이나
　　투자를 받는 유형

02

비즈니스 모델 캔버스는
무엇이고, 어떻게
작성해야 할까?

비즈니스 모델 캔버스(Business Model Canvas)는 조직이 가치를 창조하고, 전달하고, 포착하는 원리를 합리적, 체계적으로 기술한 것이다. 즉 창업자가 가치를 만들고, 목표 고객에게 전달하여 수익을 얻는 방법을 9개의 블록으로 구성한 체계 구조이다.

비즈니스 모델 캔버스는 다음의 9개의 블록으로 구성되어 있다.

▼ 그림 7-3 비즈니스 모델 캔버스의 구조

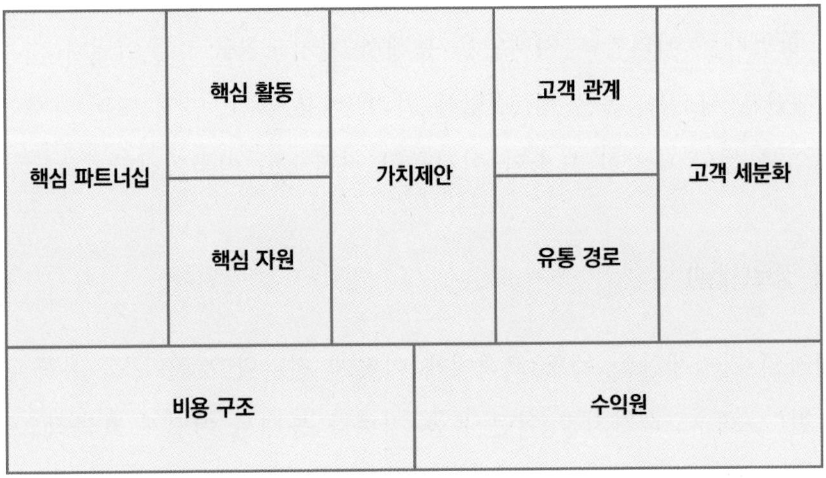

핵심 파트너십	핵심 활동	가치제안	고객 관계	고객 세분화
	핵심 자원		유통 경로	
비용 구조			수익원	

창업자는 비즈니스 모델 캔버스의 구조를 이해하기 위해서, 9개 블록을 다음과 같은 순서로 작성하는 것이 좋다.

(1) 고객 세분화

고객 세분화는 창업자의 제품이나 서비스를 구매할 고객 집단을 말하는 것이다. 창업자의 제품이나 서비스를 구매할 수 있는 고객 집단은 몇 개가 있을 수 있지만, 창업자는 그중에서 가장 구매를 많이 할 것으로 예상되는 하나의 고객 집단을 목표 고객으로 사업을 해야 성공 확률이 높다. 따라서 창업자의 경우에는 고객 세분화와 목표 고객은 같은 것이라고 이해해도 무방하다.

(2) 가치제안

목표 고객에게 제공된 창업자의 제품이나 서비스를 고객가치라고 하고, 이러한 고객가치는 고객의 문제를 해결하거나, 고객의 미충족 욕구를 충족시킨다. 창업자는 이러한 가치제안을 통해서 가치교환을 이루어낸다.

가치제안은 새로움, 높은 성능, 낮은 가격, 비용 절감, 맘에 드는 디자인, 높은 편의성 등의 다양한 요소와 이것들의 결합으로 이루어진다.

(3) 유통 경로(채널)

'창업자의 가치제안을 목표 고객에게 어떻게 전달할 것인가?'를 유통 경로라고 한다. 즉, 고객가치를 어떤 유통 경로를 통해서 어떻게 효과적으로 전달할 것인지에 대한 것이다. 창업자는 주로 온라인 및 오프라인 채널, 전시회, 영업사원 등의 유통 채널을 통하여 목표 고객에게 접근한다.

(4) 고객 관계

창업자가 목표 고객과 구축하는 관계, 즉 '고객과 어떻게 소통할 것인가?'에 대한 것이다. 창업자는 고객의 확보, 유지 및 판매 증진을 위해서, 이메일, 블로그, SNS 서비스 등을 통하여 고객과 소통하고, 제품이나 서비스에 대한 반응이나 문제점, 고객 관계 구축 및 유지에 드는 비용, 마케팅 전략의 효과 등을 검토하여 고객과의 소통과 관계를 강화해야 한다.

(5) 수익원

수익원은 창업자가 목표 고객으로부터 받는 돈이다. 수익을 얻는 모델 유형은 다양하지만, 창업자는 제품이나 서비스의 제공 형태, 목표 고객의 선호도 등을 고려해서 수익 창출 유형을 혁신적으로 결정하는 것이 좋다.

(6) 핵심 자원

창업자는 목표 고객에게 가치제안을 하고, 유통 경로와 고객 관계를 구축하기 위해서, 물적, 인적 자원을 필요로 한다. 즉, 비즈니스 모델 수립을 위한 핵심 자원은 사람, 기술, 제품, 장비, 시설, 현금 등이다.

(7) 핵심 활동

창업자가 비즈니스 모델을 성공적으로 운영하기 위해서는, 제품이나 서비스의 생산, 유통 채널 확보, 고객 문제 해결과 네트워크의 개발과 유지 등 고객 가치의 생산과 유통, 관리를 위한 핵심 활동을 수행해야 한다.

(8) 핵심 파트너십

창업자의 부족한 자원 또는 역량을 보완하기 위해서, 핵심 파트너를 구하고, 그들과 좋은 관계를 유지, 발전시켜야 한다. 핵심 파트너는 생산, 유통, 재무 등 창업자의 비즈니스 활동을 보완함으로써, 수익의 향상, 위험의 감소, 자원의 효율적 사용 등 창업자의 핵심 활동을 도와준다.

(9) 비용 구조

비용 구조는 창업자가 가치를 생산해서 목표 고객에게 전달하는, 비즈니스 모델의 운영에 드는 모든 비용이다. 창업자는 물적, 인적 자원 등 핵심 자원 및 핵심 활동에 드는 비용의 효율성을 검토하여 이를 최적화해야 한다.

03

린 캔버스는 무엇이고, 어떻게 작성해야 할까?

린 캔버스(Lean Canvas)는 애시 모리아(Ash Maurya)가 에릭 리스(Eric Ries)의 린 스타트업의 개념을 활용하고, 기존의 비즈니스 모델 캔버스를 변형하여 창업자에게 적합하도록 만든 것이다.

린 스타트업(Lean Startup)은 아이디어 발굴을 통해 기본적인 최소 시제품을 만들고, 시장조사와 시제품 보완을 반복함으로써, 적은 비용으로 목표 고객이 원하는 제품을 만들도록 하여, 시장에서의 실패 확률을 낮추는 창업자의 경영 전략이다.

따라서 린 캔버스는 린 스타트업의 개념을 활용함으로써, 고객의 문제를 정의하고, 이에 대한 해결 방안을 집중적으로 분석하도록 하여, 목표 고객에게 경쟁자가 쉽게 흉내낼 수 없는 경쟁 우위 요소(고객가치)를 제시하고, 이를 통하여 수익을 내는 구조이다.

린 캔버스는 다음의 9개의 블록으로 구성되어 있다.

창업자는 문제의 정의와 해결 방안을 고객에게 제시하는, 린 캔버스를 이해하기 위해서, 9개 블록을 다음과 같은 순서로 작성해야 한다.

문제 가장 중요한 세 가지 문제 1	문제 해결 가장 중요한 세 가지 기능 4	고유의 가치제안 제품을 구입해야 하는 이유와 다른 제품과의 차이점을 설명하는 알기 쉽고 설득력 있는 단일 메시지 3	경쟁 우위 다른 제품이 쉽게 흉내낼 수 없는 특징 9	고객군 목표 고객 2
	핵심지표 측정해야 하는 핵심 활동 8		유통 경로 고객 도달 경로 5	

비용 구조 7	수익 흐름 6
고객 획득 비용, 유통 비용, 호스팅, 인건비 등	매출 모델, 생애가치, 매출, 매출총이익

(1) 문제

창업은 고객의 문제를 발견하고, 이를 정의하는 것에서부터 시작한다고 해도 과언이 아니다.

창업자는 고객의 불편함, 불만, 개선 요청 등 고객의 문제를 해결함으로써 수익을 얻는 사람이다. 고객의 입장에서, 고객들이 해결해 주기를 바라는 고객의 문제점, 1 내지 3개를 상세하게 기술한다. 또한 이러한 고객의 문제를 현재 고객들이 어떻게 처리하거나 방치했는지를 조사해서 기술한다.

(2) 고객군(목표 고객)

고객군은 창업자의 제품이나 서비스를 구매할 수 있는 예상 고객 세분화 집단(세그먼트)을 의미한다. 창업자는 시장조사 등을 통해서, 고객 세그먼트 중에서 가장 구매력이 클 것으로 예상되는 목표 고객을 선정해서, 하나의 목표 고객에게 집중하는 전략을 써야만 초기시장에서 승리할 수 있다. 따라서 창업자의 경우에는 고객군(고객 세그먼트), 고객 세분화와 목표 고객은 같은 것이라고 이해해도 무방하다.

창업자는 목표 고객 집단의 특성, 라이프 스타일, 상품 서비스에 대한 반응이나 성향 등 시장조사를 통해서 얻은 정보를 블록에 정리, 기록한다.

마켓컬리의 경우, 온라인으로 장을 보는 젊은 직장여성에게 싱싱한 채소와 과일을 출근 전에 배송받을 수 있도록 하는 '샛별 배송'으로 사업을 시작했다. 이 경우에, 창업자는 목표 고객을 30대 직장여성으로 한정하는 것이 좋다.

(3) 고유의 가치제안

린 캔버스의 가장 중요한 개념을 기술하는 블록이다.

목표 고객이 창업자의 제품이나 서비스를 구입해야 하는 이유와 다른 제품이나 서비스와의 차이점을 쉽고, 설득력 있는 단일한 메시지로 표현한다. 또한 가치제안은 제품이나 서비스의 기능보다는, 사용 후 고객이 누릴 수 있는 혜택에 초점을 맞춰야 한다.

이러한 창업자의 가치제안은 새로움, 높은 성능, 낮은 가격, 비용 절감, 맘에 드는 디자인, 높은 편의성 등의 다양한 요소와 이것들의 결합으로 이뤄진다. 예를 들면, 쿠팡의 가치제안은 빠른 배송과 원클릭 서비스이고, 이 서비스의 '빠르다', '편리하다'라는 가치제안은 이 서비스를 사용해야 할 충분한 이유가 될 뿐 아니라, 다른 서비스와도 차별화되는 가치이다.

(4) 문제 해결(솔루션)

창업자가 인식한 고객의 문제를 해결하기 위한 방법을 간결하게 기술해야 한다.

창업자는 고객의 문제를 해결하기 위한, 가장 단순한 해결책부터 제시해야 하고, 제품이나 서비스에 포함되어 있는 최소한의 핵심 기능을 알기 쉽게 정리해야 한다.

(5) 유통 경로(채널)

창업자는 자신의 사업이 갖고 있는 가치제안을 적절한 유통 경로를 통하여 목표 고객에게 전달해야 한다. 창업자는 온라인 또는 오프라인 유통 채널을 통하여, 목표 고객이 원활하게 제품이나 서비스를 구매할 수 있도록 해야 하고, 이러한 유통 채널의 효과성과 효율성을 목표 고객의 입장에서 검토해야 한다.

(6) 수익 흐름

창업자는 목표 고객에 대한 성공적인 가치제안 및 교환을 통해서 수익을 얻는다. 수익을 얻는 모델 유형은 판매비, 이용료, 수수료, 대여료, 가입비, 광고비 등으로 다양하지만, 창업자는 제품이나 서비스의 제공 형태, 목표 고객의 선호도 등을 고려해서 수익 창출 유형을 혁신적으로 결정하는 것이 좋다.

(7) 비용 구조

비용 구조는 창업자가 문제 해결을 위한 인건비, 물건비 등 비즈니스 모델의 운영에 드는 모든 비용이다. 창업자는 수익 흐름과 비용 구조를 통해서 손익분기점을 계산하고, 대략적인 손익계산서를 작성할 수 있다. 손익분기점의 판매 수량은 총고정원가÷(단위당 판매가격－단위당 변동원가)이므로, 비용을 변동비와 고정비를 나누어서 계산해야 한다.

만약 시장이 너무 적다거나, 비용보다 많은 금액의 지불을 꺼리는 고객이 많고, 이러한 여건을 개선하기 어렵다면, 비즈니스 모델 전반을 재검토해야 한다.

(8) 핵심 지표

창업자는 사업의 진행 상황을 측정할 수 있는 핵심 지표를 작성해서 관리해야 한다. 핵심 지표는 창업자의 제품이나 서비스에 따라 다르지만, 고객 재방문율, 회원 가입자 수, 재구매율, 고객 당 평균 구입액, 고객 추천 수 등이다.

(9) 경쟁 우위

창업자가 갖고 있는 제품이나 서비스의 경쟁 우위 요소를 작성한다. 경쟁 우위 요소란 기존의 경쟁자나 잠재적인 경쟁자가 쉽게 흉내낼 수 없는, 제품이나 서비스의 차별성이나 혁신성을 의미한다. 창업자는 제품이나 서비스 또는 마케팅 전략 등에서 차별화 내지 혁신적 요소, 틈새시장의 선점, 시장 진입 장애 요인의 설치 등 나만의 핵심적 경쟁 우위 요소를 가져야 한다.

토/의/

가치제안의 유형 알아보기

팀별로 가치제안의 여러 가지 유형에 대해서 토의하고, 이러한 유형의 결합이나 새로운 가치제안의 유형은 없는지 생각해 보자.

토의 내용 정리

(일자 및 시간:)

토의 주제	가치제안의 유형은 어떤 것이 있는가? (새로운 가치제안의 유형은 없을까?)
팀명	
참석자	
토의 내용	
토의 결과	

린 캔버스 작성하기

우리 팀이 정한 창업 아이템 또는 아이디어로 비즈니스가 가능한지를 알아보기 위해서, 작성 순서에 따라, 린 캔버스를 작성해 보자.

린 캔버스

창업아이템:

팀명:

문제 (Problem)	문제 해결 (Solution) 4	고유의 가치제안 (Unique Value Proposition) 3	경쟁 우위 (Unfair Advantage) 9	고객군 (Customer Segments) 2
1	핵심 지표 (Key Metrics) 8		유통 경로 (Channels) 5	
비용 구조(Cost Structure)　　　7			수익 흐름(Revenue Streams)　　　6	

비즈니스 모델이란 무엇인가?	• 창업자는 고객에게 제품이나 서비스가 제공하는 이익이나 만족을 제안하면서 이를 고객의 돈과 교환하고자 하는데, 이것을 '가치제안'이라고 한다. • 비즈니스 모델(Business Model)은 창업자의 '고객가치', 즉 제품이나 서비스를 목표 고객에게 전달하고 판매하는, '가치교환'의 구조가 수익을 낼 수 있는지를 표현한 것이다. • 비즈니스 모델은 (1) 가치생산 (2) 가치제안 (3) 가치전달 (4) 수익 등식(수익 - 비용)으로 구성되어 있어서, 창업자의 비즈니스가 지속적인 수익을 냄으로써 성공할 수 있는지를 보여준다.
비즈니스 모델 캔버스는 무엇이고, 어떻게 작성해야 할까?	• 비즈니스 모델 캔버스(Business Model Canvas)는 조직이 가치를 창조하고, 전달하고, 포착하는 원리를 합리적, 체계적으로 기술한 것이다. 즉 창업자가 가치를 만들고, 목표 고객에게 전달하여 수익을 얻는 방법을 9개의 블록으로 구성한 체계 구조이다.
린 캔버스는 무엇이고, 어떻게 작성해야 할까?	• 린 스타트업(Lean Startup)은 아이디어 발굴을 통해 기본적인 최소 시제품을 만들고, 시장조사와 시제품 보완을 반복함으로써, 적은 비용으로 목표 고객이 원하는 제품을 만들도록 하여, 시장에서의 실패 확률을 낮추는 창업자의 경영 전략이다. • 린 캔버스(Lean Canvas)는 린 스타트업의 개념을 활용함으로써, 고객의 문제를 정의하고, 이에 대한 해결 방안을 집중적으로 분석하도록 하여, 목표 고객에게 경쟁자가 쉽게 흉내낼 수 없는 경쟁 우위 요소(고객가치)를 제시하고, 이를 통하여 수익을 내는 구조이다. • 창업자는 문제의 정의와 해결 방안을 고객에게 제시하는 린 캔버

스를 이해하기 위해서, 9개 블록을 다음과 같은 순서로 작성해야 한다.

(1) 문제 (2) 고객군(목표 고객) (3) 고유의 가치제안 (4) 문제 해결(솔루션) (5) 유통 경로(채널) (6) 수익 흐름 (7) 비용 구조 (8) 핵심 지표 (9) 경쟁 우위

시제품 제작과 시장조사

제8장의 핵심 질문

• 창업 아이템을 어떤 절차로 만들어야 할까?
• 창업 아이템의 생산 공정과 기법은 무엇인가?
• 시장조사는 왜 필요하고 어떻게 해야 할까?

토의 창업 아이템의 시제품 제작 방법

실습 온라인 설문조사 질문지 작성하기

핵심 질문과 요약

01

창업 아이템을
어떤 절차로
만들어야 할까?

우리는 제5장을 통하여 창업 아이디어를 어떻게 창출하고, 어떤 절차로 하나의 창업 아이템을 선정하는지를 알았다. 또한 선정한 아이템에 대하여 상품화 가능성, 시장 분석, 원가 분석, 손익 분석 및 사업의 장기적 전망을 검토하고, 그 결과를 토대로 제품을 만든다는 것도 이해하였다.

제품을 만들기 위해서는 먼저 제품 기획을 해야 한다. 기획은 언제 무엇을, 어떻게 할 것인가를 정하는 것이다. 제품 기획에는 제품의 개요, 특징, 차별성 및 컨셉트, 제품 개발 절차 및 일정, 판매 전략, 소요 예산 등이 포함된다. 이처럼 제품 기획은 제품이 당초 기획된 것과 같이 잘 만들어졌는지를 판단하기 위한 것이지만, 기획에 의해서 완성된 제품을 평가하고 수정하기 위한 목적도 있다.

제품을 개발하는 일반적인 절차는 (1) 제품 개념 정립 (2) 제품 설계 (3) 제품 엔지니어링(양산 설계) (4) 공정 엔지니어링(시제품 제작) (5) 시장 진출 준비(마케팅 계획 수립) (6) 대량 생산의 순서이다. 이러한 절차는 제품의 특성이나 회사의 전략에 따라 달라질 수 있다.

(1) 제품 개념의 정립은 상품기획의 주요 내용이 되고, '요구되는 고객의 니즈(needs)'라는 제품의 개념을 정해야 한다.

(2) 제품 설계는 제품 기획에서 정한 목표 스펙(spec: speclfication)에 따라

최적 설계안을 선정하고, 외관과 디자인 및 기능에 대한 기본적인 설계를 하는 것이다. 목표 스펙을 정하는 과정에서는 다음과 같은 점을 고려해야 한다.

┃표 8-1 목표 스펙(spec: speclfication) 결정 시 고려사항

구분	설명
성능(Performance)	제품이 성능 기준에 맞는가? 제품이 의도된 기능을 수행하는가?
특징(Features)	제품이 어떤 편익을 제공하는가? 그것은 유형적인 편익인가? 무형적인 편익인가?
신뢰성(Reliability)	품질은 일관성이 있는가? 제품은 잘 작동되는가?
내구성(Durability)	제품의 내구성은 좋은가? 제품 수명은 어느 정도 지속되는가?
일치성(Conformance)	제품이 내부와 국가 사양을 충족하는가?
사용성(Usability)	제품은 사용하기 쉬운가?
심미감(Aesthetic Sensibility)	제품은 시각적 매력이 있는가?
품질(Perceived Quality)	가격이 제품의 품질을 반영하는가?

(3) 제품 엔지니어링(양산 설계)은 제품 설계를 바탕으로 양산을 하기 위한 상세 설계를 하는 것으로, 제품의 기능, 성능, 신뢰성 등의 개선과 양산에서의 효율성을 확보할 수 있는지를 검토하고, 목표 스펙의 최종 결정이나 설계 수정을 통하여 최적 설계를 완성하는 것이다.

(4) 공정 엔지니어링(시제품 제작)은 양산 라인에서 제품을 시험 생산하는 것으로, 원하는 제품을 생산했는지를 확인하고, 문제점이 있으면 이를 보완해야 한다. 이 단계에서 생산된 제품을 시제품이라고 한다.

(5) 시장 진출 준비는 시제품을 활용한 시장조사, 유통 경로 점검, 제품 홍보 등 시장에서 마케팅을 하는 데 필요한 사전 영업 준비를 하는

것이다. 창업자는 시장 진출 전에, 실행이 가능한 구체적인 마케팅 계획을 수립해야 한다.

창업자가 제품이 아닌 애플리케이션, 인터넷 프로그램 등의 서비스를 출시하려고 하는 경우에는, 정식 서비스 전에 오픈베타(Open Beta) 또는 클로즈베타(Closed Beta) 서비스를 통해서, 한정된 소수의 목표 고객에게서 프로그램의 오류를 점검하고, 피드백을 받을 수 있다. 이 과정은 창업자가 제품을 생산할 때, 시제품으로 시장조사를 해서 시제품을 수정, 보완하는 과정과 동일한 것이다. 이러한 시장 조사와 시제품 수정, 보완의 반복 과정은 출시 상품이 제품이건 서비스이건 상관없이, 목표 고객이 만족할 때까지 반복하는 것이 중요하다.

(6) 창업자는 상기 과정을 통해서 얻은 자신감, 즉 고객 만족을 확신하면서, 대량 생산을 하고, 시장에 제품 또는 서비스를 출시한다.

창업자는 제품이나 서비스의 종류에 따라서, 위와 같이 복잡한 과정을 생략하고, 기본적인 최소 시제품을 만들어 시장 조사와 시제품 보완을 반복함으로써, 린 스타트업의 개념에 따라 제품을 만들 수도 있으나, 상기 단계에서 고려할 사항들에 대해서는 적절한 검토를 해야 한다.

02

창업 아이템의
생산 공정과 기법은
무엇인가?

    대다수 창업자는 공장이 없기 때문에 제품 설계를 포함한 시제품 제작 및 제품 양산을 외부 업체와 용역 계약을 체결하여 아웃 소싱(Outsourcing)하고 있다. 창업자가 특허 등 기술을 보유한 경우에는, 주문자가 건네준 설계에 따라 단순하게 생산을 위탁하는 방식인, 주문자 상표부착 생산 방식(O.E.M.: Original Equipment Manufacturing)으로 용역 계약을 하고 제품을 생산, 판매한다. 하지만 창업자가 제품 개발 등에서 기술력이 부족한 경우에는, 제조업체가 제품을 연구 개발 및 생산하여 납품하는, 제조업자 개발 생산 방식(O.D.M.: Original Design Manufacturing)으로 계약, 생산하여 창업자의 상표로 제품을 판매할 수 있다. 이 방식은 개발 비용 등이 제품 가격에 반영되어, 가격 경쟁력이 없는 경우도 생길 수 있다. 원래 이 방식은 판매망을 잘 갖춘 유통업체가 시장에서 요구하는 제품을 제조업체에게 개발, 제조하게 하여 유통업체의 상표로 판매하는 방식으로, 많은 수량을 주문 생산하여 제조 가격을 낮춤으로써 가격 경쟁력을 갖추는 수단으로 사용하였다.

    창업자는 제품 설계, 시제품 제작이나 생산을 적절한 업체와의 계약을 통하여 위탁하기 위해서, 이에 대한 정보를 필요로 한다. 잘 알고 있는 업체가 있거나, 소개를 받을 수 있다면 그 업체를 활용할 수 있지만, 그런 경우가 아니라면 K-Startup 창업지원포털(www.k-startup.go.kr)의 '시제품 제작 업체 검색' 정보나 중소기업 현황 정보 시스템(sminfo.smba.go.kr)의 업체 정보를 활용할 수 있다.

창업자는 시제품 제작이나 생산을 맡아 줄 수탁 업체를 결정할 때, 어려움을 겪는 경우가 많다. 창업자는 업체를 방문해서 사장이나 담당자를 만나 보고, 업체의 시설, 규모, 재무 상태, 과거의 제품 생산 이력 등을 검토하여 O.E.M. 또는 O.D.M. 생산 계약을 맺게 되는데, 원하는 제품을 생산하기 위해서 수탁 업체와의 협력을 강화하고, 공정에 따른 검토와 분석을 철저히 해야 업체와의 분쟁을 예방할 수 있다.

창업자가 자기가 개발한 제품을 자기 공장에서 생산하는 것과 외부 업체에 주문자 상표부착 생산 방식으로 생산하는 것은 어느 경우가 유리할까?

구체적인 경우에 제품의 제조 원가를 비교해 보아야 알 수 있는 일이지만, 일반적으로는 외주 위탁 생산 방식의 제조 원가가 비싸다고 할 수 있다. 그럼에도 불구하고 판매 수량이 자가 공장에서 생산할 정도가 되지 않으면 위탁 생산 방식을 선택할 수밖에 없다. 따라서 창업자는 가격 면에서 상당히 불리한 싸움을 해야 하지만, 기술적인 우월성이나 제품이나 서비스의 차별화 등으로 이를 극복해야 한다.

그러나, 시장에서 제품 판매가 원활하게 이루어져서 자가 공장에서 생산하는 것이 품질 및 가격 면에서 유리하다고 판단하여 공장을 임대하거나, 매입하는 경우도 있다. 또한 국내에서 위탁 생산을 맡길 회사가 없거나, 기술 보호가 필요한 경우에는, 핵심 부품을 직접 생산하기도 한다.

생산은 토지, 노동, 기업가 정신, 지식 등과 같은 생산 요소를 이용하여 제품을 만드는 것인데, 최근에는 스마트팩토리와 관련하여 '데이터'가 중요한 생산 요소가 되었다.

생산은 생산 공정이나 생산라인에 원재료와 기술을 투입하여 산출물, 즉 완성품을 만듦으로써 고객에게 가치나 효용을 준다. 생산 공정에 원재료를 투입하여 물리적 또는 화학적으로 변화시켜 제품을 만드는 것을 공정 생산이라고 하고, 여러 가지 부품을 생산라인에서 결합하여 제품을 만드는 것을 조립 생산이라고 한다. 제품에 따라서는 공정 생산과 조립 생산을 모두 거쳐야만 최종 생산이 완성되기도 한다.

생산의 세 가지 기본 요소는 (1) 계획된 시간에 계획된 수량의 제품을 만드는 것 (2) 허용할 만한 품질 수준을 맞추는 것 (3) 최소의 비용으로 생산하는 것이다. 즉, 수량과 시간, 품질, 가격이다.

창업자는 새로운 글로벌 경쟁에서 살아남기 위해서, 다양한 종류의 고품질 및 고객 맞춤형 제품을 매우 저렴하게 만들어야 한다. 따라서 생산 현장은 AI를 활용한 스마트팩토리로 빠르게 바뀌고 있고, 창업자는 기업가 정신을 발휘해야 한다.

생산을 획기적으로 변화시킴으로써 기업의 경쟁력을 강화해 준, 생산 공정 기법은 다음과 같다.

(1) 컴퓨터 지원 설계와 생산(CAD & CAM)

제품의 설계와 생산에 컴퓨터를 통합시킨 것이다. 컴퓨터 지원 설계 (CAD: Computer−aided Design)는 설계자가 3차원상에서 작업하는 것을 가능하게 해주고, 컴퓨터 지원 생산(CAM: Computer−aided Manufacturing)은 생산 공정에서 컴퓨터의 지원을 받아서, 최소의 비용으로 소규모 시장에서의 필요를 충족시킬 수 있는 맞춤형 제품 생산을 가능하게 한다.

설계 변화가 필요하면, 생산자는 CAD 시스템으로 쉽고 간단하게 프로그램하고, 그것을 CAM 시스템을 통하여 직접 생산 라인에 반영할 수 있다.

현재는 소프트웨어 프로그램의 발달로 CAD와 CAM 시스템이 서로 결합되었고, 이를 컴퓨터 통합 생산(CIM: Computer−integrated Manufacturing)이라고 한다. 이 시스템은 생산성을 배 이상 증가시키고, 생산에 필요한 시간을 줄여준다.

(2) 유연 생산(Flexible Manufacturing)

다양한 제품을 생산하기 위하여, 하나의 기계가 여러 작업을 하도록 설계된 생산 시스템이다. 이 시스템은 로봇이나 무인 장비를 활용함으로써, 여러 가지 종류의 주문을 매우 유연하게 처리한다. 따라서 적은 수의 종업원으로 생산이 가능하기 때문에, 값싼 해외 노동력과 경쟁할 수 있다.

(3) 린 생산(Lean Manufacturing)

대량 생산에 비하여, 적은 인력, 적은 투자, 작은 작업 공간, 적은 엔지니어링 시간 등 생산에 필요한 모든 것을 적게 사용하여 제품을 생산하는 것이다.

(4) 대량 맞춤 생산(Mass Customization)

많은 개별 고객의 요구를 만족시키기 위해서, 제품을 맞춤화하는 것 또는 맞춤 서비스를 제공하는 것이다. 소비자가 모델, 사이즈, 색상 또는 디자인을 선택할 수 있도록 하고, 그 선택에 따라 맞춤형 제품이나 서비스를 공급하는 것이다. 이 서비스를 통하여 고객의 정보를 기억함으로써, 화장품, 목욕용품, 신발, 의류 등의 맞춤형 생산, 판매가 가능하다.

(5) 스마트팩토리(Smart Factory)

제조 장비와 물류시스템들이 인간의 개입 없이 폭넓게 자율적으로 운영되는 공장, 즉 설계, 개발, 제조, 물류 및 유통 등 전 생산 과정에 디지털 자동화 솔루션이 결합된 정보통신기술을 적용하여 생산성, 품질, 고객 만족도를 향상시키는 지능형 생산 공장이다. 이 공장 안의 설비와 기계에 사물인터넷(IoT)을 설치하여 공정 데이터를 실시간으로 수집하고, 이를 분석함으로써, 목적에 따라 스스로 제어할 수 있는 인공지능(AI) 기반의 스마트 생산 시스템이다.

03

시장조사는
왜 필요하고
어떻게 해야 할까?

시장조사는 마케팅 계획 수립의 전제 조건이다.

창업자는 시장조사를 하지 않고 마케팅 계획을 수립할 수 없다.

시장조사는 자신의 제품이나 서비스를 살 가능성이 있는 잠재 고객이 누구이고, 어디에 살고 있으며, 무엇을 원하는지를 알아내는 것이다.

창업은 고객의 문제를 해결하고 돈을 버는 것이기 때문에, 창업자는 목표 고객의 경제 수준, 라이프 스타일, 자신의 제품이나 서비스의 품질 및 가격의 적절성, 구입 경로 등 마케팅을 위한 고객 정보를 시장조사로 알아내야 하고, 시장 규모, 경쟁자, 유사 제품의 가격, 관련된 시장 트렌드 등의 시장 정보도 조사해야 한다.

창업자는 인터넷, 책, 논문, 통계 등의 자료를 통하여 시장조사를 할 수 있고, 시장 전문가나 지인을 통하여 시장 정보를 얻을 수도 있다. 하지만 창업자의 제품이나 서비스를 구매할 목표 고객에게 설문지나 면접을 통해서, 마케팅에 필요한 것을 알아내는 것이 가장 중요하다. 즉, 목표 고객의 마음을 알아야 마케팅을 할 수 있고, 이것이 시장조사를 하는 목적이다.

고객에 대한 시장조사 방법에는 온라인 설문조사와 오프라인 면접조사가 있다.

온라인 설문조사는 비용이 적게 들고, 조사에 특별한 기술을 요하지 않으며, 많은 사람을 동시에 조사할 수 있는 등의 장점이 있지만, 무응답이나 불성실한 응답, 허위의 응답을 막을 수 없다는 등의 단점도 있다. 이러한 단점을 보완하기 위해서 훈련된 조사원의 오프라인 면접조사가 필요하다.

면접조사는 조사원이 조사 대상에게 시제품을 보여주고, 대상자가 조사표에 의견을 기입하고, 질의 응답하는 면접 형태의 조사 방식이다. 면접조사를 통하여, 온라인 설문조사로는 파악할 수 없는, 제품이나 서비스에 대한 목표 고객의 감춰진 속마음을 알 수 있다. 면접조사는 온라인 설문조사와 다르게, 시제품을 사용하거나, 시음, 시식하는 등의 방법을 통하여, 제품이나 서비스에 대한 정확한 조사를 하고, 개선에 대한 의견도 구할 수 있으므로, 시제품 보완과 마케팅 계획 수립을 위하여 꼭 필요하다. 하지만 창업자는 시장조사, 특히 면접조사에 대한 전문성이 부족하여 직접 시장조사를 실행하기 어렵다. 따라서 창업자는 전문조사기관에 자신의 제품이나 서비스에 대한 시장조사를 의뢰하고, 그 결과에 따라 마케팅 계획을 수립하고, 제품을 양산하고 시장에 진출하는 것이 일반적이다. 이 경우, 창업자는 K-Startup 창업지원포털을 통해서, 시장조사에 대한 창업지원 제도를 활용할 수 있다.

시장조사기관을 통해서 시장조사를 하는 경우에도, 창업자는 시장조사에 대한 전반적인 내용을 이해하고 있어야 하고, 자신의 제품이나 서비스에 대한 개요, 특징, 차별성 등의 컨셉을 고객에게 명확하게 제시해야 시장조사가 정확하게 이루어질 수 있다.

시장조사는 (1) 조사 설계 (2) 설문 작성 (3) 조사 실행 (4) 결과 분석의 순서로 진행된다.

(1) 조사 설계

　조사 대상, 조사 표본의 크기, 조사 방법, 표본의 추출 방법, 조사 기간, 조사 비용 등의 시장조사에 필요한 기획을 하는 것이다. 보통의 경우에는 목표 고객 중에서 표본을 추출하여 온라인 설문조사를 실시하고, 온라인 설문조사를 실시한 표본 중에서, 면접조사를 통하여 시제품을 보여주거나, 시음, 시식 등을 통하여 제품이나 서비스를 사용하게 하고, 온라인 설문조사와 면접조사의 조사 결과를 비교 분석한다. 하지만 목표 고객에 대한 확신이 없는 경우에는, 온라인 설문조사에서 조사된, 몇 개의 고객 세그먼트 중에서 가장 구매 확률이 높다고 생각되는 하나의 목표 고객을 정하여 면접조사를 실시하는 것이 좋다.

　조사 표본의 크기는 온라인 설문조사의 경우에는 100~300명 전후, 면접조사의 경우에는 20명 내외로 정하는 것이 일반적이다.

　조사 방법은 온라인 설문조사의 경우에는 이메일을 발송하여 응답을 받는 방식으로, 면접조사의 경우에는 일정 장소에서 숙련된 조사원이 면접대상자를 통제하면서 진행한다.

(2) 설문 작성

　목표 고객의 정확한 니즈와 생각을 알기 위해서는 바르게 질문하는 것이 필요하다. 또한 목표 고객이 창업자의 제품이나 서비스의 내용을 정확하게 이해해야 하므로, 창업자는 자신의 제품이나 서비스의 컨셉보드를 알기 쉽게 작성하여 제시해야 한다. 컨셉보드는 업체명, 제품명, 제품 개요(컨셉), 제품의 특징 및 차별성, 제품 이미지, 예상 가격 및 구매처 등으로 구성된다.

　설문지의 문항은 조사 대상자 선정에 관한 질문, 성별, 연령대, 소득, 학력, 직업 등의 인구통계학적 질문, 본 조사(컨셉 제시, 제품 관련 구입 행동, 제품에 대한 평가 등)로 구성된다.

설문지의 문항을 작성할 때 주의할 점은 다음과 같다.

1) 애매모호한 표현을 사용하지 않고, 구체적이고 쉬운 표현을 사용한다.

2) 하나의 문항에는 한 개의 질문만을 한다.

3) 유도성 질문을 하지 않는다.

4) 응답자에게 민감하다고 생각되는 질문은 우회적으로 한다. 즉, '친구들은 ~을 어떻게 생각하나요?'와 같이 한다.

(3) 조사 실행

온라인 설문조사의 경우에는 표본을 결정하고, 조사 대상자에게 이메일을 발송하여 응답을 받는 방식이지만, 면접조사의 경우에는 일정 장소에서 숙련된 조사원이 면접자를 통제하면서 진행하기 때문에 전문성이 필요하다. 면접조사 시간은 1시간 이내로 하는 것이 좋고, 조사 대상자들이 편안하게 느낄 수 있도록 분위기를 조성하는 것이 필요하다. 조사 진행자는 조사 목적, 조사 진행 절차, 기업 및 제품 소개를 하고, 시제품 사용, 시식 또는 시음을 한 후에, 준비한 설문지로 조사를 진행한다.

(4) 결과 분석

객관식 5점 척도에 대한 분석은 결과가 점수로 표시되기 때문에, 평가 결과가 명확하고 비교가 용이하다는 장점이 있다. 그에 비하여 개선 사항 등의 주관식 문항의 처리는 작은 것도 놓치지 않고, 제품이나 서비스에 반영하도록 해야 한다. 같은 문항에 대한 온라인 설문조사와 면접조사의 결과를 비교하는 것도 의미가 있다. 보통의 경우는 온라인 설문조사 결과보다는 면접조사 결과가 신뢰성이 높다.

창업자는 시장조사 결과에 따라, 제품이나 서비스를 보완하고, 마케팅 계획을 수립한 후, 양산을 하고, 목표 시장에 진출한다.

창업기업인 H사가 발효용기라는 제품으로, 국내 유명 조사기관에 의뢰하여 시장조사를 실시한 사례를 소개한다. H사는 정부지원사업을 통하여, 비용을 부담하지 않고 시장조사를 실시하였다.

이 조사의 조사 개요, 조사 설계, 온라인 설문조사 및 면접조사 질문지는 다음과 같다. 이 조사에서 Online Survey는 온라인 설문 조사를, Gang Survey는 면접조사를 의미한다.

▼ 그림 8-1 조사 개요

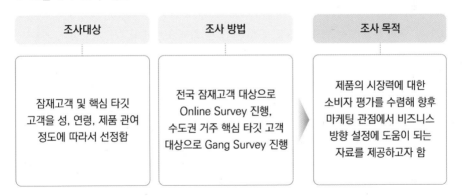

▌표 8-2 조사 설계

구분	Online Survey	Gang Survey
조사 대상	30~50대 남녀 중 가족의 건강에 관심 있거나 발효주 경험자 및 의향자	30~50대 여자 중 가족의 건강에 관심 있거나 발효주 경험자 및 의향자
표본 크기	212명	25명
조사 방법	패널 대상으로 E-mail을 발송, 조사 참여 수락 시 서버로 이동해 조사 진행됨	한 공간에 모인 참여자가 연구원의 통제하에 제품을 확인하고 순차적으로 설문을 진행하는 방식
표본추출방법	성, 연령, 제품 소비 특성에 따른 유의할당 추출	
조사 기간	6월 10~15일	6월 13일

> ### 온라인 시장조사 질문지 – H사
>
> 안녕하십니까? OO조사연구소입니다.
> 이번에 저희 연구소에서는 중소기업 제품에 대한 소비자 여러분의 의견을 조사하고 있습니다.
> 여러분 개개인의 응답 내용에는 맞고 틀리는 답이 없으며, 단지 전체적 또는 집단별로 몇 %
> 라는 통계를 내는 데에만 사용될 뿐, 그 외 다른 어떤 목적으로도 결코 사용되지 않습니다.
> 우리나라의 안정적이고 지속가능한 발전을 위해 중소기업 육성은 필수적이며 여러분 한 분
> 한 분의 협조가 중소기업 제품의 시장 진입 촉진 및 활성화에 큰 도움이 되는 자료로 사용될
> 예정입니다.
> 바쁘신 중에도 시간을 내어 저희 조사에 협조해 주셔서 대단히 감사합니다.

선정 질문

SQ1 귀하 본인 또는 귀하의 가족 중에 주방용품 회사 또는 조사회사, 광고회사, 언론사 등
에 근무하시는 분이 계십니까?

1. 있다 → 조사 종료   2. 없다

SQ2 귀하의 연세는 올해 만으로 어떻게 되십니까?

_____세 → 만 29세 이하 또는 만 60세 이상 조사 종료

1. 만 18세 이하 → 조사 종료	06. 만 40세 ~ 44세
2. 만 19세 ~ 24세 → 조사 종료	07. 만 45세 ~ 49세
3. 만 25세 ~ 29세 → 조사 종료	08. 만 50세 ~ 54세
4. 만 30세 ~ 34세	09. 만 55세 ~ 59세
5. 만 35세 ~ 39세	10. 만 60세 이상 → 조사 종료

SQ3 귀하의 성별은 무엇입니까?

1. 남성   2. 여성

SQ4 귀하께서는 평소 가족의 건강에 관심이 많은 편이십니까, 관심이 적은 편이십니까?

1. 관심이 많다

2. 관심이 적다

SQ5 귀하께서는 가정에서 발효액, 발효주, 발효 식초 등을 직접 만들어 본 적이 있으신가요?

1. 그렇다
2. 그렇지 않다

SQ6 그럼, 향후 발효액, 발효주, 발효 식초 등을 가정에서 직접 만들 의향이 있으신가요?

1. 그렇다
2. 그렇지 않다 → SQ4, SQ5, SQ6 모두 2번 응답 시 조사 종료

Part A. 제품 관련 구입 행동 특성

문 1 귀하께서는 최근 1년 동안 주방용품을 총 몇 회 정도 구입하셨습니까?

지난 1년 간 총 _____회

문 2 귀하께서 주방용품을 구입하실 때에 가장 중요하게 고려하시는 점은 무엇인가요?
중요한 순서대로 2가지만 선택해주십시오.

1순위: _____   2순위: _____

1. 제조사/브랜드 이미지   08. 유행/신제품
2. 가격   09. 패키지 디자인
3. 성능/품질   10. 온라인 사용 후기
4. 성분/원료   11. 주변인 추천
5. 사용 편리성   12. 구입 용이성
6. 행사 여부(1+1, 증정품 등)   13. 기타(적을 것: _____)
7. 판매원 추천/권유

문 3 귀하께서는 평소 주방용품에 대한 정보를 주로 어디서 얻으시나요?

1. TV 뉴스   08. 인터넷 포털/블로그 광고
2. TV 광고   09. 전단지/카달로그 광고

3. 라디오 뉴스

4. 라디오 광고

5. 신문/잡지 기사

6. 신문/잡지 광고

7. 인터넷 포털/블로그 콘텐츠

10. 주위 사람 소개

11. SNS(페이스북, 트위터, 카카오톡, 인스타그램 등) 사용후기

12. 옥외광고(버스, 지하철, 건물 외부 등)

13. 기타(적을 것: _____)

Part B. 제품 평가

제품 컨셉보드 제시

– 발효용기에 대한 제품 설명 및 컨셉 제시

문 4~6   지금 보여드린 제품의 컨셉 각각에 대해 귀하께서는 얼마나 마음에 드시나요, 혹은 마음에 들지 않으시나요? '전혀 마음에 들지 않는다'고 생각하시면 1점, '매우 마음에 든다'고 생각하시면 5점으로 1~5점 사이에서 응답해 주십시오.

진술문	전혀 마음에 들지 않는다	별로 마음에 들지 않는다	보통이다	마음에 드는 편이다	매우 마음에 든다
문 4) 물과 설탕만으로 술을 만든다	1	2	3	4	5
문 5) 발효기간이 짧다	1	2	3	4	5
문 6) 건재료로 발효가 가능하다	1	2	3	4	5

문 7 지금 보여드린 제품에 대해 귀하께서는 전반적으로 얼마나 마음에 드시나요, 혹은 마음에 들지 않으시나요? '전혀 마음에 들지 않는다'고 생각하시면 1점, '매우 마음에 든다'고 생각하시면 5점으로 1~5점 사이에서 응답해 주십시오.

전혀 마음에 들지 않는다	별로 마음에 들지 않는다	보통이다	마음에 드는 편이다	매우 마음에 든다
1	2	3	4	5

문 8~13 다음 각각의 진술문에 대해 귀하께서는 방금 보여드린 제품이 얼마나 그렇다고 또는 그렇지 않다고 생각하시나요? '전혀 그렇지 않다'라고 생각하시면 1점, '매우 그렇다'고 생각하시면 5점으로 1~5점 사이에서 귀하의 생각에 가장 가까운 것을 선택해 주십시오.

진술문	전혀 그렇지 않다	별로 그렇지 않다	보통 이다	어느 정도 그렇다	매우 그렇다
문 8) 이 제품은 참신하고 새롭다	1	2	3	4	5
문 9) 이 제품은 현재 판매되고 있는 다른 제품에 비해 차별적이다	1	2	3	4	5
문10) 이 제품의 적용된 기술이 뛰어나다	1	2	3	4	5
문11) 이 제품의 품질에 믿음이 간다	1	2	3	4	5
문12) 이 제품은 나 또는 나의 가족에게 필요하다	1	2	3	4	5
문13) 이 제품은 사용하기 편리하다	1	2	3	4	5

문 14~16   다음 각각의 진술문에 대해 귀하께서는 방금 보여드린 제품이 얼마나 그렇다고 또는
그렇지 않다고 생각하시나요? '전혀 그렇지 않다'라고 생각하시면 1점, '매우 그렇다'
고 생각하시면 5점으로 1~5점 사이에서 귀하의 생각에 가장 가까운 것을 선택해 주
십시오.

진술문	전혀 그렇지 않다	별로 그렇지 않다	보통 이다	어느 정도 그렇다	매우 그렇다
문14) 이 제품은 기능과 용도에 맞게 디자인 되었다	1	2	3	4	5
문15) 이 제품의 디자인은 세련되었다	1	2	3	4	5
문16) 이 제품의 외관 디자인이 마음에 든다	1	2	3	4	5

문 17   만약 방금 보여드린 제품이 시판된다면 귀하께서는 구입하실 의향이 얼마나 있나요,
혹은 없나요? 가격은 고려하지 마시고 '전혀 구입하고 싶지 않다'면 1점, '매우 구입
하고 싶다'면 5점으로 1~5점 사이에서 응답해 주십시오.

전혀 구입하고 싶지 않다	구입하고 싶지 않다	보통이다	구입하고 싶다	매우 구입하고 싶다
1	2	3	4	5

문 18 　귀하께서는 이 제품을 주변 지인에게 추천하실 의향이 얼마나 있나요, 혹은 없나요?
'전혀 추천하고 싶지 않다'면 1점, '매우 추천하고 싶다'면 5점으로 1~5점 사이에서
응답해 주십시오.

전혀 추천하고 싶지 않다	추천하고 싶지 않다	보통이다	추천하고 싶다	매우 추천하고 싶다
1	2	3	4	5

문 19 　선생님께서 생각하시기에 이 제품이 시중에서 판매된다면 어느 정도의 가격이 적당하
다고 생각하시나요?

　　　　　＿＿＿＿＿＿＿＿＿＿＿원

문 20 　만약 이 제품이 27,500원의 가격으로 판매된다면, 귀하께서는 이 제품을 구입하실
의향이 얼마나 있나요, 혹은 없나요? '전혀 구입하고 싶지 않다'면 1점, '매우 구입하
고 싶다'면 5점으로 1~5점 사이에서 응답해 주십시오.

전혀 구입하고 싶지 않다	구입하고 싶지 않다	보통이다	구입하고 싶다	매우 구입하고 싶다
1	2	3	4	5

문 21 귀하께서 'OOO 발효용기'를 구입하게 된다면 어디에서 구입하시겠습니까? 구입을 원하는 장소를 순서대로 **2가지만** 선택해주십시오.

1순위: _____   2순위: _____

1. 백화점
2. 대형할인마트(이마트, 홈플러스, 롯데마트, 코스트코 등)
3. 체인형 슈퍼마켓(롯데슈퍼, 홈플러스 익스프레스 등)
4. 중소형 슈퍼/동네 슈퍼
5. 편의점(세븐일레븐, CU, 미니스탑 등)
6. 재래시장
7. 홈쇼핑(GS샵, CJ오쇼핑, 현대홈쇼핑, 롯데홈쇼핑, NS홈쇼핑, 홈앤쇼핑 등)
8. 소셜커머스(쿠팡, 위메프, 티몬 등)
9. 오픈마켓(G마켓, 인터파크, 11번가, 옥션 등)
10. 주방용품 관련 전문점
11. 카달로그(홈쇼핑사, 신용카드사 등)
12. 제조사 홈페이지
13. 기타(적을 것: _____)

인구 통계 질문

DQ1 귀하의 **직업**은 무엇입니까?

01. 농업, 어업, 임업(가족종사자 포함)
02. 자영업(종업원 9사람 이하의 소규모 장사 및 가족 종사자, 택시기사)
03. 판매/서비스직(상점 점원, 세일즈맨 등)
04. 기능/숙련공(운전사, 선반, 목공 등 숙련공)
05. 일반작업직(토목 관계의 현장 작업, 수위)
06. 사무/기술직(일반회사 사무직, 기술직, 초/중/고 교사)
07. 경영/관리직(5급 이상의 고급 공무원, 교장, 기업체 부장 이상)
08. 전문/자유직(대학교수, 의사, 변호사, 예술가)
09. 가정주부(주로 가사에만 종사하는 부인)
10. 학생
11. 무직
12. 기타(적을 것: _____)

DQ2　귀하 댁(본인 및 가족 포함)의 **한 달 평균 가구 총소득**은 모두 합해 대략 얼마나 되십니까?

1. 99만원 이하	06. 500~599만원
2. 100~199만원	07. 600~699만원
3. 200~299만원	08. 700~799만원
4. 300~399만원	09. 800~899만원
5. 400~499만원	10. 900~999만원
	11. 1,000만원 이상

DQ3　귀하의 **혼인 상태**는 어떻게 되십니까?

01. 기혼
02. 미혼
03. 사별/별거/이혼
04. 기타(적을 것: _____)

DQ4　귀하께서는 자녀가 있으십니까?

01. 예 → DQ5
02. 아니오 → 조사 종료

DQ5　그럼, **자녀의 연령대**는 어떻게 되십니까? 모두 말씀해 주십시오.

01. 영유아(1~4세)
02. 아동(5~7세)
03. 초등학생(8~13세)
04. 중학생(14~16세)
05. 고등학생(17~19세)
06. 성인(20세 이상)

끝까지 응답해 주셔서 감사합니다.

면접 조사 질문지 - H사

안녕하십니까? OO조사연구소입니다.
이번에 저희 연구소에서는 중소기업 제품에 대한 소비자 여러분의 의견을 조사하고 있습니다.
여러분 개개인의 응답 내용에는 맞고 틀리는 답이 없으며, 단지 전체적 또는 집단별로 몇 %
라는 통계를 내는 데에만 사용될 분, 그 외 다른 어떤 목적으로도 결코 사용되지 않습니다.
우리나라의 안정적이고 지속가능한 발전을 위해 중소기업 육성은 필수적이며 여러분 한 분
한 분의 협조가 중소기업 제품의 시장 진입 촉진 및 활성화에 큰 도움이 되는 자료로 사용될
예정입니다.
바쁘신 중에도 시간을 내어 저희 조사에 협조해 주셔서 대단히 감사합니다.

선정 질문

SQ1 귀하 본인 또는 귀하의 가족 중에 주방용품 회사 또는 조사회사, 광고회사, 언론사 등
에 근무하시는 분이 계십니까?

1. 있다 → 조사 종료   2. 없다

SQ2 귀하의 연세는 올해 만으로 어떻게 되십니까?

_____ 세 → 만 29세 이하 또는 만 60세 이상 조사 종료

1. 만 18세 이하 → 조사 종료   06. 만 40세 ~ 44세
2. 만 19세 ~ 24세 → 조사 종료   07. 만 45세 ~ 49세
3. 만 25세 ~ 29세 → 조사 종료   08. 만 50세 ~ 54세
4. 만 30세 ~ 34세   09. 만 55세 ~ 59세
5. 만 35세 ~ 39세   10. 만 60세 이상 → 조사 종료

SQ3 귀하의 성별은 무엇입니까?

1. 남성 → 조사 종료   2. 여성

SQ4 귀하께서는 평소 가족의 건강에 관심이 많은 편이십니까, 관심이 적은 편이십니까?

1. 관심이 많다   2. 관심이 적다

귀하께서는 가정에서 발효액, 발효주, 발효 식초 등을 직접 만들어 본 적이 있으신가요?

1. 그렇다   2. 그렇지 않다

그럼, 향후 발효액, 발효주, 발효 식초 등을 가정에서 직접 만들 의향이 있으신가요?

1. 그렇다   2. 그렇지 않다

Part A. 제품 관련 구입 행동 특성

문 1   귀하께서는 최근 1년 동안 주방용품을 총 몇 회 정도 구입하셨습니까?

지난 1년 간 총 _____ 회

문 2   귀하께서 주방용품을 구입하실 때에 가장 중요하게 고려하시는 점은 무엇인가요?
중요한 순서대로 2가지만 선택해주십시오.

1순위: _____   2순위: _____

1. 제조사/브랜드 이미지
2. 가격
5. 신문/잡지 기사
6. 신문/잡지 광고
7. 인터넷 포털/블로그 콘텐츠

08. 유행/신제품
09. 패키지 디자인
10. 온라인 사용 후기
11. 주변인 추천
12. 구입 용이성
13. 기타(적을 것: _____)

문 3   귀하께서는 평소 주방용품에 대한 정보를 주로 어디서 얻으시나요?

1. TV 뉴스
2. TV 광고
3. 라디오 뉴스
4. 라디오 광고

08. 인터넷 포털/블로그 광고
09. 전단지/카달로그 광고
10. 주위 사람 소개
11. SNS(페이스북, 트위터, 카카오톡, 인

스타그램 등) 사용후기

5. 신문/잡지 기사
6. 신문/잡지 광고
7. 인터넷 포털/블로그 콘텐츠

12. 옥외광고(버스, 지하철, 건물 외부 등)
13. 기타(적을 것: _____)

Part B. 제품 평가

제품 컨셉보드 제시
– 발효용기를 보여 주고, 제품 설명 및 컨셉 제시

문 4~6 지금 보여드린 제품의 컨셉 각각에 대해 귀하께서는 얼마나 마음에 드시나요, 혹은 마음에 들지 않으시나요? '전혀 마음에 들지 않는다'고 생각하시면 1점, '매우 마음에 든다'고 생각하시면 5점으로 1~5점 사이에서 응답해 주십시오.

진술문	전혀 마음에 들지 않는다	별로 마음에 들지 않는다	보통 이다	마음에 드는 편이다	매우 마음에 든다
문 4) 물과 설탕만으로 술을 만든다	1	2	3	4	5
문 5) 발효기간이 짧다	1	2	3	4	5
문 6) 건재료로 발효가 가능하다	1	2	3	4	5

문 7　지금 보여드린 제품에 대해 귀하께서는 전반적으로 얼마나 마음에 드시나요, 혹은 마음에 들지 않으시나요? '전혀 마음에 들지 않는다'고 생각하시면 1점, '매우 마음에 든다'고 생각하시면 5점으로 1~5점 사이에서 응답해 주십시오.

전혀 마음에 들지 않는다	별로 마음에 들지 않는다	보통이다	마음에 드는 편이다	매우 마음에 든다
1	2	3	4	5

문 7-1　**(문7의 1~3번 응답한 경우)** 그럼, 지금 보여드린 제품이 마음에 들지 않으신 이유는 무엇인가요? 무엇이든 좋으니 한 가지만 적어 주십시오.

_____

_____

_____

_____

문 7-2　**(문7의 4~5번 응답한 경우)** 그럼, 지금 보여드린 제품이 마음에 드신 이유는 무엇인가요? 무엇이든 좋으니 한 가지만 적어 주십시오.

_____

_____

_____

_____

문 8~13 다음 각각의 진술문에 대해 귀하께서는 방금 보여드린 제품이 얼마나 그렇다고 또는 그렇지 않다고 생각하시나요? '전혀 그렇지 않다'라고 생각하시면 1점, '매우 그렇다'고 생각하시면 5점으로 1~5점 사이에서 귀하의 생각에 가장 가까운 것을 선택해 주십시오.

진술문	전혀 그렇지 않다	별로 그렇지 않다	보통 이다	어느 정도 그렇다	매우 그렇다
문 8) 이 제품은 참신하고 새롭다	1	2	3	4	5
문 9) 이 제품은 현재 판매되고 있는 다른 제품에 비해 차별적이다	1	2	3	4	5
문10) 이 제품의 적용된 기술이 뛰어나다	1	2	3	4	5
문11) 이 제품의 품질에 믿음이 간다	1	2	3	4	5
문12) 이 제품은 나 또는 나의 가족에게 필요하다	1	2	3	4	5
문13) 이 제품은 사용하기 편리하다	1	2	3	4	5

문 14~16 다음 각각의 진술문에 대해 귀하께서는 방금 보여드린 제품이 얼마나 그렇다고 또는 그렇지 않다고 생각하시나요? '전혀 그렇지 않다'라고 생각하시면 1점, '매우 그렇다'고 생각하시면 5점으로 1~5점 사이에서 귀하의 생각에 가장 가까운 것을 선택해 주십시오.

진술문	전혀 그렇지 않다	별로 그렇지 않다	보통 이다	어느 정도 그렇다	매우 그렇다
문14) 이 제품은 기능과 용도에 맞게 디자 인 되었다	1	2	3	4	5
문15) 이 제품의 디자인은 세련되었다	1	2	3	4	5
문16) 이 제품의 외관 디자인이 마음에 든다	1	2	3	4	5

문 17   만약 방금 보여드린 제품이 시판 된다면 귀하께서는 구입하실 의향이 얼마나 있나요,
혹은 없나요? 가격은 고려하지 마시고 '전혀 구입하고 싶지 않다'면 1점, '매우 구입
하고 싶다'면 5점으로 1~5점 사이에서 응답해 주십시오.

전혀 구입하고 싶지 않다	구입하고 싶지 않다	보통이다	구입하고 싶다	매우 구입하고 싶다
1	2	3	4	5

문 18   귀하께서는 이 제품을 주변 지인에게 추천하실 의향이 얼마나 있나요, 혹은 없나요?
'전혀 추천하고 싶지 않다'면 1점, '매우 추천하고 싶다'면 5점으로 1~5점 사이에서
응답해 주십시오.

전혀 추천하고 싶지 않다	추천하고 싶지 않다	보통이다	추천하고 싶다	매우 추천하고 싶다
1	2	3	4	5

문 19   선생님께서 생각하시기에 이 제품이 시중에서 판매된다면 어느 정도의 가격이 적당하
다고 생각하시나요?

_____원

문 20   만약 이 제품이 27,500원의 가격으로 판매된다면, 귀하께서는 이 제품을 구입하실
의향이 얼마나 있나요, 혹은 없나요? '전혀 구입하고 싶지 않다'면 1점, '매우 구입하
고 싶다'면 5점으로 1~5점 사이에서 응답해 주십시오.

전혀 구입하고 싶지 않다	구입하고 싶지 않다	보통이다	구입하고 싶다	매우 구입하고 싶다
1	2	3	4	5

문 20-1 **(문20의 1~3번 응답한 경우)** 그럼, 지금 보여드린 제품을 구입하고 싶지 않으신 이유는 무엇인가요? 무엇이든 좋으니 한 가지만 적어 주십시오.

_____

_____

_____

_____

문 20-2 **(문20의 4~5번 응답한 경우)** 그럼, 지금 보여드린 제품을 구입하고 싶으신 이유는 무엇인가요? 무엇이든 좋으니 한 가지만 적어 주십시오.

_____

_____

_____

_____

문 21 귀하께서는 지금 보여드린 제품에서 추가적으로 보완 또는 개선되어야 할 부분이 있다면 무엇이라고 생각하시나요? 제품의 기능, 디자인, 컨셉 등 어떠한 개선점이든 좋으니 한 가지만 적어주십시오.

_____

_____

_____

_____

문 22   귀하께서 'OO 발효용기'를 구입하게 된다면 어디에서 구입하시겠습니까?
구입을 원하는 장소를 순서대로 **2가지만** 선택해주십시오.

1순위: _____   2순위: _____

1. 백화점
2. 대형할인마트(이마트, 홈플러스, 롯데마트, 코스트코 등)
3. 체인형 슈퍼마켓(롯데슈퍼, 홈플러스 익스프레스 등)
4. 중소형 슈퍼/동네 슈퍼
5. 편의점(세븐일레븐, CU, 미니스탑 등)
6. 재래시장
7. 홈쇼핑(GS샵, CJ오쇼핑, 현대홈쇼핑, 롯데홈쇼핑, NS홈쇼핑, 홈앤쇼핑 등)
8. 소셜커머스(쿠팡, 위메프, 티몬 등)
9. 오픈마켓(G마켓, 인터파크, 11번가, 옥션 등)
10. 주방용품 관련 전문점
11. 카달로그(홈쇼핑사, 신용카드사 등)
12. 제조사 홈페이지
13. 기타(적을 것: _____)

인구 통계 질문

DQ1   귀하의 **직업**은 무엇입니까?

1. 농업, 어업, 임업(가족종사자 포함)
2. 자영업(종업원 9사람 이하의 소규모장사 및 가족종사자, 택시기사)
3. 판매/서비스직(상점점원, 세일즈맨 등)
4. 기능/숙련공(운전사, 선반, 목공 등 숙련공)
5. 일반작업직(토목관계의 현장작업, 수위)
6. 사무/기술직(일반회사 사무직, 기술직, 초/중/고 교사)
7. 경영/관리직(5급 이상의 고급공무원, 교장, 기업체 부장 이상)
8. 전문/자유직(대학교수, 의사, 변호사, 예술가)
9. 가정주부(주로 가사에만 종사하는 부인)
10. 학생
11. 무직
12. 기타(적을 것: _____)

DQ2 귀하 댁(본인 및 가족 포함)의 **한 달 평균 가구 총소득**은 모두 합해 대략 얼마나 되십니까?

1. 99만원 이하
2. 100~199만원
3. 200~299만원
4. 300~399만원
5. 400~499만원

6. 500~599만원
7. 600~699만원
8. 700~799만원
9. 800~899만원
10. 900~999만원
11. 1,000만원 이상

DQ3 귀하의 **혼인 상태**는 어떻게 되십니까?

1. 기혼
2. 미혼
3. 사별/별거/이혼
4. 기타(적을 것: _____)

DQ4 귀하께서는 자녀가 있으십니까?

1. 예 → DQ5
2. 아니오 → 조사 종료

DQ5 그럼, **자녀의 연령대**는 어떻게 되십니까? 모두 말씀해 주십시오.

1. 영유아(1~4세)
2. 아동(5~7세)
3. 초등학생(8~13세)
4. 중학생(14~16세)
5. 고등학생(17~19세)
6. 성인(20세 이상)

끝까지 응답해 주셔서 감사합니다.

H사에 제출한 국내 유명 조사기관의 시장조사 결과 보고서는 보고서 개요, 조사 응답자 특성, 조사 내용, 조사 결과 분석, 조사 결론 및 전략적 제언 등의 내용으로 구성되어 있다.

시장조사 결과 보고서의 대략의 내용은 다음과 같다.

▼ 그림 8-4 시장조사 결과 보고서 내용

1. 보고서 내용

	1st Step	2nd Step	3rd Step	4th Step
분석 단계	시장 환경에 대한 이해	경쟁 환경에 대한 이해	제품의 경쟁력 분석	제품 차별화 포인트 및 시사점 도출
	• 제품 시장의 주요 동향은 어떠한가?	• 주요 경쟁 브랜드 및 제품의 동향은 어떠한가?	• 제품에 대한 소비자 반응은 어떠한가?	• 제품의 강약점, 시장기회와 위협 요인은 무엇인가?
보고서 개요	• 시장 기회 분석	• 경쟁 환경 분석	• 제품 평가 (호감도) • 상품력 평가 • 디자인 평가 • 경쟁력 평가	• 4P전략 • SWOT 분석

2. 조사 응답자 특성

Online Survey

		사례수	%
전체		212	100.0
성별	남성	107	50.5
	여성	105	49.5
연령별	30대	70	33.0
	40대	72	34.0
	50대	70	33.0
직업	자영업	10	4.7
	블루칼라	24	11.3
	화이트칼라	134	63.2
	가정주부	36	17.0
	학생	2	0.9
	무직	6	2.8
가구 소득	299만원 이하	39	18.4
	300~399만원	33	15.6
	400~499만원	44	20.8
	500~599만원	40	18.9
	600~699만원	20	9.4
	700만원 이상	36	17.0
혼인상태 유무	기혼	151	71.2
	미혼	57	26.9
	기타	4	1.9
자녀 유무	있다	139	65.6
	없다	73	34.4
자녀 연령	영유아	19	13.7
	아동	23	16.5
	초등학생	34	24.5
	중학생	28	20.1
	고등학생	29	20.9
	성인	60	43.2
건강 관심별	관심 많다	210	99.1
	관심 적다	2	0.9
발효 경험별	있다	134	63.2
	없다	78	36.8
향후 발효의향	있다	179	84.4
	없다	33	15.6

Gang Survey

		사례수	%
전체		25	100.0
성별	여성	25	100.0
연령별	30대	7	28.0
	40대	8	32.0
	50대	10	40.0
직업	화이트칼라	4	16.0
	가정주부	21	84.0
가구 소득	300~399만원	3	12.0
	400~499만원	4	16.0
	500~599만원	10	40.0
	600~699만원	6	24.0
	700만원 이상	2	8.0
혼인상태 유무	기혼	24	96.0
	기타	1	4.0
자녀 유무	있다	22	88.0
	없다	3	12.0
자녀 연령	아동	4	18.2
	초등학생	5	22.7
	중학생	1	4.5
	고등학생	5	22.7
	성인	13	59.1
건강 관심별	관심 많다	25	100.0
발효 경험별	있다	21	84.0
	없다	4	16.0
향후 발효의향	있다	25	100.0

3. 조사 내용

평가 차원	세부 항목
제품 관여 정도 및 사용경험	가정 내 발효 경험 향후 발효주/발효식초 만들 의향
해당 제품군 구입 특성	1년 동안 주방용품 구입 횟수 주방용품 구입 시 정보 수집 경로 주방용품 구입 시 주요 고려 사항 주방용품 구입 시 구입 선호 장소
제품 선호도 및 구입 의향	제품 컨셉별 호감도 전반적 호감도 및 호감 이유 구입의향 및 구입 의향 이유 제품의 타인 추천 의향
제품 상품력 평가	제품의 참신성 제품의 차별성 제품의 기술력 제품의 신뢰도 제품의 필요성 제품의 편리성
제품 디자인 평가	기능 및 용도 적합성 세련미 호감도
제품 개선 필요 사항	디자인, 기능, 컨셉에서의 수정 및 보완사항

4. 조사 결과 분석

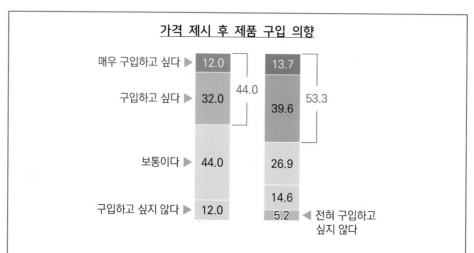

가격 제시 후 제품 구입 의향

매우 구입하고 싶다 ▶ 12.0 ⎤
구입하고 싶다 ▶ 32.0 ⎦ 44.0
보통이다 ▶ 44.0
구입하고 싶지 않다 ▶ 12.0

13.7 ⎤
39.6 ⎦ 53.3
26.9
14.6
5.2 ◀ 전혀 구입하고 싶지 않다

(온라인 조사, N=212, %)

		구입하고 싶지 않다	보통이다	구입하고 싶다
전체		19.8	26.9	53.3
성별	남성	18.7	26.2	55.1
	여성	21.0	27.6	51.4
연령별	30대	34.3	22.9	42.9
	40대	11.1	34.7	54.2
	50대	14.3	22.9	62.9
가구 소득	299만원 이하	33.3	30.8	35.9
	300~399만원	18.2	33.3	48.5
	400~499만원	15.9	20.5	63.6
	500~599만원	17.5	27.5	55.0
	600~699만원	20.0	40.0	40.0
	700만원 이상	13.9	16.7	69.4
발효 경험	있다	17.9	26.9	55.2
	없다	23.1	26.9	50.0
향후발효 의향	있다	17.3	25.7	57.0
	없다	33.3	33.3	33.3

5. 조사 결론

1	온라인 조사 대비 제품 직접 체험한 갱 서베이에서 평가 우수해…'기술력' '사용 편리성'에서 긍정 응답 많음

- 온라인 조사에서는 타 주방용품 대비 전반적으로 평가 낮으나 제품을 직접 체험한 갱 서베이에서는 상대적으로 평가 우수한 수준임. 특히 '기술력' '사용 편리성'에서 평가 우수해 발효용기를 통한 발표 방법의 편리성이 소비자에게 어필하는 모습임.
- 제품에 대해 호감 또는 구입 의향이 생기는 이유로도 "집에서 만들기 편리" "실패가 적을 것" 등 사용 편리성에 응답

2	디자인 평가 낮아…해당 제품의 재질에 대해 만족과 개선 요구로 응답 갈려

- 온라인 조사에서는 디자인 평가가 다른 주방용품 대비 낮은 수준임. 갱 서베이에서는 제품의 시장력, 경쟁력 평가 수준에 디자인 평가는 미치지 못하는 수준으로, 두 조사 모두 디자인은 미흡한 평가를 받은 것으로 나타남.
- 구입 의향 없는 이유로 "재질이 유리였으면" "재질 대비 비싸다" 등 재질 관련 불만 나타나 해당 발효용기의 PET 재질이 구입 의향을 저하시키거나 가격 저항으로 이어지는 모습임. 개선 요구로도 "건강을 위해" "재질 강화" 등 재질 개선이 응답되나 구입 의향 있는 이유로 "(해당 재질이) 가벼워서 좋다"는 응답도 있어, 발효용기 재질에 대해서는 소비자 의견이 갈리는 모습임.

3	사용법뿐 아니라 각종 발효 음료 레시피까지 동봉 요구 제시돼

- 갱 서베이에서 체험해보니 제품의 "사용법이 간단"하다는 평이 대부분이나, '수조' 등을 사용하는 방법에 있어서 시연 없이 집에서 혼자 이용해야 할 때에는 자세한 설명서가 필요할 것 같다는 의견이 대부분임.
- 사용 설명 외에도 발효주 및 식초의 레시피들이 함께 첨부되어 있으면 유용할 것이라는 개선안도 제시됨.

6. 전략적 제언

1 B2B 마켓 발굴과 개발을 통해 일반 소비자 확산 기반 구축

- 최근 확산되고 있는 전통 발효주(막걸리 포함)나 발효식초 체험 프로그램 발굴, 1차 타겟 마켓으로 개발, (농촌형 중심)체험 프로그램의 발효용기 사용을 통해 일반 소비자 구전 확산, 구매로 연결되는 소비자 접점으로 활용하는 방안 개발
- 발표주, 발효식초 만들기 카테고리의 파워블로거와 제휴, 비상업적 스토리텔링 콘텐츠 개발과 활용을 통해 자연스러운 제품 노출로 구전 확산하는 방안 검토

2 수조 작동 원리를 쉽고 간략하게 설명해줄 수 있는 커뮤니케이션 모티브 개발, 차별화 요소 부각

- 발표가스는 내보내고 외부 공기 유입은 차단하는 수조 작동 원리를 그래픽이나 메시지 등의 커뮤니케이션 모티브로 개발, 모든 커뮤니케이션 매체에 통일된 표식 체계로 사용, 차별적 특장점에 대한 상징 요소로 어필

3 자체 운영중인 오프라인 체험장과 연동할 수 있는 온라인 플랫폼 구축, 소비자 체험형 커뮤니케이션 집중

- 발효용기 체험 기회를 제공할 수 있는 발효주 만들기 온·오프라인 강좌 개설, 온라인 회원 가입이나 강좌 수강자에 대한 할인권 증정 등 소비자 체험을 확산시키는 커뮤니케이션에 집중
- 중기적으로 발효주 관련 공구 사이트로 진화하는 방안 검토

창업 아이템의 시제품 제작 방법

팀별로 선정한 창업 아이템의 시제품을 어떻게 제작할 것인지에 대해서 토의하고, 시제품의 구체적 제작 방법을 알아보자.

토의 내용 정리

(일자 및 시간:)

토의 주제	창업 아이템의 시제품 제작 방법
팀명	
참석자	
토의 내용	
토의 결과	

실/습/

온라인 설문조사 질문지 작성하기

(그림 8-3)의 온라인 설문조사 질문지를 참고하여, 우리 팀이 정한 창업 아이템에 대한 온라인 설문조사 질문지를 작성하고, 온라인 설문조사를 실시해 보자.

**창업 아이템을
어떤 절차로
만들어야 할까?**

- 제품을 만들기 위해서는 먼저 제품 기획을 해야 한다. 기획은 언제 무엇을, 어떻게 할 것인가를 정하는 것이다. 제품 기획에는 제품의 개요, 특징, 차별성 및 컨셉트, 제품 개발 절차 및 일정, 판매 전략, 소요 예산 등이 포함된다.

- 제품을 개발하는 일반적인 절차는 (1) 제품 개념 정립 (2) 제품 설계 (3) 제품 엔지니어링(양산 설계) (4) 공정 엔지니어링(시제품 제작) (5) 시장 진출 준비(마케팅 계획 수립) (6) 대량 생산의 순서이다.

- 시장 진출 준비는 시제품을 활용한 시장조사, 유통 경로 점검, 제품 홍보 등 시장에서 마케팅을 하는 데 필요한 사전 영업 준비를 하는 것이다. 창업자는 시장 진출 전에, 실행이 가능한 구체적인 마케팅 계획을 수립해야 한다.

**창업 아이템의
생산 공정과 기법은
무엇인가?**

- 창업자가 특허 등 기술을 보유한 경우에는, 주문자가 건네준 설계에 따라 단순하게 생산을 위탁하는 방식인 주문자 상표부착 생산 방식(O.E.M.: Original Equipment Manufacturing)으로 계약하고, 창업자의 상표로 제품을 판매할 수 있다.

- 창업자가 제품 개발 등 기술력이 부족한 경우에는, 제조업체가 제품을 연구 개발 및 생산하여 납품하는 제조업자 개발 생산 방식(O.D.M.: Original Design Manufacturing)으로 계약하고 창업자의 상표로 제품을 판매할 수 있다.

- 생산은 토지, 노동, 기업가정신, 지식 등과 같은 생산 요소를 이용하여 제품을 만드는 것인데, 최근에는 스마트팩토리와 관련하여 '데이터'가 중요한 생산 요소가 되었다.

- 생산 공정에 원재료를 투입하여 물리적 또는 화학적으로 변화시켜 제품을 만드는 것을 공정 생산이라고 하고, 여러 가지 부품을

생산 라인에서 결합하여 제품을 만드는 것을 조립 생산이라고 한
다. 제품에 따라서는 공정 생산과 조립 생산을 모두 거쳐야만 최
종 생산이 완성되기도 한다.

• 생산 공정을 획기적으로 변화시킴으로써 기업들을 더욱 경쟁적으
로 만드는 기법에는 (1) 컴퓨터 지원 설계와 생산 (2) 유연 생산
(3) 린 생산 (4) 대량 맞춤 생산 (5) 스마트팩토리가 있다.

• 대량 맞춤 생산(Mass Customization)은 많은 개별 고객의 요
구를 만족시키기 위해서, 제품을 맞춤화하는 것 또는 맞춤 서비
스를 제공하는 것이다. 소비자가 모델, 사이즈, 색상 또는 디자인
을 선택할 수 있도록 하고, 그 선택에 따라 맞춤형 제품이나 서비
스를 공급하는 것이다. 이 서비스를 통하여 고객의 정보를 기억
함으로써, 화장품, 목욕용품, 신발, 의류 등의 맞춤형 생산, 판매
가 가능하다.

• 스마트팩토리(Smart Factory)는 제조 장비와 물류시스템들이 인
간의 개입 없이 폭넓게 자율적으로 운영되는 공장, 즉 설계, 개
발, 제조, 물류 및 유통 등 전 생산 과정에 디지털 자동화 솔루션
이 결합된 정보통신기술을 적용하여 생산성, 품질, 고객 만족도를
향상시키는 지능형 생산공장이다. 이 공장 안의 설비와 기계에
사물인터넷(IoT)을 설치하여 공정 데이터를 실시간으로 수집하고,
이를 분석함으로써, 목적에 따라 스스로 제어할 수 있는 인공지
능(AI) 기반의 스마트 생산 시스템이다.

시장조사는 왜 필요하고 어떻게 해야 할까?

• 시장조사는 마케팅 계획 수립의 전제 조건이다.

• 시장조사는 자신의 제품이나 서비스를 살 가능성이 있는 잠재 고
객이 누구이고, 어디에 살고 있으며, 무엇을 원하는지를 알아내는
것이다.

• 창업자는 인터넷, 책, 논문, 통계 등의 자료를 통하여 시장조사를
할 수 있고, 시장 전문가나 지인을 통하여 시장 정보를 얻을 수도
있다. 하지만 창업자의 제품이나 서비스를 구매할 목표 고객에게
설문지나 면접을 통해서, 마케팅에 필요한 것을 알아내는 것이
가장 중요하다. 즉, 목표 고객의 마음을 알아야 마케팅을 할 수

있고, 이것이 시장조사를 하는 목적이다.

- 고객에 대한 시장조사 방법에는 온라인 설문조사와 오프라인 면접조사가 있다.

- 온라인 설문조사는 비용이 적게 들고, 조사에 특별한 기술을 요하지 않으며, 많은 사람을 동시에 조사할 수 있는 등의 장점이 있지만, 무응답이나 불성실한 응답, 허위의 응답을 막을 수 없다는 등의 단점도 있다.

- 면접조사는 조사원이 조사 대상에게 시제품을 보여주고, 대상자가 조사표에 의견을 기입하고, 질의 응답하는 면접 형태의 조사 방식이다. 면접조사를 통하여, 온라인 설문조사로는 파악할 수 없는, 제품이나 서비스에 대한 목표 고객의 감춰진 속마음을 알 수 있다. 면접조사는 온라인 설문조사와 다르게, 시제품을 사용하거나, 시음, 시식하는 등의 방법을 통하여, 제품이나 서비스에 대한 정확한 조사를 하고, 개선에 대한 의견도 구할 수 있으므로, 시제품 보완과 마케팅 계획 수립을 위하여 꼭 필요하다.

- 시장조사는 (1) 조사 설계 (2) 설문 작성 (3) 조사 실행 (4) 결과 분석의 순서로 진행된다.

창업 마케팅

CHAPTER 09 창업 마케팅 전략
CHAPTER 10 창업자의 시장 진입 전략

창업 마케팅 전략

제9장의 핵심 질문

• 마케팅이란 무엇인가?
• 어떻게 시장 세분화를 하고, 목표시장을 정하는 걸까?
• 어떻게 마케팅 전략을 세워야 할까?
• 쌍방향의 새로운 촉진 기법이란 무엇인가?

토의　소셜미디어 마케팅 전략

실습　창업 아이템의 STP + 4C 표로 작성하기

핵심 질문과 요약

01 마케팅이란 무엇인가?

마케팅이 무엇인지 알고 있는가?

창업자가 돈을 벌기 위해서는, 고객의 마음을 움직여서 창업자의 제품이나 서비스에 돈을 지불하게 하는 '교환'이 이루어져야 한다. 여기에서, 창업자가 고객의 마음을 움직여서, 고객이 돈을 지불하게 하는 창업자의 모든 활동을 마케팅이라고 한다. 즉, 마케팅은 구매자와 판매자가 서로 만족할 수 있는 '교환'을 성립시키기 위한 판매자의 활동이다.

20세기 초반까지 대부분의 제품은 시장에 나오는 대로 팔렸다. 따라서 기업은 마케팅을 할 필요가 없었고, 마케팅이 무엇인지 알 필요도 없었다. 그러나 대량 생산 기술의 발달로 시장에서는 공급이 수요를 초과하는 공급 과잉이 발생하였고, 오늘날에는 제품과 서비스가 부족한 것이 아닌, 고객이 부족하게 되었다. 따라서 기업은 마케팅을 하지 않으면 존재할 수 없게 되고, 고객 욕구의 변화를 예측하고 신속하게 대응하는 것이 매우 중요하게 되었다.

창업자는 오늘날과 같은 과잉 경쟁 시대에, 시장에서 기존 기업과의 경쟁에서 우위를 확보해야 한다. 이를 위하여 현재의 마케팅 환경을 알아보자.

첫째, 물질적으로 매우 풍요로운 시기이지만, 빈부 격차가 매우 크다.

둘째, 새로운 트렌드로 부상하는, 탄소중립을 포함한 기업의 ESG 경영은 글로벌 사회에서 국가의 경쟁력 제고를 위하여, 꼭 필요한 과제가 되었다.

셋째, 선진국은 출산율이 감소하고 있고, 특히 우리나라는 출산율이 최하위이며, 의료 기술의 발달 등으로 고령화가 급속하게 진행되고 있다.

넷째, 4차 산업혁명 시대에 진입함에 따라, 초연결, 초지능, 융합화의 새로운 시대가 시작되었다. 사물인터넷을 통해 방대한 빅데이터가 생성되고, 이를 인공지능이 분석, 판단, 자율제어 등을 수행할 수 있게 됨에 따라, 기업은 제품이나 서비스의 생산을 자동화, 효율화하고 있다. 또한 기업은 제품의 판매를 위하여, 블로그, 인스타그램, 페이스북, 유튜브, 메타버스 등 다양한 매체와 방법을 활용하고 있다.

다섯째, 코로나19의 영향과 인터넷과 휴대 전화 등 통신기기의 발달로 시장의 통합이 가속화되고 있고, 즉시성과 편의성을 중시하는 소비문화 및 온라인·비대면 소비가 늘어나고 있다. 또한 교통과 통신의 발달로 제품 배송 속도가 빨라지고 배송 가격이 싸짐에 따라, 온라인 매출, 특히 모바일 매출 비중이 높아지고 있으며, 해외 인터넷 사이트를 통한 제품 구매도 활성화되고 있다. 2020년 6월 기준으로, 모바일 쇼핑은 국내 온라인 쇼핑 시장의 66.8%를 차지하고 있다.

반면, 매출 비중이 줄어든 오프라인 시장에서는 대형마트와 백화점의 매출은 지속적으로 줄고 있지만, 편의점은 매출이 증가하고 있다.

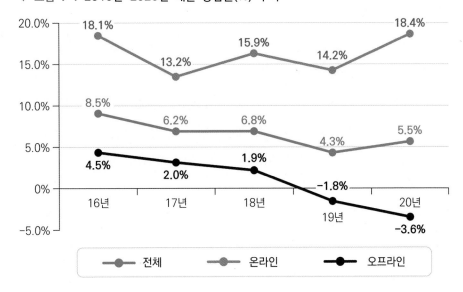

▼ 그림 9-1 2016년~2020년 매출 증감률(%) 추이

자료: 산업통상자원부

▼ 그림 9-2 2019년~2020년 업태별 매출 구성비(%)

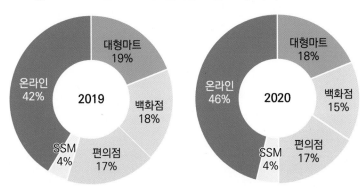

자료: 산업통상자원부

이러한 마케팅 환경의 변화는 창업자에게 유리한 것일까?

마케팅 환경 변화가 크고, 변화 원인이 근본적일수록 기존 기업보다는 창업자에게 유리하다. 마케팅 환경의 변화는 변화의 크기가 클수록, 변화의 속도가 빠를수록, 변화의 원인이 근본적일수록 마케팅에 미치는 영향이 크다. 마케팅 환경 변화는 필연적으로 시장의 변화를 가져오고, 시장의 변화는 구매자인 고객의 필요를 변화시키기 때문에, 고객은 제품이나 유통 등의 개선이나 새로운 변화를 요구한다. 이러한 고객의 요구에도 불구하고, 기존 기업은 시장에서 일정 부분의 점유율과 고객을 갖고 있어서, 시장의 변화에 적극적으로 대처하지 못하는 경우가 많다. 따라서 창업자는 마케팅 환경의 변화와 고객의 욕구 변화, 해당 시장에서의 주요 기업의 대응 등에 대하여 잘 알고 대처해야 한다.

많은 경우에 창업자는 시장에서 기존 기업과 마케팅 경쟁을 하는 것이 유리하지 않다. 그러나, 창업자는 환경과 시장의 변화를 이용하여, 고객을 만족시키는 혁신적인 제품과 마케팅으로, 사업에 성공할 수 있다.

즉, 오늘날 창업자에게 필요한 것은 '혁신과 마케팅', 두 가지이다.

02 어떻게 시장 세분화를 하고, 목표시장을 정하는 걸까?

창업자가 만든 아이템을 어떻게 마케팅해야 할까?

창업자가 자신의 아이템으로, 시장에서 마케팅할 때 알아야 하는 것은 다음의 네 가지이다.

(1) 어떤 아이템을 어떻게 만들 것인지?

(2) 그 아이템을 사 줄 고객은 누구인지?

(3) 어떻게 자신의 아이템을 알릴 것인지?

(4) 어떤 경로로 어떻게 판매할 것인지?

창업 아이템을 선정할 때, 창업자는 누구에게 이 아이템을 팔 것인지를 염두에 두고 1차 시장조사를 해서, 이 아이템을 사 줄 고객이 누구인지를 정하게 되는데, 이렇게 정한 고객을 잠재 목표 고객이라고 할 수 있다. 창업자는 잠재 목표 고객에게 주는 고객 가치를 중심으로 비즈니스모델링을 하고, 그 결과, 이익이 나는 구조가 된다고 판단하면, 시제품을 만들어서 잠재 목표 고객에 대하여 시장조사를 실시한다.

창업자는 시장조사 결과에 따라, 시제품을 보완하고, 잠재 목표 고객이 바르게 설정되었는지를 확인하고 수정한다. 창업자는 만족할만한 시장조사 자료를 얻기 위해서, 더 이상의 수정이 필요 없을 때까지 시장조사를 반복해야 한다. 이렇게 해야만, 성공적인 마케팅 전략 수립이 가능하기 때문이다.

마케팅 전략의 수립은 (1) 시장 세분화(Segmentation) (2) 목표시장(고객) 선정(Targeting) (3) 포지셔닝(Positioning)의 순서로 진행된다. 창업자는 목표시장의 고객에게 효과적으로 마케팅하기 위하여, 마케팅 전략을 수립하고, 그에 따라 마케팅 활동을 하고, 그 성과를 평가하며, 그 결과를 피드백(Feed-Back)하는, 일반적인 절차에 따라야 한다.

▼ 그림 9-3 마케팅 전략 수립 절차(STP)

창업자는 시장조사를 통해서, 각기 다른 욕구를 가진 소비자들로 구성된 서로 다른 작은 시장이 있다는 것을 알게 된다. 일정한 기준에 따라 시장을 몇 개의 동질적인 소비자 집단으로 나눌 수 있는데, 이를 시장 세분화라고 한다.

시장 세분화의 기준은 다음과 같다.

(1) 소비자 구매 행태: 소비자가 상품 또는 서비스에 대한 품질, 가격 등의 편익 또는 혜택, 제품 사용량, 상표 선호도 등

(2) 인구 통계적 기준: 거주지, 성별, 연령별, 소득별, 교육 수준별 등 유사한 인구 통계학적 특성을 가진 소비자 집단

(3) 심리 분석적 기준: 라이프스타일(Life Style), 즉 소비자의 활동, 관심, 의견에 따른 구분

(4) 사용 상황 기준: 제품 사용 상황에 따른 소비자 집단화, 예컨대 상품 사용이 일상적인지, 여행, 출장에 쓰이는 것인지, 비상용인지 등에

따른 구분

창업자는 선정된 몇 개의 세분화한 시장을 분석하여, 최종적으로 하나의 세분 시장을 선택하는데, 이를 목표시장이라고 하고, 그 목표시장의 고객을 목표 고객이라고 한다.

목표시장을 선택하는 단 하나의 기준은 효율성이다.

창업자는 마케팅 비용 대비 수익이 가장 높을 것으로 예상되는 하나의 세분 시장을 목표시장으로 선택해야 한다. 창업자는 효율성의 관점에서, 다음의 기준을 고려하여 목표시장을 선택하는 것이 좋다.

(1) 목표 고객의 지불 능력은 충분한가?

(2) 목표 고객이 판매 조직에 쉽게 접근할 수 있는가?

(3) 목표 고객이 제품이나 서비스를 구매해야 하는 절박한 이유가 있는가?

(4) 난공불락의 경쟁자가 버티고 있는가?

(5) 창업자의 가치관, 열정, 목표에 부합하는 시장인가?

창업자는 이렇게 선정한, 하나의 목표시장에 집중해야 한다. 이러한 집중화 전략은 창업자에게 다음과 같은 기회를 준다, 즉, 개별 소비자들을 잘 알 수 있고, 시장 내의 경쟁자가 없거나 매우 적으며, 고객의 만족은 입소문 마케팅으로 이어질 수 있다. 또한 창업자가 소비자의 욕구를 잘 알고 있으므로, 시장의 욕구를 100% 만족시키는 제품과 서비스로 시장을 장악하고, 충분한 수익을 낼 수 있다.

틈새시장(Niche Market)은 세분화한 시장을 더욱 좁게 정의된, 특정한 욕구를 가진 소비자 집단으로 나눈 매우 작은 시장이다. 세분화한 시장 안에서도, 매우 값비싼 제품을 원하는 고객, 품질이 조금 떨어지더라도 가격이 싼 실용적인 제품을 원하는 고객, 가격이 조금 비싸더라도 독특한 디자인이나 부가적인 기능을 원하는 고객 등 매우 다양하고 세분화한 소비자의 욕구가 있다. 창업자가 마케팅에 성공하기 위해서는, 하나의 세분화 시장을 정하고, 그 시장을 더욱 세분화한, 자신에게 가장 적합한 틈새시장을 목표 시장으로 정하여 집중 공략해야 한다.

창업자의 제품이나 서비스는 목표시장의 고객에게 현금과의 교환을 가능하게 하는 어떠한 가치를 제공해야 한다. 그 가치는 경쟁 제품과의 차별성, 제품 가격, 품질, 혜택 등에서 생기는 것으로, 제품이나 서비스에 대한 고객의 생각이다. 즉, 창업자는 자신의 제품이나 서비스의 핵심적인 혜택과 차별화를 목표 시장 고객의 마음속에 심기 위하여 노력하는데, 이를 포지셔닝(Positioning)이라고 한다.

포지셔닝이란 목표 고객의 마음을 움직여서, 창업자의 제품이나 서비스를 구매하도록 만드는 것을 말한다. 이것은 목표 고객의 마음에 자리를 잡는 것이다.

불행하게도 창업자에게는 자신의 제품을 포지셔닝할 수 있는 수단이 그리 많지 않다. 포지셔닝의 대표적인 수단은 광고이지만, 몇 차례의 광고로 고객에게 자신의 제품의 핵심 가치를 전달하기는 어렵다. 따라서 창업자는 자신이 목표로 정한 틈새시장에서 제품의 핵심 가치를 고객에게 전달할 수 있는 마케팅 전략을 수립하고 실행해야 한다. 또한 창업자는 제품의 포지셔닝과 마케팅 전략이 잘 어울리는지, 마케팅 전략을 실행할 자원은 충분한지, 이를 지속할 수 있는지를 점검해야 한다.

고객은 창업자의 제품이나 서비스가 자신에게 어떤 가치를 제공하기 전까지는 지갑을 열지 않는다. 고객은 '왜 내가 당신의 제품을 사야 하는가?'라고 질문할 것이다. 창업자는 목표 고객의 이런 질문에 대하여 명확하게 답변해야 한다. 그렇지 않으면 창업자는 그 시장에서 제품이나 서비스를 판매할 수 없다.

여성이 고객인 생활 편의품에 대하여 마케팅(STP) 내용을 작성한 예를 들어 보겠다.

❙표 9-1 마케팅(STP) 작성 예시

구분	내용
시장 세분화 (Segmentation)	나이: 10대, 20대, 30대 직업: 학생, 회사원, 주부, 무직 사용처: 가정, 학교, 병원, 은행, 기타
목표시장(고객) 선정 (Targeting)	나이: 20대 직업: 학생 및 회사 초년생 사용처: 가정
포지셔닝 (Positioning)	20대 여성, 학생 및 회사원이 제품을 선택할 수 있도록, 사용이 간편하고, 귀여운 이미지 및 디자인, 편안한 브랜드로 자리매김할 수 있도록 함

03

어떻게 마케팅 전략을
세워야 할까?

창업자가 신제품을 만들고, 이를 마케팅하기 위해서, 어떤 마케팅 전략을 수립해야 할까?

창업자는 먼저 이 제품이나 서비스를 '누구에게 팔 것인지?', 그리고 이 제품이나 서비스가 '고객에게 어떤 가치나 혜택을 제공하는지?'를 생각할 것이다.

다음으로, 창업자는 몇 개의 세분화한 시장 중에서 효율성이 가장 높다고 생각하는, 하나의 시장을 목표시장으로 결정해야 한다. 그리고 목표 고객에게 맞는 마케팅 전략을 수립해서 실행해야 한다.

마케팅의 STP에서, 포지셔닝(P)은 고객의 마음에 자리 잡기이고, 고객의 마음에 내 제품이나 서비스의 자리를 만들기 위해서는, 마케팅의 네 가지 요소인, 4P를 혼합해서 하나의 전략 패키지를 만들어야 한다. 따라서 4P는 고객의 마음에 자리 잡기, 즉 포지셔닝을 하기 위한 수단이고, 마케팅 전략의 도구가 되는 것이다. 4P는 1960년대에 McCarthy 교수가 제안하였는데, 마케팅 전략을 구성하는 요소로서, 제품(Product), 가격(Price), 유통(Place) 및 촉진(Promotion)이다.

마케팅 전략에는 4P에 대한 전술적인 계획이 포함되어야 하고, 창업자는 제품 출시 전에 이 요소들을 검토하고 점검해야 한다. 즉, 출시 전에 포장,

패키지, 제품 라인 등 제품에 대한 것, 제품 가격, 유통망을 결정, 점검하고, 광고, 홍보 및 세부적인 판매 촉진 방법을 결정하고, 이를 확인해야 한다.

마케팅 전략 수립을 위해서, 4P에 대해서 좀 더 알아보자.

창업자가 판매하는 제품(Product)은 제품과 그와 관련된 서비스, 포장, 편의성, 보증 등 '제품 가치 및 관련된 부가적 가치의 총합'이라고 할 수 있고, 이를 '총 제품 제공물'이라고 한다.

창업자는 차별화된 제품과 싼 가격, 확실한 보증제도, 빠른 배송 등 만족할만한 서비스로 구성된, 매력적인 총 제품 제공물로 소비자를 만족시켜야 한다.

고객은 일반적으로 사회적, 심리적 영향에 기인한 일정 수준의 가격과 품질을 기대한다. 가격과 품질에 대한 일정한 기대 수준은 세분화한 시장에 따라 달라질 수 있다. 따라서 창업자는 목표 시장의 고객이 기대하는 가격과 품질의 범위를 벗어나서 제품을 판매해서는 안 된다. 목표 고객은 제품이나 서비스의 가격과 품질에 대하여 비슷한 시각을 갖고 있기 때문이다.

일반적으로 제품의 가격 책정은 원가에 근거한 방법과 가치에 근거한 방법이 있다.

창업자는 제품의 원가에 이윤을 더하여 가격을 책정할 수 있고, 그 가격이 고객이 생각하는 최고의 가격 이하라면 판매는 가능하다. 또한 더 낮은 가격을 제시하면 좀 더 많은 수량을 판매할 수 있다. 실제로는, 과거에 없었던 신제품이 아니라면, 이미 시장에서는 가격 수준이 결정되어 있으므로, 창업자는 동일한 품질의 제품을 시장 가격보다 낮은 가격을 제시하고 시장에 진입하거나, 디자인, 유통 방법, 제품 패키지, 판매 촉진 방법 등의 차별화에 의하여, 고객에게 새로운 가치를 줌으로써, 비슷하거나 다소 높은 가격으로 제품을 판매할 수 있다. 따라서 고객이 주도권을 갖는 오늘날의 시장에서는 원가에 근거한 가격 책정은 무의미하므로, 고객에게 제공하는 가치에 근거하여 가격을 책정해야 한다.

창업자는 목표 시장에서 시장 침투 가격(Market Penetration Pricing)이나 스키밍(Skimming) 전략을 취할 수 있다.

시장 침투 가격은 시장 신규 진입 시에, 비슷한 품질의 제품을 경쟁사보다 낮은 가격으로 책정하여 시장에 침투하는 것이다. 그러나 창업자의 시장 침투 가격을 저지하기 위하여, 경쟁자가 더 낮은 가격으로 대응하는 경우에는 시장진입에 어려움을 겪을 수 있다. 따라서 창업자는 제조 방법의 효율성 등으로 원가에서의 우위를 갖지 않으면, 시장 침투 전략을 사용할 수 없게 된다.

스키밍 전략은 제품에 대하여 상당히 높은 가격을 제시하더라도 그 제품의 가치를 인정하고 구매를 하는 고객이 있는 경우에 사용하는 고가 전략이다. 목표 고객은 욕구를 충족시켜 주는 새로운 제품에 대하여 가격에 연연하지 않고 구매한다. 창업자는 혁신적이거나 상당히 차별화한 제품으로 시장에 진입하므로, 스키밍 전략에 의하여 제품 가격을 결정한다.

창업자는 하나의 목표시장에 집중하고, 그 시장에서 하나의 가격으로 승부해야 한다. 하지만 두 개 이상의 목표시장에서, 여러 가지 옵션과 추가 요소를 결합한 '제품 라인'을 만들 수 있고, 이 제품 라인 안에서 각 각의 제품별로 가격을 다르게 할 수 있다. 물론 창업자가 하나의 목표시장에서도 하나의 제품 라인을 만들어 판매할 수 있으나, 초기시장에서는 이러한 전략의 필요성은 거의 없다.

창업자는 제품을 목표시장의 고객에게 적절한 시간에, 접근 가능한 위치에서, 적절한 수량으로 제공하여야 한다. 이러한 기능을 수행하는 것을 유통 경로라고 한다. 유통 경로는 창업자가 독자적으로 결정하기가 어렵다.

왜냐하면 유통 경로를 만들기 위해서는 많은 투자를 해야 하기 때문이다. 따라서 창업자는 기존의 유통 경로 중에서 목표 고객에게 만족을 줄 수 있는, 최적의 유통 경로를 결정해야 한다. 유통 경로는 창업자가 제품을 직접 판매하거나, 중간 상인을 통하여 판매하는 두 가지 방법이 있으며, 이 두 가지 방법을 모두 사용할 수도 있다.

창업자가 제품을 직접 판매하는 방법은 다음과 같다.

(1) 고객을 직접 방문하여 판매하거나, 일정 장소로 오도록 하는 방법

(2) 신문, 잡지, 라디오, TV 등에서 판매를 제안하여 주문을 받는 방법

(3) TV 홈쇼핑, 라이브커머스 등의 영상 매체를 통한 판매

(4) 자사 홈페이지, 자사 인터넷 쇼핑몰 등을 통한 온라인 판매

(5) 카다로그 발송 등의 우편 주문 판매

(6) 전화로 영업하는 텔레마케팅

(7) 자동판매기나 자사 매장에서의 판매

창업자가 중간 상인을 통하여 판매하는 경우, 중간 상인에게 유통 마진을 주고 기존의 유통 채널을 이용해야 한다. 이 경우에는 중간 상인과 거래 계약을 함으로써, 분쟁의 발생을 예방해야 한다.

중간 상인에는 도매상과 소매상이 있다. 도매상은 고객과 직접 거래하지 않고 이미 거래 관계가 있는 일정한 소매상들과 거래하므로, 제품을 대규모로 유통시킬 수 있는 장점이 있으나, 유통 마진이 높다는 단점이 있다.

소매상은 최종 소비자에게 제품을 판매하는 접점이다.

소매상의 유형은 다음과 같다.

(1) 편의점 (2) 슈퍼마켓 (3) 전문점: 한정된 제품 계열에서 다양한 제품을 취급, 의류점, 운동구점, 서점 등 (4) 백화점 (5) 할인점: 이마트트레이더스, 홈플러스 등 (6) 대형 소매점: 의류, 생활용품 등을 다품종 대량 판매, 하이마트 등 (7) 재래시장 (8) 무점포 소매점: 방문 판매 업체 (9) 우편 판

매 업체: 우편 판매, 카다로그 판매 (10) 온라인 판매 업체: 인터넷 쇼핑몰, TV 홈쇼핑, 라이브커머스 업체 등

창업자가 도, 소매상 등의 중간 유통 채널을 선택할 때, 다음 사항을 고려해야 한다.

(1) 목표 고객: 유통 채널의 보유 고객이 자신의 목표시장의 고객인가?, 고객의 숫자는 얼마인가?

(2) 매출 예측: 얼마나 많은 제품을 팔 수 있는가?, 최악의 매출은?, 공급할 제품 수량과 자신의 재고량은?

(3) 비용: 할인 등 촉진 비용, 유통 수수료, 마케팅 지원 비용, 재고 투자 비용 등

(4) 수익성 예측: 해당 유통 채널을 통한 수익성은 충분한가?

(5) 마케팅 관리: 제품의 전시와 배치, 문제점 발견과 대응, 체계적 관리 여부, 창업자의 영향력 발휘 여부 등

(6) 명성: 유통 채널의 영업 실적, 평판, 신뢰도, 재무 안전성 등

(7) 경쟁사 제품: 경쟁사의 제품을 같이 취급하고 있는가?

(8) 특별한 사항: 목표시장의 고객이 기술적 조언, 설치, 빠른 배송 등 특별한 사항을 요구하는가?

(9) 계약: 배타적인 계약 사항을 요구하는가?, 불평등한 계약인가?

창업자에게 유통이 중요한 이유는 매출, 이윤 및 경쟁력에 영향을 미치기 때문이고, 제품의 인도 또는 배달을 통하여 고객 만족에 영향을 미치기 때문이다. 즉, 유통이 없다면 매출도 없고, 고객 만족도 없다. 따라서 창업자는 자신의 제품을 적절한 여러 가지 채널을 선택하여 판매해야 한다. 오늘날에는 인터넷, 모바일 등 통신의 발달로, 창업자가 자신의 제품을 목표시장의 고객에게 직접 판매하고 관리하는 것이 점점 더 중요하게 되었다. 그러나 창업자가 직접 판매와 관리를 실현하기 위해서는 비용이 많이 들기

때문에, 중간 유통 채널을 이용하는 것이 일반적이다. 하지만 창업자는 중간 유통 채널의 선택이 쉽지 않고, 선택한 경우에도 결정의 주도권을 대부분 중간 유통 업체가 갖고 있으므로 여러 가지 어려움을 겪을 수 있다.

촉진(Promotion)은 판매자가 잠재 목표 고객에게 제품을 구매하도록 동기를 부여하는 모든 기법을 말한다. 촉진 기법에는 광고, 홍보, 판매 촉진, 인적 판매 등의 전통적인 촉진 기법과 인스타그램, 유튜브, 페이스북, 블로그 등을 이용한 소셜 미디어 마케팅과 라이브커머스 등의 새로운 촉진 기법이 있다. 창업자는 이러한 촉진 기법을 사용하여 종합적이고 체계적인 촉진 전략을 만들어 실행함으로써, 고객과 소통할 수 있으며, 고객을 만족시킬 수 있다.

창업자가 쓸 수 있는 전통적인 촉진 기법은 다음과 같다.

(1) 광고(Advertising)

광고는 기업, 상품, 서비스, 아이디어 등에 대한 인지도를 높이는 데 필요한 촉진 도구이다. 비용을 고려한 메시지의 침투율이라는 면에서는 어느 정도 효율적이지만, 인쇄물, 방송 등을 통한 광고가 너무 많고, 내용도 흥미롭지 않아서, TV 광고가 나오는 순간 다른 채널로 이동하는 등의 소비자 광고 외면 현상이 많아지고 있다.

광고의 종류는 방송, 옥외 광고, 영화 및 드라마에서의 광고, 팸플릿 및 소책자, 포스터, 전단지, 지하철 등 교통 광고, 전시, 점포 내 광고 등으로 다양하다. 광고는 한정된 목표 시장을 겨냥하여 집중하는 경우에는, 효과적으로 촉진할 수 있다. 예를 들면 낚시용품 광고를 낚시 전문 잡지나 방송에 광고하고, 낚시장 내에 제품 포스터 게시, 전단지 배포 등으로 목표 고객에게 최대한 집중적, 지속적으로 광고해야 한다.

광고는 매체, 메시지, 목적, 예산 등에 따라 효과가 달라질 수 있으나, 목표시장의 고객에게 인지시키고, 관심을 갖게 하고, 사고 싶은 욕망이 생기게 하고, 구매하게 하는 것(AIDA: Awareness, Interest, Desire, Action)을 단계적으로 가능하게 한다.

창업자는 광고가 얼마나 많은 목표 고객에게 도달할 수 있는지, 그렇게 하기 위해서는 어느 정도의 빈도로 광고해야 하는지, 나의 광고 예산은 얼마인지를 고려하여 광고 매체를 정해야 한다.

(2) 홍보(PR: Public Relations)

홍보는 고객과 사회에 기업이나 제품을 바람직하게 알리고, 좋은 관계를 만들기 위한 각종 활동을 말한다. 신문이나 잡지, TV에서 기업이나 제품 내용을 보도하는 경우, 독자들은 그 기사를 사실로 받아들이거나, 광고보다 더 신뢰하고 믿는다. 또한 홍보는 무료라는 점이 광고와는 다르다. 그러나 기사 내용이 흥미롭고, 뉴스거리가 되지 않는다면 기사로 다루어지지 않을 것이다. 따라서 창업자는 늘 홍보를 할 수 있는 기삿거리를 생각하고 준비해야 한다.

홍보의 종류는 PENCILS라는 약어로 표현할 수 있다.

P = Publications(출판): 사보, 재무 등의 연례 보고자료, 회사나 제품 소개 자료

E = Event(이벤트): 운동 경기, 예술 등 특정 행사의 후원

N = News(뉴스): 창업자, 회사, 종업원, 제품에 관한 호의적인 기사

C = Community Involvement Activities(지역 사회 관련 활동): 지역과 관련된 회사의 기부, 자선 등의 활동

I = Identity Media(이미지 통합): 회사 유니폼, 로고, 명함 등

L = Lobbying Activities(로비 활동): 입법이나 판정에 영향을 미치는 활동

S = Social Responsibility Activities(사회적 책임 활동): ESG 경영 활동 등 기업의 사회적 책임과 활동

(3) 판매 촉진(Sales Promotion)

판매 촉진은 고객의 구매 행동에 영향을 미치는 광범위한 인센티브의 집합이다. 판매 촉진은 광고나 홍보 등에 의하여 포지셔닝된 고객의 지갑을 열게 만든다. 세일을 한다거나, 한 개 가격으로 두 개를 살 수 있다거나, 경품을 받을 수 있다거나, 상품권을 증정한다거나 하는 것을 알게 되면 고객은 즉시 지갑을 열기 때문이다.

판매 촉진의 방법은 콘테스트, 게임, 추첨, 복권, 선물 증정, 샘플 제공, 무료 박람회나 시사회 초대, 할인 쿠폰 증정, 오락 제공, 무이자 할부 혜택, 현금 할인, 가격 인하 등 다양한 방법이 있다.

판매 촉진은 성장기나 성숙기 시장에서는 세일 선호 고객을 만듦으로써, 효과가 별로 없는 것으로 알려져 있으나, 초기 또는 도입기 시장에서는 효과적인 수단이다. 초기시장에서, 창업자는 판매 촉진을 하지 않을 수 없다. 새로운 제품이거나, 광고가 많이 되지 않아서, 소비자가 잘 모르는 제품을 판매하여야 하기 때문이다. 따라서 창업자는 목표시장 고객에게 샘플을 나누어 주거나, 제품을 사용할 수 있도록 함으로써, 자신의 제품을 알게 해야 한다. 창업자는 초기시장에서 수익성의 악화를 감수하고라도 매출을 증대시키는 것이 더 중요하다.

(4) 인적 판매(Personal Sales)

창업자는 영업 사원을 고용하여 제품을 판매할 수 있다. 큰 기업에 부품, 소재를 납품하는 B2B 기업은 인적 판매가 가장 중요한 촉진 도구이다.

영업 사원은 고객의 관심 사항을 알아내고, 질문과 이의제기에 대답하는 등의 고객 응대를 통하여 제품을 판매한다. 제품과 서비스의 기술적인 수준이 높거나 복잡할수록, 영업 사원의 중요성은 더욱 높아진다. 흔히 최고의 영업 사원은 평균적인 영업 사원의 5 내지 10배를 판매한다고 한다. 따라서 급여와 복지 수준을 높이더라도 최고의 영업 사원을 고용하는 것이 언제나 좋은 선택이다. 그러나 인적 판매는 좋은 성과에도 불구하고 가장 비용이 많이 드는 촉진 수단이다. 따라서 창업자는 텔레마케팅을 할 것인지, 방문 판매를 할 것인지 등 인적 판매의 종류와 방법을 정하고, 자신의 품목과 예산을 고려하여 효율적인 인적 판매의 기획과 실행을 해야 한다.

(5) 전시회(Trade Show)

창업자는 혁신적이고 새로운 제품이나 개선된 제품을 목표 시장의 고객에게 판매해야 하고, 목표 시장은 우리나라에만 있는 것은 아니다. 우리나라 시장은 세계 시장 규모의 3% 정도이므로, 약 30배가 넘는 시장이 해외의 여러 나라에 있다.

창업자는 자신의 제품이 속한 분야의 유명한 전시회에 참여하여, 여러 나라의 바이어들과 만나서 수출 상담을 하고, 직접 수출을 해야 한다. 창업자에게 전시회는 매우 중요한 촉진 전략이고, 이를 통하여 큰 기업으로 성장할 수 있다.

제품, 가격, 유통 및 촉진의 4P는 판매자인 창업자의 입장에서 본 마케팅 요소인데, 이를 구매자인 목표 고객의 입장에서 본 것이 4C이다.

창업자와 목표 고객의 입장은 다르다.

창업자는 제품 또는 서비스를 판다고 생각하지만, 고객은 가치 또는 문제 해결책을 구매하는 것이다.

창업자는 자신이 가격을 결정하여 판매하지만, 고객은 구매한 가격뿐이 아니라 이를 사용하고, 택배를 받는 비용 등을 포함한 총비용을 가격이라고 생각한다.

창업자는 자신의 제품 또는 서비스의 유통 경로를 결정하지만, 고객은 어떻게 유통되었는지와 상관없이, 편리하게 구입할 수 있는지에 관심을 갖고 있다. 또한 고객이 원하는 것은 창업자의 일방적인 판매 촉진이 아닌, 소통, 즉, 쌍방향의 커뮤니케이션이다.

오늘날과 같이 고객이 주도권을 가진 시장에서는 언제나 창업자의 입장 (4P)이 아닌, 고객의 입장(4C)에서 마케팅 전략을 짜야 한다.

4P와 4C를 비교하면 다음과 같다.

▍표 9-2 4P와 4C의 비교

4P	4C
제품(Product)	고객 가치(Customer Value)
가격(Price)	고객 측의 비용(Cost to the Customer)
유통(Place)	편리성(Convenience)
촉진(Promotion)	소통(Communication)

마케팅 믹스의 요소인 4P(4C)는 서로 보완적인 관계이다. 예컨대, 제품의 품질이 낮으면 높은 가격을 받을 수 없고, 유통도 어려워지며, 여러 가지 촉진책도 힘을 발휘하지 못하는 것은 보완적 관계 때문이다. 따라서 창업자는 4P(4C) 요소를 적절하게 혼합한 마케팅 전략을 통해서, 고객에게 명확한

'가치 제안'을 해야 한다. 4P(4C) 중에서 대부분의 창업자가 강점으로 가질 수 있는 요소는 제품(고객 가치)이기 때문이다. 창업자는 자신의 강점을 활용하고, 다른 요소를 보완한, 적절한 마케팅 전략을 수립해야 한다.

▼ 그림 9-4 마케팅 전략 수립: STP + 4P(4C)

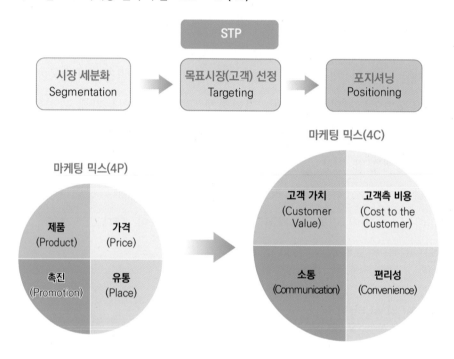

04

쌍방향의 새로운
촉진 기법이란 무엇인가?

마케팅 요소인 4P 중에서, 촉진(Promotion)은 고객의 입장에서는 소통, 즉 쌍방향의 커뮤니케이션이다. 오늘날과 같이 고객이 주도권을 가진 시장에서는 광고, 홍보, 판매 촉진, 인적 판매 등의 전통적인 촉진 기법보다는 소셜미디어 마케팅과 라이브커머스 등과 같은 쌍방향의 새로운 촉진 기법이 점점 중요해진다.

쌍방향의 새로운 촉진 기법에는 어떤 것들이 있을까?

소셜미디어 마케팅(Social Media Marketing)은 SNS(Social Network Service) 마케팅이라고도 하는데, 인스타그램, 유튜브, 페이스북, 블로그 등 다른 사람들과 교류할 수 있는 서비스인 소셜미디어를 활용하여 제품이나 서비스의 판매를 촉진하는 마케팅 기법이다.

SNS 마케팅은 텔레비전, 신문 등과 같은 전통적인 대중매체를 통해 광고나 홍보를 했던 기존의 마케팅과는 다르게, 사용자들이 참여하고, 서로 정보를 공유할 수 있는 웹이나 앱 기반의 플랫폼인 소셜 네트워크 서비스(SNS)를 활용함으로써, 쌍방향 커뮤니케이션으로 판매자와 고객이 서로 소통한다.

소셜미디어 마케팅은 많은 사람에게 쉽게 소문을 퍼뜨릴 수 있는, 입소문을 만드는 촉진 기법이다. 입소문은 사람들이 자신이 구매한 제품에 대하여 다른 사람들에게 이야기하는 것이다. 이러한 입소문의 목표는 제품과 브랜드, 광고 등에 대하여 많은 사람이 우호적으로 말하게 하는 것이고, 그 결과로 그 제품을 구매하도록 하는 것이다. 따라서 창업자는 우호적인 입소문을 만들기 위해서, 여러 소셜미디어 마케팅 중에서 효과적인 촉진 방법을 결정하고 실행해야 한다.

SNS의 영향력이 커짐에 따라 적극적으로 입소문을 확산하기 위한 다양한 촉진 방법이 개발되고 있다. 제안이나 제품 사용 후기, 의견 등을 해당 사이트에 남기면 마일리지를 제공하고, 누적된 점수나 실적, 공헌도에 따라 각종 프리미엄, 경품 등을 수여하는 마일리지 시스템이 있다. 또한 SNS 서포터즈와 같이 20~30대 젊은 층을 중심으로, 특정 홈페이지나 블로그에 아이디어, 제안 등을 제시하는 사람에게 각종 프리미엄을 제공하거나, 해당 기업에 대한 호감을 조성할 수 있는 이벤트나 행사를 개최하기도 한다.

블로그는 개인이 관심 있는 주제나 견해, 주장에 따라 자유롭게 글을 올릴 수 있는 웹사이트로, 개인 홈페이지보다는 운영과 관리가 편하다는 장점이 있다. 특히, 자기 생각을 적극적으로 표출하는 10대와 20대에서 블로그 이용률이 높은 편이고, 블로그에 게재된 정보에 대한 신뢰도도 높다. 기업들은 블로그를 고객과 소통하고, 교류하는 창구로 활용하면서 브랜드나 서비스의 신뢰도를 높이는 수단으로 이용하고 있다.

인스타그램은 사진에 기반하는 미디어라는 특성이 있어서, 시각적으로 재미있거나, 아름다운 장면을 연출하는 이미지를 업로드하고, 해시태그를 활용하는 방식으로 마케팅을 한다. 또한 자신이 다녀온 장소, 사용한 제품, 착용한 옷 등을 사진의 형태로 게시하고, 이를 본 이용자들은 사진에 태그된 해시태그를 통해 해당 정보를 얻는다.

유튜브는 영상을 통하여 자신의 생각을 표현하는 매체인데, 고객들이 좋아할 만한 컨텐츠를 올려서 구독자 수를 늘리고, 이를 마케팅에 활용한다. 유튜브는 유튜버가 특정 제품을 사용하거나, 특정 체험을 경험하는 과정을 영상으로 제작하여 업로드하는 형태로 마케팅이 이뤄진다. 주로 미용 관련 제품들에 대한 마케팅이 많지만, 최근에는 분야와 상관없이, 유튜브를 통한 마케팅이 활발하게 이루어지고 있다.

페이스북의 경우에도, 인스타그램과 유사하게, 특정 제품을 사용하는 영상이나 사진 등을 게시하여 제품을 홍보한다. 유튜버가 주로 영상을 활용한 마케팅을 하고, 인스타그램이 사진을 활용한 마케팅을 한다면, 페이스북은 영상과 사진을 적절히 사용하기 때문에, 이 두 채널의 특징이 섞여 있다고 할 수 있다.

최근에는 소셜미디어를 통해서, 일반인들이 생산한 콘텐츠가 TV 광고 이상의 영향력을 가지게 되면서, 인플루언서 마케팅(Influencer marketing)이 중요하게 되었다.

인플루언서 마케팅은 인스타그램, 유튜브, 페이스북 등 SNS에서, 많은 구독자를 보유한 인플루언서에게 돈을 주고 제품 사용 후기 등을 올리게 해서, 특정 제품 또는 브랜드에 대한 의견이나 평가가 컨텐츠를 소비하는 이용자들의 인식과 구매 결정에 커다란 영향을 주게 하는 마케팅 기법이다.

인플루언서 마케팅의 특징은 다음과 같다.

(1) 고객을 또 다른 마케터로 이용할 수 있다.

예를 들어 인스타그램의 경우, 인플루언서가 방문한 장소의 해시태그를 보고 그 장소를 이용한 고객이 다시 자신의 인스타그램에 동일한 해시태그를 달아 해당 장소에 방문했다는 인증 글을 남기는 형태로 진행되기 때문이다.

(2) 소비자들의 공감을 쉽게 이끌어 낼 수 있다.

인플루언서가 생산하는 컨텐츠는 소비자들의 일상과 크게 다르지 않기 때문에, 제품을 광고하기에 유리하다. 대부분 소비자는 인플루언서를 연예인이 아닌, 일반인이라고 생각하기 때문이다.

(3) 목표 고객에게 정확하게 포지셔닝할 수 있다.

창업자는 광고하고자 하는 제품이 어떤 연령층이나 성별을 목표로 하느냐에 따라, 인플루언서 마케팅을 적절히 활용할 수 있다. 특정 상품이나 서비스의 인플루언서와 팬들은 연령대나 성별이 서로 비슷하기 때문이다.

(4) 개인의 채널을 활용하기 때문에 시간적 제약이 없고, 보다 친근한 이미지로 소비자들에게 다가갈 수 있다.

소비자들은 영상을 통해, 마치 친한 친구가 자신에게 제품 설명을 하는 것과 같은 느낌을 받는다. 이는 소비자들의 구매 욕구를 자극하는 효과가 있다.

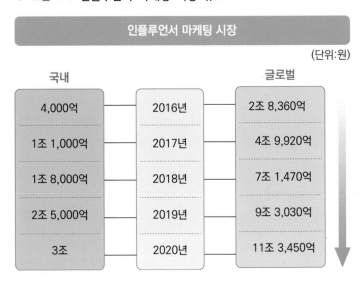

자료: KOTRA · Mediakix

라이브커머스는 생방송과 전자상거래의 합성어로, 생방송이 진행되는 동안 채팅을 통해 진행자, 혹은 다른 구매자와 실시간으로 상호 소통하면서 상품을 소개하고, 즉시 구매할 수 있는 스트리밍 방송이다.

라이브커머스는 소통과 쇼핑을 결합하여, 재미를 극대화하고 다양한 쇼핑 정보를 줌으로써, 비대면 온라인 쇼핑의 단점을 보완하고 있다. 라이브커머스는 모바일 실시간 소통에 특화된 MZ세대를 주요 고객으로 삼고 있다. MZ세대는 1980년대 초부터 2000년대 후반까지 출생한 밀레니얼 세대와 Z세대를 통칭하는 말이다. 디지털 환경에 익숙하고 최신 트렌드, 남과 다른 이색적인 경험을 추구하는 특징을 보인다.

라이브커머스는 코로나19로 비대면, 비접촉을 추구하는 경제 활동이 급부상하면서, 백화점, 편의점, 화장품, 패션 업체 등에서 활발하게 활용하고 있다. 생방송으로 상품을 판매한다는 점에서 TV홈쇼핑과 유사하지만, 쌍방향으로 소통한다는 점과 통신판매업자 등으로 신고만 하면 별다른 제약이

없다는 장점이 있다. 이런 이유로 라이브커머스 시장 규모는 점점 커지고
있다.

　네이버의 '쇼핑라이브', 카카오의 '톡 딜라이브', 티몬의 '티비온라이브',
CJ올리브영의 '올라이브', 롯데백화점의 '100라이브' 등이 국내의 대표적 라
이브커머스 플랫폼이다.

▼ 그림 9-6 **국내 라이브커머스 시장 규모**

소셜미디어 마케팅 전략

팀별로 쌍방향의 새로운 촉진 기법인 소셜미디어 마케팅 전략에 대하여 서로 토의해 보자. 관심 있는 비즈니스 분야나 아이템에 대한 최근의 뉴스와 기사를 통해서, 위 주제에 대한 토의 내용을 정리해 보자.

토의 내용 정리

(일자 및 시간:)

토의 주제	소셜미디어 마케팅 전략
팀명	
참석자	
토의 내용	
토의 결과	

창업 아이템의 STP + 4C 표로 작성하기

팀별로 창업 아이템을 정하고, 창업 아이템의 마케팅 전략(STP + 4C)을 표로 작성해 보자.

실습 내용 정리

(일자 및 시간:)

실습 주제	창업 아이템의 마케팅 전략(STP + 4C) 작성
창업 아이템(분야)	
팀명	
참석자	
마케팅 전략	STP + 4C
시장 세분화 (Segmentation)	
목표 고객 선정 (Targeting)	
포지셔닝(Positioning)	
고객 가치 (Customer Value)	
고객 측의 비용 (Cost to the Customer)	
편리성 (Convenience)	
커뮤니케이션 (Communication)	

마케팅이란
무엇인가?

- 마케팅은 구매자와 판매자가 서로 만족할 수 있는 '교환'을 성립 시키기 위한 판매자의 활동이다.

- 마케팅 환경 변화가 크고, 변화 원인이 근본적일수록 기존 기업 보다는 창업자에게 유리하다.

- 창업자는 환경과 시장의 변화를 이용하여, 고객을 만족시키는 혁 신적인 제품과 마케팅으로, 사업에 성공할 수 있다. 즉, 오늘날 창업자에게 필요한 것은 '혁신과 마케팅', 두 가지이다.

어떻게 시장
세분화를 하고,
목표시장을
정하는 걸까?

- 마케팅 전략의 수립은 (1) 시장 세분화(Segmentation) (2) 목표 시장(고객) 선정(Targeting) (3) 포지셔닝(Positioning)의 순서로 진행된다. 창업자는 목표 고객에게 효과적으로 마케팅하기 위하 여, 마케팅 전략을 수립하고, 그에 따라 마케팅 활동을 하고, 그 성과를 평가하며, 그 결과를 피드백(Feed-Back)하는, 일반적인 절차에 따라야 한다.

- 일정한 기준에 따라 시장을 몇 개의 동질적인 소비자 집단으로 나눌 수 있는데, 이를 시장 세분화라고 한다. 시장 세분화의 기준 은 (1) 소비자 구매 행태 (2) 인구 통계적 기준 (3) 심리 분석적 기준 (4) 사용 상황 기준이다.

- 창업자는 선정된 몇 개의 세분화한 시장을 분석하여, 최종적으로 하나의 세분 시장을 선택하는데, 이를 목표시장이라고 하고, 그 목표시장의 고객을 목표 고객이라고 한다.

- 목표시장을 선택하는 단 하나의 기준은 효율성이다.

- 창업자는 이렇게 선정한, 하나의 목표시장에 집중해야 한다. 이러 한 집중화 전략은 창업자에게 다음과 같은 기회를 준다, 즉, 개별 소비자들을 잘 알 수 있고, 시장 내의 경쟁자가 없거나 매우 적으 며, 고객의 만족은 입소문 마케팅으로 이어질 수 있다.

• 포지셔닝이란 목표 고객의 마음을 움직여서, 창업자의 제품이나 서비스를 구매하도록 만드는 것을 말한다. 이것은 목표 고객의 마음에 자리를 잡는 것이다.

**어떻게
마케팅 전략을
세워야 할까?**

• 마케팅의 STP에서, 포지셔닝(P)은 고객의 마음에 자리 잡기이고, 고객의 마음에 내 제품이나 서비스의 자리를 만들기 위해서는, 마케팅의 네 가지 요소인, 4P를 혼합해서 하나의 전략 패키지를 만들어야 한다. 따라서 4P는 고객의 마음에 자리 잡기, 즉 포지셔닝을 하기 위한 수단이고, 마케팅 전략의 도구가 되는 것이다.

• 4P는 마케팅 전략을 구성하는 요소로서, 제품(Product), 가격(Price), 유통(Place) 및 촉진(Promotion)이다.

• 창업자는 차별화된 제품과 싼 가격, 확실한 보증제도, 빠른 배송 등 만족할 만한 서비스로 구성된, 매력적인 총 제품 제공물로 소비자를 만족시켜야 한다.

• 고객이 주도권을 갖는 오늘날의 시장에서는 원가에 근거한 가격 책정은 무의미하므로, 고객에게 제공하는 가치에 근거하여 가격을 책정해야 한다.

• 창업자는 제품을 목표시장의 고객에게 적절한 시간에, 접근 가능한 위치에서, 적절한 수량으로 제공하여야 한다. 이러한 기능을 수행하는 것을 유통 경로라고 한다.

• 창업자에게 유통이 중요한 이유는 매출, 이윤 및 경쟁력에 영향을 미치기 때문이고, 제품의 인도 또는 배달을 통하여 고객 만족에 영향을 미치기 때문이다. 즉, 유통이 없다면 매출도 없고, 고객 만족도 없다.

• 촉진(Promotion)은 판매자가 잠재 목표 고객에게 제품을 구매하도록 동기를 부여하는 모든 기법을 말한다. 촉진 기법에는 광고, 홍보, 판매 촉진, 인적 판매 등의 전통적인 촉진 기법과 인스타그램, 유튜브, 페이스북, 블로그 등을 이용한 소셜미디어 마케팅, 라이브커머스 등의 새로운 촉진 기법이 있다.

• 창업자가 쓸 수 있는 전통적인 촉진 기법은 (1) 광고(Advertising)

(2) 홍보(PR: Public Relations) (3) 판매 촉진(Sales Promotion) (4) 인적 판매(Personal Sales) (5) 전시회(Trade Show)이다.

- 오늘날과 같이 고객이 주도권을 가진 시장에서는 언제나 창업자의 입장(4P)이 아닌, 고객의 입장(4C)에서 마케팅 전략을 짜야 한다.

4P	4C
제품(Product)	고객 가치(Customer Value)
가격(Price)	고객 측의 비용(Cost to the Customer)
유통(Place)	편리성(Convenience)
촉진(Promotion)	소통(Communication)

- 창업자는 4P(4C) 요소를 적절하게 혼합한 마케팅 전략을 통해서, 고객에게 명확한 '가치제안'을 해야 한다. 4P(4C) 중에서 대부분의 창업자가 강점으로 가질 수 있는 요소는 제품(고객가치)이기 때문이다.

쌍방향의 새로운 촉진 기법이란 무엇인가?

- 촉진(Promotion)은 고객의 입장에서는, 소통, 즉, 쌍방향의 커뮤니케이션이다. 오늘날과 같이 고객이 주도권을 가진 시장에서는, 광고, 홍보, 판매 촉진, 인적 판매 등의 전통적인 촉진 기법보다는 소셜미디어 마케팅과 라이브커머스 등과 같은, 쌍방향의 새로운 촉진 기법이 점점 중요해진다.

- 소셜미디어 마케팅(Social Media Marketing)은 SNS(Social Network Service) 마케팅이라고도 하는데, 인스타그램, 유튜브, 페이스북, 블로그 등 다른 사람들과 교류할 수 있는 서비스인 소셜 미디어를 활용하여 제품이나 서비스의 판매를 촉진하는 마케팅 기법이다.

- 인플루언서 마케팅은 인스타그램, 유튜브, 페이스북 등 SNS에서, 많은 구독자를 보유한 인플루언서에게 돈을 주고 제품 사용 후기 등을 올리게 해서, 특정 제품 또는 브랜드에 대한 의견이나 평가가 컨텐츠를 소비하는 이용자들의 인식과 구매 결정에 커다란 영향을 주게 하는 마케팅 기법이다.

- 라이브커머스는 생방송과 전자상거래의 합성어로, 생방송이 진행되는 동안, 채팅을 통해 진행자, 혹은 다른 구매자와 실시간으로 상호 소통하면서 상품을 소개하고, 즉시 구매할 수 있는 스트리밍 방송이다.

  라이브커머스는 소통과 쇼핑을 결합하여, 재미를 극대화하고 다양한 쇼핑 정보를 줌으로써, 비대면 온라인 쇼핑의 단점을 보완하고 있다.

창업자의 시장 진입 전략

제10장의 핵심 질문

- 제품에 따른 마케팅 유형은 무엇인가?
- 혁신 제품의 시장 진입 전략은 무엇인가?
- 창업자의 초기시장 전략이란 무엇인가?
- 캐즘의 개념과 캐즘 극복 전략은 무엇인가?
- 스타트업 마케팅의 특징은 무엇일까?

토의   창업 아이템의 시장 진입 전략

실습   창업 아이템의 초기시장 전략 계획서 작성

핵심 질문과 요약

01

제품에 따른 마케팅 유형은 무엇인가?

우리는 마케팅의 STP와 목표 고객에게 포지셔닝(P)을 하기 위한 마케팅 전략의 요소(4C)에 대하여 배웠다.

창업자의 마케팅을 '시장의 불확실성'과 '제품(서비스)의 혁신성'에 따라, 다음의 네 가지 유형으로 분류할 수 있다.

▼ 그림 10-1 시장에 따른 마케팅의 분류

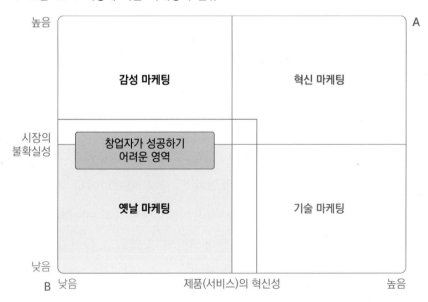

여기에서 시장의 불확실성이 낮다는 것은 시장이 확실하다, 즉 시장이 확실히 있다는 것을 말하는 것이다. 반대로 시장의 불확실성이 높다는 것은 시장, 즉 고객이 없을 확률이 높다는 것이다. 창업자가 시장 불확실성이 매우 높은, 즉 고객이 없는 시장에 진입해서, 마케팅 활동을 시작한다면, 창업자의 제품이나 서비스를 구매하거나, 알고 있는 고객들이 생기게 되면서 시장 불확실성이 점차 낮아질 것이다.

제품(서비스)의 혁신성은 고객이 제품이나 서비스를 새롭다고 느끼는지에 대한 것이다. 즉, 혁신성이 높다는 것은 고객이 이 제품이나 서비스를 처음 본다는 것이다. 그러나 창업자가 제품을 출시하고, 광고, 홍보 등을 하고, 유통을 하게 되면, 제품을 접한 고객들이 늘어나서, 혁신성이 점점 낮아지게 된다.

예를 들면, 휴대폰이 처음 나왔을 때, 휴대폰은 시장의 불확실성과 제품의 혁신성이 모두 높았으므로, 혁신 마케팅에 해당하고, 그것에 맞는 마케팅 전략이 필요했을 것이다. 시장에 처음 출시된 휴대폰은 (그림 10-1)의 A 지점에서 마케팅을 시작하게 된다. A 지점은 시장의 불확실성과 제품의 혁신성이 모두, 가장 높은 지점이다. 휴대폰의 마케팅이 시작되면서, 고객이 점차 늘어나게 되면, 시장의 불확실성과 제품의 혁신성이 모두 낮아지면서, B 지점 쪽으로 점차 이동하게 된다. 창업자가 A 지점에서 마케팅을 시작하여, B 지점 쪽으로 이동하면서, 옛날 마케팅의 영역으로 들어갔다면, 아마도 많은 수익을 얻었을 것이다. 또한 창업자가 감성 마케팅이나 기술 마케팅의 영역의 어느 한 점에서 마케팅을 시작하고, 창업자의 마케팅의 성과로, B 지점 쪽으로 점차 이동하여, 옛날 마케팅의 영역으로 들어갔다면, 역시 많은 수익을 얻었을 것이다.

각각의 시장에서 창업자는 어떻게 마케팅을 해야 할까?

네 가지 유형의 시장 중에서, 창업자는 자신의 제품이나 서비스가 어떤 유형에 해당하는지를 알고, 그것에 맞는 마케팅 전략을 수립해야 한다.

(1) 옛날 마케팅

시장 불확실성과 제품의 혁신성이 모두 낮은 경우의 마케팅 유형이다. 소위 전통적 마케팅이라는, 소비재 중심의 시장에서의 마케팅을 말한다.

창업자는 옛날 마케팅 영역에 해당하는 제품이나 서비스로 시장에 진입하더라도 성공하기 어렵다. 이미 고객을 확보하고 있는 기존 기업과 경쟁이 되지 않기 때문이다. 또한 (그림 10-1)의 옛날 마케팅 영역을 둘러싸고 있는 일정한 영역(창업자가 성공하기 어려운 영역)에서도 마찬가지이다. 이 영역에서는, 이미 고객을 확보하고 있는 기존 기업이 기존 제품을 약간 개선한 제품을 출시하여 마케팅을 하고 있으므로, 창업자가 기존 제품을 개선한 제품으로 이 영역에 진입하더라도 성공하기 쉽지 않다.

(2) 감성 마케팅

전통적 마케팅에 해당하는 상품 중에서 소비자의 다양한 기호와 복잡한 욕구가 형성됨으로써, 시장의 불확실성이 증대되는 경우의 마케팅 유형이다. 의류나 패션 등의 각종 디자이너 제품과 엔터테인먼트 산업, 영화, 공연, 문화 산업, 스포츠 산업 등에서 필요한 마케팅 유형이다.

예술이나 문화, 공연, 디자인 등에서의 새로운 창작인 경우에는 대중이 이해하기가 힘들고, 소수의 매니아 층만이 이해하게 되므로 처음에는 시장이 작고, 시장 불확실성은 크다고 할 수 있다. 하지만 이러한 새로운 창작이 시장을 형성하게 된다면, 시장은 점점 확실하게 되면서, 기존 시장인 옛날 마케팅의 B 지점 쪽으로 점차 이동하게 된다.

따라서 이 시장에서는 시대적 트렌드를 정확하게 읽어내는 능력, 소비자의 반응을 예측하는 능력, 상품 디자인 능력 등이 창업자가 갖춰야 할 마케팅의 핵심 요소이다.

(3) 기술 마케팅

새로운 암 치료제 등의 제품과 같이, 기술적인 수준이나 혁신성이 높지만, 일단 개발이 되고 임상을 거쳐 판매가 가능해지면 시장 불확실성이 낮아져서, 비교적 마케팅이 쉬워진다. 예를 들면, 어느 대기업이 1회 복용으로 암의 발병을 현저하게 줄여 주는 약물을 출시했다는 뉴스가 나온다면, 아마 더 이상의 마케팅이 필요하지 않을 것이다. 따라서 이 시장에서는 혁신적 제품에 대한 소비자의 우려를 줄여 주고, 제품의 신뢰도를 높여 주는 것이 마케팅의 핵심이 된다.

(4) 혁신 마케팅

제품 또는 서비스의 혁신성과 시장 불확실성이 모두 높은 경우의 마케팅 유형이다. 많은 창업자는 기존 기업과의 경쟁을 피하기 위하여, 과거에는 없었던, 새롭고 혁신적인 제품이나 서비스로 시장에 진입한다. 이 경우의 가장 큰 문제점은 높은 시장 불확실성, 즉 고객이 없다는 것이다. 창업자는 제품이나 서비스의 혁신성과 목표 고객에 맞춘 마케팅 전략으로 시장에 진입하여, 점차 목표 고객의 만족을 얻음으로써, B지점 쪽으로 점차 이동하게 될 것이다.

창업자는 네 가지 유형의 시장 중 하나의 시장에서 자신의 제품이나 서비스로 마케팅을 하게 된다. 창업자는 그 시장에서 자신의 제품이나 서비스가 고객의 욕구를 어떻게, 그리고 얼마나 많이 충족시키느냐에 의해서, 성공 여부가 결정된다. 따라서 창업자는 자신이 진입하는 시장에 맞는 마케팅 전략을 실행해야 한다.

창업자는 혁신 마케팅이나 감성 마케팅 또는 기술 마케팅의 영역에서 성공할 확률이 높고, 전통적인 시장인 옛날 마케팅 영역과 그 주변의 시장에서는 성공할 확률이 매우 낮다. 따라서 창업자는 혁신 제품의 시장 진입 전략을 주로 하고, 전통적 마케팅 전략을 부가적으로 혼합한 마케팅 전략으로 목표 고객을 포지셔닝 해야 한다.

혁신 제품의 시장 진입 전략은 무엇인가?

창업자가 새롭고 혁신적인 또는 차별화된 제품이나 서비스로 시장에 진입하는 경우, 어떤 전략을 써야 할까?

당연한 이야기지만, 창업자가 진입하는 시장의 목표 고객을 만족시키는 전략이 필요할 것이다.

창업자가 새롭고 혁신적인 제품으로 시장에 진입하는 경우에 사용하는 전략을 스타트업 혁신 마케팅 전략이라고 할 수 있는데, 이러한 전략은 감성 마케팅 또는 기술 마케팅의 영역의 시장에, 차별화된 제품으로 진입하는 경우에도 사용할 수 있다.

혁신 제품의 시장 진입 전략, 즉 스타트업 혁신 마케팅 전략을 이해하기 위해서는 창업자가 혁신적인 제품이나 서비스로 시장에 진입할 때, 만나게 되는 고객의 유형을 알아야 한다. 목표 고객의 유형과 특징을 이해해야, 그에 맞는 마케팅 전략을 수립할 수 있기 때문이다.

창업자는 혁신적인 제품이나 서비스를 시장에 출시할 때, 기술 애호가, 선각자, 실용주의자, 보수주의자, 회의론자의 순서로 고객 집단을 만나게 된다.

▼ 그림 10-2 혁신 제품의 시장수용자 유형

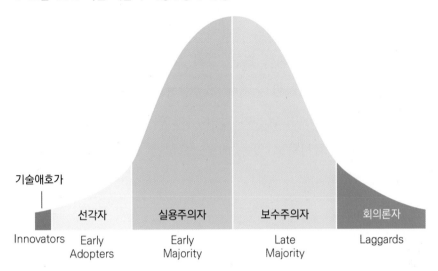

▼ 그림 10-2 혁신 제품의 시장수용자 유형

(1) 기술 애호가

혁신 수용자(Innovators)라고도 하는데, 혁신 제품을 사는 이유가 '그냥 좋아서'이고, 그냥 시원하게 구매한다. 기술에 대하여 남들보다 잘 알고 있으며, 새로운 기술을 다른 사람보다 먼저 습득하려고 한다. 시장에서의 비율은 약 2.5%이다.

(2) 선각자

얼리어답터(Early Adoptors)라고도 하는데, 혁신 제품을 통해 남보다 앞서고자 하는 경향이 강하다. 이들은 오피니언 리더로서의 역할도 수행하고, 소득이 많고, 교육 수준도 높기 때문에, 초기시장 성공의 열쇠를 쥐고 있다. 선각자의 신제품 구매는 주로 개인적, 경제적, 전략적 목적을 달성하기 위한 것이고, 시장의 약 13.5%를 차지하고 있다.

(3) 실용주의자

전기 다수 시장(Early Majority)의 수용자이다. 창업자가 마케팅에 성공하기 위해서, 반드시 포지셔닝해야 하는 고객 그룹이다. 실용주의자는 기술 자체에는 관심이 없고 실제적인 문제에 집중한다. 검증된 결과를 요구하고, 성공 사례를 알고 싶어 하며, 남들이 많이 구매하는 제품인지를 알고자 한다. 시장의 약 34%를 차지하고 있는 매우 큰 고객 집단이다.

(4) 보수주의자

후기 다수 시장(Late Majority)의 수용자이다. 주로 위험을 회피하고자 하는 소비자가 많고, 대부분 가격에 민감하다. 따라서 이들을 설득하기 위해서는 낮은 가격, 표준화, 단순화가 필요하다. 전체 시장의 약 34%를 차지한다.

(5) 회의론자

지각 수용자(Laggards)라고도 한다. 이들은 신기술이나 혁신 제품에 대하여 매우 부정적인 입장을 취하고 있고, 의심이 많다. 따라서 이들을 설득하는 데 상당한 마케팅 비용이 발생하기 때문에, 기업은 이들 집단에 대한 마케팅을 포기하기도 한다. 전체 시장의 약 16%를 차지한다.

창업자가 혁신적인 제품이나 서비스로 시장에 진입해서, 기술 애호가와 선각자를 거쳐서 실용주의자에게 판매를 완료했다면, 전체 시장의 약 50%의 고객에게 판매를 한 것이므로, 창업자의 범위를 벗어나서 큰 기업이 되었을 것이다. 따라서 보수주의자와 회의론자의 시장은 창업자의 시장이 아니라고 할 수 있다.

대부분 기업은 보수주의자의 후기 다수 시장에서 마케팅을 시작하면서, 동시에 새로운 제품이나 서비스에 대한 R&D를 진행하고, 신제품을 출시한다. 기업의 R&D와 신제품 출시는 후기 다수 시장에서 정체되고 있는 매출 곡선을 다시 상향으로 끌어올리는 역할을 할 것이다.

03 창업자의 초기시장
전략이란 무엇인가?

창업자가 새롭고 혁신적인 제품으로 시장에 진입하는 경우에 만나게 되는 첫 번째 고객인 기술 애호가는 제품이 혁신성이 있다면, 제품이 완벽하지 않더라도 구매를 한다. 따라서 그들조차 구매하지 않는다는 것은 제품이나 서비스에 혁신성, 즉, 놀랄 만한 요소나 재미있는 요소가 없다는 것이다. 또는 제품이나 서비스의 혁신성을 창업자가 잘 설명하지 못해서 판매하지 못하는 경우도 있을 것이다. 그러나 기술 애호가도 창업자의 제품이나 서비스를 외면한다면, 별다른 방법이 없다.

창업자는 약 13.5%에 해당하는 선각자에게 제품을 판매하기 위하여 어떤 전략을 써야 할까? 창업자가 기술 애호가에 대한 판매를 어느 정도 진행하면, 초기시장의 핵심 고객인 선각자를 만나게 되는데, 이들을 만족시키는 전략을 초기시장 전략이라고 한다.

초기시장 전략은 초기시장에서 성공하기 위한 조건으로, 다음과 같다.

(1) 혁신성의 충족(와우 요소와 킬러 애플리케이션)

혁신성이란 감탄할 정도로 대단한 제품의 요소로, 그동안 충족되지 않았던 고객의 욕구를 채워 주는 것이다.

혁신성을 충족시키기 위한 두 가지 조건은 와우 요소(Wow Factor)와 킬러 애플리케이션(Killer Application)이다. 와우 요소는 감탄할 만한 대단한 제품 요소, 즉 기술적, 기능적 요소이거나 디자인 등의 요소이다. 킬러 애플리케이션은 선각자에게 개인적 효용을 제공해 주는 것, 즉 그들에게 그동안 충족되지 않았던 욕구를 채워 주는 요소이다.

창업자의 제품이나 서비스가 제공하는 혁신성으로 선각자를 만족시키지 못하면, 이들에 대한 판매가 어렵게 된다.

(2) 포지셔닝 전략

제품에 대한 선각자들의 인식을 공급자가 원하는 방향으로 유도하여 매출을 향상시키는 것이다. 따라서 창업자는 선각자가 제품에 대하여 원하는 것이 무엇인지를 알고, 그것에 맞는 마케팅 전략을 수립, 실행해야 한다.

(3) 입소문 마케팅

제품을 사용해 본 선각자들이 스스로 제품의 장점을 발견하고, 기꺼이 지인에게 소개하도록 유도하는 전략이다.

(4) 장애요인(FUD 요소)의 제거

고객이 처음 제품이나 서비스를 구매할 때 가질 수 있는 장애요인을 제거해 주는 것이다. 장애요인을 FUD 요소라고도 하는데, 두려움(Fear), 불확실성(Uncertainty) 및 의심(Doubt)이다.

두려움은 새로운 기술에 대한 학습, 추가적 비용 부담 등에 대한 것이고, 불확실성은 제품 사양이 표준 제품이 될 수 있는지, 서비스가 안정적, 지속적으로 잘 될 수 있는지 등에 대하여 확신하지 못하는 것이며, 의심은 작동이 잘 되는지, 속도나 안정성에 문제가 없는지 등 기능적 측면의 의심을 말한다.

창업자는 초기시장에서 성공하기 위해서, 혁신성을 충족시킬 수 있는 제품이나 서비스로 선각자를 만족시키고, 두려움과 불확실성 및 의심 등의 장애요인을 제거하고, 선각자를 포지셔닝 함으로써, 입소문을 유도하는 전략을 써야 한다.

04

캐즘의 개념과
캐즘 극복 전략은
무엇인가?

  창업자가 시장의 약 16%에 해당하는, 기술 애호가와 선각자에서 제품이나 서비스를 판매했다고 해서 안심해서는 안 된다. 즉 초기시장에서의 성공이 언제나 전기 다수 시장으로 연결되지는 않는다. 그 이유에 대하여 실리콘 밸리의 컨설턴트였던, Moore는 초기시장과 전기 다수 시장 사이에 큰 틈이 존재하기 때문이라고 했고, 그 틈을 캐즘(Chasm)이라고 불렀다.

  캐즘을 데스밸리(죽음의 계곡)라고 부르기도 한다.

  캐즘은 창업자가 초기시장에서 선각자를 상대로 하는 마케팅이 실용주의자에게는 효과를 발휘하지 못하기 때문에 생기는 현상이다. 초기시장에서 창업자의 매출이 더 이상 늘어나지 않는다면, 자신이 캐즘에 빠져 있는지를 의심해야 한다.

  그렇다면 캐즘은 왜 생기는가?

  그 이유는 얼리어답터인 선각자와 전기 다수 시장의 수용자인 실용주의자 사이에 커다란 괴리가 존재하기 때문이다. 즉 두 그룹은 서로 다른 특징을 갖고 있으므로, 창업자는 각 그룹의 고객에 맞춘, 서로 다른 마케팅 전략을 써야 한다.

  두 그룹 간의 특징을 비교하면 다음과 같다.

┃표 10-1 선각자(얼리어답터)와 실용주의자(전기 다수 시장 수용자)의 비교

선각자	실용주의자
직관적	분석적
혁명 선호	진화 선호
무리로부터 이탈하고자 함	무리와 함께 있고자 함
자신의 판단에 따라 행동	동료의 의견을 구함
위험을 기꺼이 감수	위험을 최소화
미래의 기회에 관심	현재의 문제에 관심
작은 가능성에 도전	확실한 일을 따름
실용주의자를 시대에 뒤떨어진 사람으로 인식	선각자는 위험하다고 생각

창업자가 캐즘을 극복하기 위한 전략은 마케팅 전략을 기존의 선각자가 아닌, 실용주의자에게 맞추는 것이다.

(1) 집중 전략

창업자가 목표로 정한 하나의 틈새시장에 창업자의 모든 힘을 집중하여 마케팅을 실행하는 것이다.

무어는 이러한 전략을 '볼링 앨리(Bowing Alley)'라고 했다. 볼링을 할 때 한 두 개의 표적 핀을 힘차게 쓰러뜨려 스트라이크를 만들어 내듯이, 자신이 목표로 정한 틈새시장에 마케팅을 집중하는 것이다. 전기 다수 시장의 고객을 세분화해서 결정한, 하나의 틈새시장의 목표 고객에 집중한 마케팅 전략은 그 주변의 다른 세분화 시장으로 입소문 등을 통하여 전파되는데, 이것은 마치 목표 볼링핀이 넘어지면서 인접한 볼링핀이 차례로 무너짐으로써, 스트라이크를 만드는 것과 유사하다고 할 수 있다.

(2) 완전 완비 제품 전략

창업자는 자신의 제품이나 서비스를 고객의 요구에 완벽하게 맞춘, 완전한 것으로 만들어야만 실용주의자를 만족시킬 수 있고, 부가적인 제품, 무료 교육 등의 서비스도 제공해야 한다.

창업자는 전기 다수 시장의 실용주의자를 완벽하게 만족시킴으로써 성공할 수 있다. 이렇게 되면, 창업자는 매출 폭발, 즉 '토네이도(Tornado)'를 만나게 되는데, 이 시기에는 창업자가 주문과 배송을 잘 소화하고, 점유율을 높이기 위하여 최선을 다해야 한다. 또한 고객의 다양한 요구를 제품에 반영할 여유가 없으며, 제품의 표준화와 단순화를 통하여, 자신의 제품이나 서비스를 확산·보급시켜야 한다.

창업자가 매출 폭발을 경험하면, 그때부터 창업자는 더 이상 창업자가 아니라고 할 수 있다. 그 후, 기업은 후기 다수 시장으로 진입하게 되고, 이 시장을 메인 스트리트(Main Street) 라고 부른다. 이 시기는 기존의 전통적 마케팅에서 중요하게 다루던 문제들이 중요하게 된다.

▼ 그림 10-3 캐즘(Chasm), 볼링앨리(Bowling Alley)와 토네이도(Tornado)

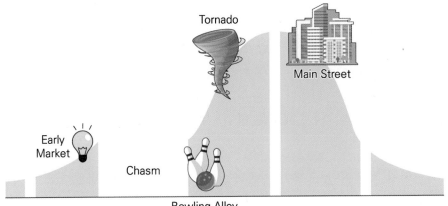

05

스타트업 마케팅의
특징은 무엇일까?

창업자는 자신의 목표 고객의 지갑을 열게 하기 위해서, 어떤 마케팅 전략을 수립해야 할까?

창업자는 이미 시장을 갖고 있는 기존 사업자에 비하여 여러 가지 면에서 불리한 점이 많아서, 마케팅 전략을 수립하기가 어렵다. 따라서 창업자는 기존 사업자의 일반적인 마케팅 전략과는 다르게, 자신의 목표 고객을 만족시키는 차별화된 마케팅 전략을 수립 시행해야 하는데, 이를 스타트업 마케팅 전략이라고 한다.

일반적인 마케팅과 구분되는 스타트업 마케팅은 다음과 같은 특징이 있다.

(1) 창업자는 일반적인 제품이 아닌 상당히 차별적이고, 혁신적인 제품으로 승부해야 한다.

혁신이란 기존과 다른, 새로운 방법, 새로운 제품으로 마케팅을 해서 돈을 버는 것이다.

혁신적인 제품이란 고객이 기존과는 여러 가지 면에서 다르다고 느끼는 제품을 말한다. 여기에서, 혁신적이냐 아니냐의 구분은 고객의 입장에서 해야 한다. 따라서 혁신 마케팅이란 '고객이 혁신적이라고 생각하는 제품이나 서비스의 마케팅'이다.

차별화된 제품이란 기존 제품에 대비해서 고객이 차별성이 있다고 느끼는 것이다. 혁신 제품과의 경계선에 있다. 또한 차별화를 포함한 혁신은 제품의 주요한 기능에 대한 것이어야 한다.

창업자는 일반적인 제품으로는, 이미 시장을 선점하고 있는 기존 사업자와 경쟁을 할 수 없고, 혁신적인 제품이나 서비스로 혁신적인 마케팅을 해야만 성공할 수 있다. 즉 창업자는 고객이 그다지 혁신적이라고 느끼지 못하는 제품이나 서비스로, 대기업이나 강력한 기존 중소기업이 장악하고 있는 시장에서는 마케팅으로 승리할 수 없다. 창업자는 그들의 경쟁 상대가 되지 않기 때문이다.

(2) 창업자는 작은 틈새시장에 마케팅을 집중해야 성공 확률이 높다.

창업자는 자산이 적기 때문에, 목표 시장을 아주 작게 정해서, 그 시장에 집중해야 한다. 창업자에게는 제품이나 관리보다는 마케팅이 가장 중요하다. 마케팅이 안 되면 사업을 계속할 수 없기 때문입니다.

(3) 창업자에게 맞는 마케팅 전략을 최소의 비용으로, 효율적으로 실행해야 한다.

창업자는 마케팅에 어느 정도의 돈이 필요한지 알아보고, 그 돈을 효율적으로 활용할 수 있는 방법을 고민해야 한다. 창업자들은 광고나 홍보 등 돈이 많이 드는 마케팅에서는 실패하는 경우가 많다. 특히 온라인 이나 모바일 마케팅을 적극 활용해야 한다. 창업자들은 블로그, 유튜브 등을 활용하는 SNS마케팅이나 라이브커머스 등과 같은 쌍방향의 커뮤니케이션을 활용하는 마케팅에서 성과가 좋다.

(4) 창업자는 자신이 유리한 장소에서, 자신에게 유리한 시간에 사업을 시작해야 한다.

창업자는 국내 시장은 물론이고, 해외 시장도 개척해야 한다. 이를 위하여 창업자는 전시회를 잘 활용해야 한다. 또한 창업자는 우리나라에는 시장이 작거나 없지만, 해외에서 목표 시장을 개척하여 제품을 판매할 수도 있다.

창업자는 시장뿐만 아니라, 자신에게 유리한 조건이 형성됨으로써, 성공이 가능한 때를 기다려서 사업을 시작해야 한다. 창업자가 자신의 사업이 불리한 시기에 시장에 진입하는 것은 위험하다.

창업 아이템의 시장 진입 전략

팀별로 창업 아이템의 시장 진입 전략에 대하여 토의해 보자.

토의 내용 정리

(일자 및 시간:)

토의 주제	창업 아이템의 시장 진입 전략
팀명	
참석자	
토의 내용	
토의 결과	

창업 아이템의 초기시장 전략 계획서 작성

팀별로 창업 아이템을 정하고, 창업 아이템의 초기시장 전략 계획서를 작성해 보자.

초기시장 전략 계획서

(일자 및 시간:)

팀명	
팀원	
제품(서비스)	
목표 고객	
혁신성 및 차별성	
포지셔닝 전략	
입소문 마케팅 전략	
장애 요인의 제거	

**제품에 따른
마케팅 유형은
무엇인가?**

- 옛날 마케팅은 시장 불확실성과 제품의 혁신성이 모두 낮은 경우의 마케팅 유형이다. 소위 전통적 마케팅이라는, 소비재 중심의 시장에서의 마케팅을 말한다.

- 감성 마케팅은 전통적 마케팅에 해당하는 상품 중에서 소비자의 다양한 기호와 복잡한 욕구가 형성되어, 시장의 불확실성이 증대되는 경우의 마케팅 유형이다. 의류나 패션 등의 각종 디자이너 제품과 엔터테인먼트 산업, 영화, 공연, 문화 산업, 스포츠 산업 등에서 필요한 마케팅 유형이다.

- 기술 마케팅은 새로운 암 치료제 등의 제품과 같이, 기술적인 수준이나 혁신성이 높지만, 일단 개발이 되고 임상을 거쳐 판매 가능한 때에는 시장 불확실성이 낮아져서, 비교적 마케팅이 쉬워진다. 이 시장에서는 혁신적 제품에 대한 소비자의 우려를 줄여 주고, 제품의 신뢰도를 높여 주는 것이 마케팅의 핵심이 된다.

- 혁신 마케팅은 제품 또는 서비스의 혁신성과 시장 불확실성이 모두 높은 경우의 마케팅 유형이다. 많은 창업자는 기존 기업과의 경쟁을 피하기 위하여, 과거에는 없었던, 새롭고 혁신적인 제품이나 서비스로 시장에 진입한다. 이 경우의 가장 큰 문제점은 높은 시장 불확실성, 즉 고객이 없다는 것이다.

**혁신 제품의
시장 진입 전략은
무엇인가?**

- 창업자는 혁신적인 제품이나 서비스를 시장에 출시할 때, 기술 애호가, 선각자, 실용주의자, 보수주의자, 회의론자의 순서로 고객 집단을 만나게 된다.

- 기술 애호가는 혁신 수용자(Innovators)라고도 하는데, 혁신 제품을 사는 이유가 '그냥 좋아서'이고, 그냥 시원하게 구매한다. 기술에 대하여 남들보다 잘 알고 있으며, 새로운 기술을 다른 사람보다 먼저 습득하려고 한다.

- 선각자는 얼리어답터(Early Adoptors)라고도 하는데, 혁신 제품을 통해 남보다 앞서고자 하는 경향이 있다. 이들은 오피니언 리더로서의 역할도 수행하고, 소득이 많고, 교육 수준도 높기 때문에, 초기시장 성공의 열쇠를 쥐고 있다.

- 실용주의자는 기술 자체에는 관심이 없고 실제적인 문제에 집중한다. 검증된 결과를 요구하고, 성공 사례를 알고 싶어 하며, 남들이 많이 구매하는 제품인지를 알고자 한다.

- 보수주의자는 후기 다수 시장(Late Majority)의 수용자이다. 주로 위험을 회피하고자 하는 소비자가 많고, 대부분 가격에 민감하다. 따라서 이들을 설득하기 위해서는 낮은 가격, 표준화, 단순화가 필요하다.

- 회의론자는 지각 수용자(Laggards)라고도 한다. 이들은 신기술이나 혁신 제품에 대하여 매우 부정적인 입장을 취하고 있고, 의심이 많다.

창업자의 초기시장 전략이란 무엇인가?

- 기술 애호가는 제품이 혁신성이 있다면, 제품이 완벽하지 않더라도 구매를 한다. 따라서 그들조차 구매하지 않는다는 것은 제품이나 서비스에 혁신성, 즉 놀랄 만한 요소나 재미있는 요소가 없다는 것이다.

- 초기시장 전략은 초기시장에서 성공하기 위한 조건으로, 다음과 같다.

  (1) 혁신성의 충족(와우 요소와 킬러 애플리케이션)

  (2) 포지셔닝 전략

  (3) 입소문 마케팅

  (4) 장애요인(FUD 요소)의 제거

- 혁신성을 충족시키기 위한 두 가지 조건은 와우 요소(Wow Factor)와 킬러 애플리케이션(Killer Application)이다. 와우 요소는 감탄할 만한 대단한 제품 요소, 즉, 기술적, 기능적 요소이거나 디자인 등의 요소이다. 킬러 애플리케이션은 선각자에게 개인적 효용을 제공해 주는 것, 즉, 그들에게 그동안 충족되지 않았던

욕구를 채워 주는 요소이다.

- 장애요인을 FUD 요소라고 하는데, 두려움(Fear), 불확실성(Uncertainty) 및 의심(Doubt)이다. 두려움은 새로운 기술에 대한 학습, 추가적 비용 부담 등에 대한 것이고, 불확실성은 제품 사양이 표준 제품이 될 수 있는지, 서비스가 안정적, 지속적으로 잘 될 수 있는지 등에 대하여 확신하지 못하는 것이며, 의심은 작동이 잘 되는지, 속도나 안정성에 문제가 없는지 등 기능적 측면의 의심을 말한다.

- 창업자는 초기시장에서 성공하기 위해서, 혁신성을 충족시킬 수 있는 제품이나 서비스로 선각자를 만족시키고, 두려움과 불확실성 및 의심 등의 장애요인을 제거하고, 선각자를 포지셔닝함으로써, 입소문을 유도하는 전략을 써야 한다.

캐즘의 개념과 캐즘 극복 전략은 무엇인가?

- 캐즘은 초기시장과 전기 다수 시장 사이의 큰 틈인데, 창업자가 초기시장에서 선각자를 상대로 하는 마케팅이 실용주의자에게는 효과를 발휘하지 못하기 때문에 생기는 현상이다.

- 창업자가 캐즘을 극복하기 위한 전략은 마케팅 전략을 실용주의자에게 맞추는 것이다.
  (1) 집중 전략: 볼링 앨리(Bowing Alley)
  (2) 완전 완비 제품 전략

스타트업 마케팅의 특징은 무엇일까?

- 스타트업 마케팅은 다음과 같은 특징이 있다.
  (1) 창업자는 일반적인 제품이 아닌 상당히 차별적이고, 혁신적인 제품으로 승부해야 한다.
  (2) 창업자는 작은 틈새시장에 마케팅을 집중해야 성공 확률이 높다.
  (3) 창업자에게 맞는 마케팅 전략을 최소의 비용으로 효율적으로 실행해야 한다.
  (4) 창업자는 자신이 유리한 장소에서, 자신에게 유리한 시간에 사업을 시작해야 한다.

창업자의 사업계획서와 자금 조달

CHAPTER 11 사업계획서 작성과 프레젠테이션

CHAPTER 12 창업 자금 조달과 성장 전략

CHAPTER

11

사업계획서 작성과
프레젠테이션

제11장의 핵심 질문

• 사업계획서는 무엇이고, 왜 필요한 걸까?
• 창업자의 사업계획서를 어떻게 만들고, 어떤 내용을 넣어야 할까?
• 사업 계획의 프레젠테이션을 어떻게 할까?

토의   창업 아이템에 대한 NABC 작성 및 엘리베이터 피칭 방법

실습   예비창업패키지 사업계획서 작성하기

핵심 질문과 요약

사업계획서는
무엇이고,
왜 필요한 걸까?

사업계획서는 무엇인가?

사업계획서는 창업자가 사업의 목표를 달성하기 위하여 사업 시스템을 운영하는 계획을 작성한 것이다. 사업 시스템을 운영하기 위한 사업 기획이 잘돼야 올바른 사업 운영이 가능하고, 사업 운영의 결과를 다시 사업 계획에 반영, 수정함으로써 창업을 성공으로 이끌 수 있다.

창업자는 사업 계획을 작성하기 전에 다음의 세 가지 질문에 대답할 수 있어야 한다. 이 질문에 대한 대답이 사업 계획의 핵심이기 때문이다.

(1) 나는 지금 어디에 있는가? – 창업자의 내부 역량과 외부 환경

(2) 나는 어디로 가야 하는가? – 사업의 정량적 목표와 정성적 목표

(3) 나는 어떻게 갈 수 있는가? – 사업 전략과 구체적인 실행 계획

▼ 그림 11-1 사업 계획의 세 가지 핵심 요소

사업 계획의 세 가지 핵심 요소에 대하여 조금 더 알아보자.

(1) 창업자의 내부 역량과 외부 환경

현재 또는 미래의 외부 환경에서, 창업자가 사업을 성공적으로 수행하기에 충분한 내부 역량이 있는지에 대한 것은 매우 중요한 요소이다. 벤처투자 업계의 많은 투자 심사역 들은 심사에서 가장 중요한 요소가 기업가라고 말한다.

내부 역량이란 창업자의 학력, 경력, 지식의 정도, 기술력, 영업력, 판단력, 판로 확보의 가능성 등의 요소이고, 외부 환경이란 기업을 둘러싼 정치, 경제, 사회, 인구 통계적 환경, 산업 환경, 경쟁자와의 경쟁 환경, 무역 등 해외 환경 중에서 사업에 영향을 미칠 수 있는 요소이다.

(2) 사업의 정량적 목표와 정성적 목표

사업 목표에는 정량적 목표와 정성적 목표가 있다.

정량적 목표는 사업 목표를 일정한 양으로 표시한 목표이다. 매출액, 영업 이익, 시장 점유율 등이 대표적인 정량적 목표이다. 정량적 목표는 달성률이나 실적 결과를 실시간으로 알 수 있으므로, 측정이 용이하고, 그에 따른 대책을 빠르게 수립할 수 있다. 그러나 모든 목표를 정량화하기가 어려우므로, 정성적 목표와 병행해야 한다.

정성적 목표는 이루고자 하는 어떤 성질을 나타내는 목표이다. 목표 시장에서의 회사의 위치, 목표 시장 고객의 창출과 만족, 개발 제품의 기술 향상, 제품 및 서비스의 차별화 등 창업 기업의 성공 또는 기업의 지속 가능한 성장 등의 특정 가치를 나타내는 목표이다. 정성적 목표는 그 목표 달성 여부를 측정하기 어려우므로, 이를 측정할 수 있는 하위의 정량적 목표를 설정하는 것이 좋다. 따라서 정성적 목표는 여러 개의 하위 정량적 목표를 측정함으로써, 목표 달성 정도를 평가할 수 있다.

(3) 사업 전략 및 구체적 실행 계획

사업 목표를 달성하기 위한 사업 전략은 제품 전략, 마케팅 전략 및 관리 전략으로 구분할 수 있다.

제품 전략은 제품의 구성, 제품 차별화 전략, 제품 개발 전략 등과 이러한 전략을 실행하기 위한 구체적인 전술과 실행 계획이다.

마케팅 전략은 총 제공물인 제품과 서비스를 목표 시장에서 고객에게 포지셔닝하기 위한 전략으로, 가격 전략, 유통 전략, 판매 촉진 전략, 브랜드 구축 전략 등의 전략과 이를 실행하기 위한 전술 및 실행 계획이다.

관리 전략은 사업 기획, 평가, 피드백을 포함하는 사업 시스템의 전 과정을 실행하는 데 필요한 인적, 물적 자원 및 자금의 조달과 운영 등의 관리를 하는 것으로, 인적 자원의 채용, 배치 및 교육, 필요한 물적 자원의 구매, 전략적 제휴, M&A, 지식재산권의 등록 및 관리, 투자 유치 등을 통한 자금 조달 등의 전략과 실행 계획이다.

창업자가 사업 계획의 핵심 요소에 대하여 필요한 결정을 하지 못하고, 이를 이해하지 못한다면 좋은 사업계획서를 작성할 수 없다. 따라서 창업자는 사업계획서를 작성하기 전에, 시작하는 사업에 대하여 많은 고민과 연구를 하고, 제품 관련 기술 자료, 특허 자료, 목표 시장과 고객 자료, 경쟁자 자료 등에 대한 충분한 정보 조사와 자료 준비를 마쳐야 한다.

사업계획서는 창업자가 정부 지원금, 대출, 투자 등의 자금 조달을 위하여, 상대방에게 자신의 사업 계획과 자금이 필요한 이유를 설명하는 자료로 가장 많이 사용한다. 그 밖에도 사업계획서는 사업의 이정표가 되고, 창업자에게 자신의 사업을 점검하는 기회를 제공하며, 전략적 제휴 및 거래처, 동업자나 인재 유치를 위한 설득 자료로 사용되기도 한다.

02

창업자의 사업계획서를
어떻게 만들고,
어떤 내용을 넣어야 할까?

창업자는 사업을 시작하기 전에 사업 구상을 하고, 이를 구체화한 기본 사업계획서를 작성하여, 그 절차에 따라 사업을 시작해야 한다.

기본 사업계획서를 수정하여 내부용 사업계획서를 만들 수 있고, 기본 사업계획서를 바탕으로 연도별 사업계획서를 작성할 수도 있다. 외부 제출이나 발표용 사업계획서는 사업의 핵심을 간결하고도 정확하게 설명해야 하고, 기본 사업계획서의 내용을 목적에 맞게, 적당한 분량으로 요약 및 정리하여 사용해야 한다. 또한 사업계획서의 핵심적 내용을 요약한 요약 사업계획서를 작성, 사용하는 것도 효과적이다.

기본 사업계획서의 일반적인 목차와 내용은 다음과 같다.

창업자는 자신의 아이템이나 업종에 따라서 또는 핵심 전략을 강조하기 위하여, 목차는 조정할 수 있고, 중요도가 낮은 부분은 생략할 수 있다. 또한 1인 창업의 경우나 창업기간이 짧은 경우에는 아래 사업계획서의 목차나 내용을 다 채우기 어려우므로 핵심적인 내용 위주로 작성하면 된다.

1. 사업 개요(사업 계획의 요약)

사업 목표, 사업 모델(고객 가치 및 수익 창출), 사업화 전략(주요 사업 전략)

2. 조직 및 인력 계획

회사의 비전 및 형태, 대표자 및 임원의 역량, 인력 및 업무 분담, 인력 충원 계획, 대외 협력 관계, 협력 업체 및 인력 등

3. 제품 및 서비스 계획

제품 또는 기술의 차별성 및 혁신성, 연구 개발 및 시제품 개발 계획, 제품 및 디자인 계획, 제품 양산 계획, 제품 및 서비스의 구성, 지식재산권 등

4. 마케팅 계획

목표시장 선정 사유, 시장 및 고객 분석, 경쟁자 분석, 품질 및 가격 전략, 유통 채널 선정 및 유통 계획, 광고 및 판매 촉진 계획 등

5. 자금 소요 및 조달 계획

부문별 자금 소요 계획, 자금 종류별 조달 계획

6. 사업 추진 일정

제품별 및 부문별 사업 추진 일정, 전체 사업 추진 일정

7. 추정 재무제표

추정 재무상태표, 추정 손익계산서, 추정 현금흐름표
(첨부 자료) 창업자 이력서, 경쟁사 자료, 세부 시장 자료, 기사 자료, 제품 설계도, 계약서 등

창업자가 사업계획서를 작성할 때, 다음과 같은 논리적 글쓰기의 원칙을 지켜서 글을 쓰는 것이 좋다.

(1) 쉽고 명확해야 한다. 즉, 읽는 사람이 편하게 읽고, 이해하기 쉬워야 한다.

(2) 문장을 짧게 써야 한다. 즉, 하나의 문장에는 하나의 뜻만 담아야 한

다. 이를 위하여 주어와 서술어가 하나씩인 단문의 형식이 좋다.

(3) 군더더기를 없애라. 즉 없어도 뜻을 전달하는 데 문제가 없다면 빼라.

(4) 주제를 뚜렷이 하고, 꼭 필요한 정보만을 담아라.

창업자가 위와 같은 논리적 글쓰기 원칙에 맞게 글을 쓴다면, 쉽게 읽힐 수 있고, 명확하고, 힘 있는 간결한 문장이 되기 때문에, 읽는 사람에게 좋은 평가를 받을 수 있다.

창업자가 사업계획서를 작성할 때, 지켜야 할 원칙은 다음과 같다.

(1) 이해성: 사업계획서는 정확하고, 상대방이 알기 쉽게 작성한다.
   이를 위하여, 사업계획서는 보고서 및 설명문에 적합한 개조식으로 작성하는 것이 좋다. 개조식은 서술형 문장과 반대 개념으로, 내용을 길게 풀어서 표현하지 않고, 중요하고 핵심적인 요소만 간추려서 표현하는 것이다. 또한 기술 용어를 적절한 설명 없이 사용해서는 안 된다. 상대방이 사업 계획을 정확하게 이해하지 못하게 되기 때문이다.

(2) 충분성: 상대방이 쉽게 납득할 수 있도록, 구체적이고 충분하게 설명한다.

(3) 강조성: 사업의 핵심 요소와 창업자의 강점을 부각하여 작성한다.

(4) 혁신성 및 차별성: 기존 사업이나 경쟁사와의 혁신성 및 차별성을 부각하여 작성한다.

(5) 신뢰성: 실현 가능한 목표, 신뢰할만한 데이터, 외부기관의 자문, 수치와 자료에 대한 정확한 근거 제시 등 상대방에게 믿음을 심어줘야 한다. 또한 사업 구상의 전제 조건이 허황되거나 비현실적인 경우에는, 오히려 상대방의 신뢰를 무너뜨림으로써, 자금의 지원이나 투자를 받지 못하게 될 수도 있음을 유의해야 한다.

┃ 표 11-1 개조식 작성의 예시

○ 서비스 판매(영업) 방식

- 서비스 이용 방법

 사용자가 서비스가 설치된 점포에 방문하여 프린터를 이용하고, 사용한 매수만큼 결제하는 방식

- 지속 성장 가능성

 현대 사회가 디지털화되었다고 하지만, 현재 복사 용지 및 프린팅 서비스에 대한 수요가 꾸준히 늘어나고 있고, 이에 발맞추어 공유경제의 개념을 가진 프린터를 이용하여 서비스를 제공한다면 기존 시장에서 보유중인 고객을 확보할 수 있을 것으로 전망함

- 홍보 및 판매전략

 서비스 출범 후 비용 소모를 각오하고, 일정 기간 무료 서비스 예정임
 이후 홍보는 현재 마케팅과 관련하여 MOU 체결된 회사와 합작하여 SNS 및 블로그 채널을 이용한 홍보 예정

- 고객 유치 및 플랫폼 확대 전략

 고객의 수는 가격과는 반비례하며, 품질에는 비례하는 경향이 있음
 이를 전제로 할 때, 서비스를 무료로 제공하는 방법은 아래와 같음

항목	내용 및 설명
통신사 멤버십 제휴	통신사가 가진 회원수 및 멤버십 포인트를 제휴하여 고객들의 멤버십 포인트로 서비스 이용료를 결제할 수 있게 함
광고 유치	광고주와 제휴하여 시청 광고 수만큼 무료로 출력 가능한 서비스 제공

사업계획서를 작성하는 일반적인 절차는 다음과 같다.

(1) 작성 목적 설정

 작성 목적이 내부적 목적인지, 투자 유치, 대출 등의 외부적 목적인지를 정해야 한다.

(2) 양식 결정

 자금 신청용 등 양식이 정해져 있지 않은 경우에는 자체적으로 목차 및 양식을 결정한다.

(3) 작성 계획 수립

작성자, 작성 내용 및 범위, 일정 등의 작성 계획을 수립한다.

(4) 작성 자료 준비

작성에 필요한 자료를 수집하고, 내용에 맞게 정리한다.

(5) 작성 및 검토

작성 원칙에 따라 간결하고 정확하게 작성하고, 오류가 없는지 검토한다.

(6) 편집 및 제출

전체적으로 좋은 인상을 받을 수 있도록, 표지, 본문, 첨부 자료 등의 순서로 편집하여 제출한다.

▼ 그림 11-2 사업계획서의 일반적인 작성 절차

정부 지원사업의 창업 사업계획서 양식 및 작성 방법을 알아보자.

창업진흥원에서 시행하는 예비창업자와 3년 이내 초기 창업자에 대한 정부 지원사업의 창업 사업계획서의 양식과 목차는 동일하다. 정부 지원사업 주관기관에서는 1차 서면 평가와 2차 발표 평가를 통해서 지원자를 선정한다.

1차 서면 평가는 정해진 양식에 의하여 제출된 사업계획서를 평가하는

데, 다음과 같은 순서로 기술하도록 구성되어 있다.

1. 일반 현황 및 창업 아이템 개요(요약)

2. 문제 인식(Problem): 고객의 문제가 무엇인지, 그 문제를 알게 된 동기 와 창업 아이템이 그 문제를 해결하는 데 적합한 것인지를 기술한다.

3. 실현 가능성(Solution): 고객 문제에 대한 해결책을 구체적으로 기술한 다. 비즈니스모델, 아이템의 제작, 시장 분석 및 경쟁력 확보 방안, 추 진 일정 등을 제시한다.

4. 성장 전략(Scale-up): 시장 진입 및 마케팅 전략, 자금 소요 및 조달 계획을 기술한다.

5. 팀 구성(Team): 대표자 및 팀원의 역량, 협력 파트너, 추가 고용 계획 을 기술한다.

▌표 11-2 예비창업패키지 사업계획서 양식

사업계획서 작성 목차	

항목	세부항목
일반 현황	- 기본정보 : 대표자, 아이템명 등 일반현황 및 제품(서비스) 개요 - 세부정보 : 신청분야, 기술분야 신청자 세부정보 기재
창업아이템 개요(요약)	- 창업아이템 소개, 차별성, 개발경과, 국내외 목표시장, 창업아이템 이미지 등을 요약하여 기재

1. 문제인식 (Problem)	**1-1. 창업아이템의 개발동기** - 창업아이템의 부재로 불편한 점, 국내·외 시장(사회·경제·기술)의 문제점을 혁신적으로 해결하기 위한 방안 등을 기재
	1-2 창업아이템의 목적(필요성) - 창업아이템의 구현하고자 하는 목적, 국내·외 시장(사회·경제·기술)의 문제점을 혁신적으로 해결하기 위한 방안 등을 기재
2. 실현가능성 (Solution)	**2-1. 창업아이템의 개발·사업화 전략** - 비즈니스 모델(BM), 제품(서비스) 구현정도, 제작 소요기간 및 제작 방법(자체, 외주), 추진일정 등을 기재
	2-2. 창업아이템의 시장분석 및 경쟁력 확보방안 - 기능·효용·성분·디자인·스타일 등의 측면에서 현재 시장에서의 대체재(경쟁사) 대비 우위요소, 차별화 전략 등을 기재
3. 성장전략 (Scale-up)	**3-1. 자금소요 및 조달계획** - 자금의 필요성, 금액의 적정성 여부를 판단할 수 있도록 사업비 (사업화자금)의 사용계획 등을 기재
	3-2. 시장진입 및 성과창출 전략 - 내수시장 : 주 소비자층, 시장진출 전략, 그간 실적 등 - 해외시장 : 글로벌 진출 실적, 역량, 수출망 확보계획 등
4. 팀 구성 (Team)	**4-1. 대표자 및 팀원의 보유역량** - 대표자 및 팀원(업무파트너 포함) 보유하고 있는 경험, 기술력, 노하우 등 기재

예비창업패키지 사업계획서

※ 본문 5페이지 내외(일반현황, 창업아이템 개요 제외)로 작성(증빙서류 등은 제한 없음), '파란색 안내 문구'는 삭제하고 검정색 글씨로 작성하여 제출, <u>양식의 목차, 표는 변경 또는 삭제 불가(행추가는 가능, 해당사항이 없는 경우 공란으로 유지)</u>하며, 필요시 사진(이미지) 또는 표 추가 가능

□ 일반현황 (※ 온라인 신청서와 동일하게 작성)

신청 주관기관 (택 1)	대학 (대학명)			창조경제혁신센터 (센터명)	
창업아이템명					
기술분야	정보·통신, 기계·소재 (* 온라인 신청서와 동일하게 작성)				
신청자 성명			생년월일	1900.00.00	성별	남 / 여
직업	교수 / 연구원 / 일반인 / 대학생…		사업장 설립 예정지	○○도 ○○시	

팀 구성 (신청자 제외)					
순번	직급	성명	담당업무	주요경력	비고
1	대리	○○○	해외 영업	미국 ○○대 경영학 전공	채용예정 ('20.5)
…					

□ 창업아이템 개요(요약)

창업아이템 소개	※ 핵심기능, 소비자층, 사용처 등 주요 내용을 중심으로 간략히 기재	
창업아이템의 차별성	※ 창업아이템의 현재 개발단계를 포함하여 기재 예) 아이디어, 시제품 제작 중, 프로토타입 개발 완료 등	
국내외 목표시장	※ 국내 외 목표시장, 판매 전략 등을 간략히 기재	
이미지	※ 아이템의 특징을 나타낼 수 있는 참고사진(이미지) 또는 설계도 삽입	※ 아이템의 특징을 나타낼 수 있는 참고사진(이미지) 또는 설계도 삽입
	〈사진(이미지) 또는 설계도 제목〉	〈사진(이미지) 또는 설계도 제목〉

1-1. 창업아이템의 개발동기

※ 국내·외 시장(사회·경제·기술)의 문제점을 혁신적으로 해결하기 위한 방안 등을 기재

    ○

        –

        –

    ○

        –

        –

1-2 창업아이템의 목적(필요성)

※ 창업아이템의 구현하고자 하는 목적, 국내·외 시장(사회·경제·기술)의 문제점을 혁신적으로
    해결하기 위한 방안 등을 기재

    ○

        –

        –

    ○

        –

        –

2-1. 창업아이템의 개발·사업화 전략

※ 비즈니스 모델(BM), 제품(서비스) 구현정도, 제작 소요기간 및 제작방법(자체, 외주), 추진
　일정 등을 기재

　○

　　　―

　○

　　　―

사업 추진일정

추진내용	추진기간	세부내용
제품보완, 신제품 출시	2020.0.0. ~ 2020.0.0.	OO 기능 보완, 신제품 출시
홈페이지 제작	2020.0.0. ~ 2020.0.0.	홍보용 홈페이지 제작
글로벌 진출	2020.0.0. ~ 2020.0.0.	베트남 OO업체 계약체결
투자유치 등	2020.0.0. ~ 2020.0.0.	VC, AC 등
…		

2-2. 창업아이템의 시장분석 및 경쟁력 확보방안

※ 기능·효용·성분·디자인·스타일 등의 측면에서 현재 시장에서의 대체재(경쟁사) 대비 우위요
　소, 차별화 전략 등을 기재

　○

　　　―

　○

　　　―

3. 성장전략(Scale-up)

3-1. 자금소요 및 조달계획

※ 자금의 필요성, 금액의 적정성 여부를 판단할 수 있도록 사업비 사용계획 등을 기재
※ 사업화자금 집행계획(표)에 작성한 예산은 사업아이템에 따른 금액의 적정성 여부에 대한 평가를 통해 감액 조정될 수 있음 (평균 51.7백만원 지원)
※ 사업비 세부 집행기준은 최종통과자를 대상으로 교육 진행

○

   ―

사업화자금 집행계획

비 목	산출근거	금액(원)
재료비	• DMD소켓 구입(00개×0000원)	3,448,000
	• 전원IC류 구입(00개×000원)	7,652,000
시제품제작비	• 시금형제작 외주용역(OOO제품 .... 플라스틱금형제작)	
지급수수료	• 국내 OOO전시회 참가비(부스임차, 집기류 임차 등 포함	
...		
합 계		

3-2. 시장진입 및 성과창출 전략

3-2-1. 내수시장 확보 방안

※ 내수시장을 중심으로 주 소비자층, 주 타겟시장, 진출시기, 시장진출 및 판매 전략 등을 구체적으로 기재

○

   ―

3-2-2. 해외시장 진출 방안

※ 해외시장을 중심으로 주 소비자층, 주 타겟시장, 진출시기, 시장진출 및 판매 전략 등을 구체적으로 기재

○

   ―

CHAPTER 11 사업계획서 작성과 프레젠테이션 343

4-1. 대표자 및 팀원의 보유역량

○ 대표자 현황 및 역량

※ 창업아이템과 관련하여 대표자가 보유하고 있는 이력, 역량 등을 기재

—

○ 팀원현황 및 역량

※ 사업 추진에 따른 팀원현황 및 역량을 기재

순번	직급	성명	주요 담당업무	경력 및 학력 등	채용시기
1	과장	○○○	S/W 개발	컴퓨터공학 박사	'20.5
2	대리		해외 영업 (베트남, 인도)	○○기업 해외영업 경력 8년	
3	…		R&D	○○연구원 경력 10년	

○ 추가 인력 고용계획

순번	주요 담당업무	요구되는 경력 및 학력 등	채용시기
1	S/W 개발	IT분야 전공 학사 이상	'20. 1
2	해외 영업 (베트남, 인도네시아)	글로벌 업무를 위해 영어회화가 능통한 자	
3	R&D	기계분야 전공 석사 이상	

○ 업무파트너(협력기업 등) 현황 및 역량

※ 창업아이템 개발에 필요한 협력사의 주요역량 및 협력사항 등을 기재

순번	파트너명	주요역량	주요 협력사항	비고
1	○○전자		테스트 장비 지원	~'20.00
2	…			협력 예정

03

사업 계획의 프레젠테이션을 어떻게 할 것인가?

 창업자가 예비창업패키지 등의 정부 지원사업을 신청하고, 1차 서면 평가를 통과하면, 2차 발표 평가에서, 사업 계획을 프레젠테이션해야 한다.

 정부 지원사업의 발표 평가는 창업자가 10분 정도의 발표와 심사 위원의 질의에 대하여 대답을 하고, 심사 위원들의 평가 결과를 종합하여 지원자를 선정하는 절차이다. 발표 평가에서는 사업의 혁신성 및 차별성, 실현 가능성, 창업자 역량, 발표 태도 등을 평가한다. 서면 평가에서는 사업 내용이 무엇이고, 사업성이 있는지가 중요한 평가 요소라면, 발표 평가에서는 창업자가 그러한 내용을 사업화할 역량이 있는지, 사업 시스템에 문제가 없는지가 중요한 평가 요소가 된다.

 창업자는 정해진 시간 내에, 사업의 핵심을 발표함으로써, 상대방을 설득할 수 있어야 한다.

 엘리베이터 피치(Elevater Pitch)는 상대방과 엘리베이터에 함께 탑승했을 때와 같이, 매우 짧은 시간에 자신의 아이디어를 설명하는 것이다. 즉 창업자는 제한된 시간 안에 프레젠테이션을 통하여, 자신의 사업 핵심을 간결하게 정리하여 전달함으로써, 투자자의 마음을 사로잡아야 한다.

 미국의 SRI(Stanford Research Institute)의 NABC는 고객의 요구 사항을 만족시킴으로써, 경쟁사 대비 뛰어난 이익을 얻을 수 있는, 사업의 핵심 분석

틀이다. NABC는 창업자가 중심이 되는 사업 시스템이 아닌, 고객의 입장에서의 고객의 니즈(Needs)와 그에 대한 해결책을 찾음으로써, 고객에게 혜택을 주고 고객의 지갑을 열게 하는 도구이다.

▼ 그림 11-3 NABC - Stanford Research Institute

발표용 사업계획서, 즉 프레젠테이션 자료의 효과적인 작성 방법을 알아보자.

(1) 하나의 슬라이드에는 하나의 주제만을 넣는다. 하나의 슬라이드에 여러 개의 자료를 넣으면 전달력이 떨어지기 때문이다.

(2) 슬라이드의 구성은 단순하고, 명료하게 한다.

(3) 슬라이드 내의 텍스트는 시각적으로 보기 좋게 디자인하여 배치한다.

(4) 프레젠테이션의 목적이나 내용에 맞는 그림이나 사진을 사용한다.

(5) 숫자, 통계, 절차 등은 그래프나 차트, 도형 등으로 시각화하는 것이 좋다.

(6) 너무 많은 색을 사용하여 화려하게 만들면, 전달력이 떨어진다.

(7) 선명하지 않은 자료, 상대방이 이해하기 힘든 자료, 불필요한 자료는 사용하지 않는다.

성공적인 프레젠테이션의 조건은 다음과 같다.

(1) 단순성: 단순하게 정리된 핵심 메시지를 상대방에게 전달해야 한다.

(2) 의외성: 청중이 쉽게 예상할 수 있는 진부한 설명보다는 신선하고, 기발한 메시지를 상대방에게 전달해야 한다.

(3) 구체성: 발표 내용이 모호하거나 추상적이어서는 안 되고, 구체적이어야 한다.

(4) 신뢰성: 공신력 있는 자료나 증거를 제시하여, 상대방에게 믿음을 줘야 한다.

(5) 감성 자극: 확신에 찬 모습으로 청중의 감성을 자극해야 한다.

(6) 스토리: 프레젠테이션에는 스토리가 필요하다. 아이템의 개발 배경이나 필요성을 스토리로 만들어라.

(7) 공감: 청중과 공감할 수 있는 내용으로 시작하고, 끝내야 한다. 나의 발표에 청중이 공감하지 않는다면 성공적인 프레젠테이션이라고 할 수 없다.

성공적인 프레젠테이션을 위해서는, 먼저 발표 자료의 내용을 숙지하고, 실제 발표와 같은 상황에서, 암기할 정도로 많은 연습을 하는 것이 좋다. 따라서 목소리뿐만 아니라, 손동작, 얼굴 표정, 시선 처리 등도 중요하므로, 보디랭귀지에 대한 연습도 필요하다. 또한 프레젠테이션은 주어진 시간 안에 마쳐야 하므로, 시간을 측정하면서 반복하여 연습하여야 한다.

충분한 발표 연습은 창업자에게 여유와 자신감을 준다. 또한 창업자는 예상 질의와 응답을 만들어서 철저하게 연습해야, 당황하지 않고 답변할 수 있다.

이처럼 충분히 발표 연습을 했다면, 이제는 운을 믿을 수밖에 없지 않을까?

창업 아이템에 대한 NABC 작성 및 엘리베이터 피칭 방법

팀별로 NABC 분석 틀에 맞춰서, 창업 아이템에 대한 NABC를 작성하고, 엘리베이터 피칭을 하는 방법에 대해서 토의해 보자.

토의 내용 정리

(일자 및 시간:)

토의 주제	창업 아이템에 대한 NABC 작성 및 엘리베이터 피칭 방법
팀명	
참석자	
NABC 작성	
토의 내용 및 결과	

예비창업패키지 사업계획서 작성하기

팀별로 창업 아이템을 정하고, 예비창업패키지 사업계획서를 작성해 보자.

실습 내용 정리

(일자 및 시간:)

실습 주제	예비창업패키지 사업계획서 작성
창업아이템(분야)	
팀명	
참석자	

1. 문제 인식 (Problem)	1-1. 창업 아이템의 개발 동기
	1-2 창업 아이템의 목적(필요성)
2. 실현 가능성 (Solution)	2-1 창업 아이템의 개발 · 사업화 전략
	2-2 창업 아이템의 시장 분석 및 경쟁력 확보방안
3. 성장 전략 (Scale-up)	3-1 자금 소요 및 조달 계획
	3-2 시장 진입 및 성과 창출 전략

사업계획서는
무엇이고,
왜 필요한 걸까?

- 창업자는 사업 계획을 작성하기 전에 다음의 세 가지 질문에 대답할 수 있어야 한다. 이 질문에 대한 대답이 사업 계획의 핵심이라고 할 수 있다.

  (1) 나는 지금 어디에 있는가? – 창업자의 내부 역량과 외부 환경

  (2) 나는 어디로 가야 하는가? – 사업의 정량적 목표와 정성적 목표

  (3) 나는 어떻게 갈 수 있는가? – 사업 전략과 구체적인 실행 계획

- 사업계획서는 창업자가 정부 지원금, 대출, 투자 등의 자금 조달을 위하여, 상대방에게 자신의 사업 계획과 자금이 필요한 이유를 설명하는 자료로 가장 많이 사용한다. 그 밖에도 사업계획서는 사업의 이정표가 되고, 창업자에게 자신의 사업을 점검하는 기회를 제공하며, 전략적 제휴 및 거래처, 동업자나 인재 유치를 위한 설득 자료로 사용되기도 한다.

창업자의
사업계획서를
어떻게 만들고,
어떤 내용을
넣어야 할까?

- 창업자가 사업계획서를 작성할 때, 다음과 같은 논리적 글쓰기의 원칙을 지켜서 글을 쓰는 것이 좋다.

  (1) 쉽고 명확해야 한다. 즉, 읽는 사람이 편하게 읽고, 이해하기 쉬워야 한다.

  (2) 문장을 짧게 써야 한다. 즉, 하나의 문장에는 하나의 뜻만 담아야 한다. 이를 위하여 주어와 서술어가 하나씩인 단문의 형식이 좋다.

  (3) 군더더기를 없애라. 즉 없어도 뜻을 전달하는 데 문제가 없다면, 빼라.

  (4) 주제를 뚜렷이 하고, 꼭 필요한 정보만을 담아라.

- 창업자가 사업계획서를 작성할 때, 지켜야 할 원칙은 다음과 같다.

  (1) 이해성: 사업계획서는 정확하고, 상대방이 알기 쉽게 작성한다.

  (2) 충분성: 상대방이 쉽게 납득할 수 있도록, 구체적이고 충분하게 설명한다.

  (3) 강조성: 사업의 핵심 요소와 창업자의 강점을 부각하여 작성한다.

  (4) 혁신성 및 차별성: 기존 사업이나 경쟁사와의 혁신성 및 차별성을 부각하여 작성한다.

  (5) 신뢰성: 실현 가능한 목표, 신뢰할 만한 데이터, 외부기관의 자문, 수치와 자료에 대한 정확한 근거 제시 등 상대방에게 믿음을 심어줘야 한다.

사업 계획의 프레젠테이션을 어떻게 할 것인가?

- 엘리베이터 피치(Elevater Pitch)는 상대방과 엘리베이터에 함께 탑승했을 때와 같이, 매우 짧은 시간에 자신의 아이디어를 설명하는 것이다. 즉 창업자는 제한된 시간 안에 프레젠테이션을 통하여, 자신의 사업 핵심을 간결하게 전달함으로써, 투자자의 마음을 사로잡아야 한다.

- NABC는 고객의 요구 사항을 만족시킴으로써, 경쟁사 대비 뛰어난 이익을 얻을 수 있는, 사업의 핵심 분석 틀이다. NABC는 창업자가 중심이 되는 사업 시스템이 아닌, 고객의 입장에서의 고객의 니즈(Needs)와 그에 대한 해결책을 찾음으로써, 고객에게 혜택을 주고 고객의 지갑을 열게 하는 도구이다.

- 성공적인 프레젠테이션의 조건은 다음과 같다.

  (1) 단순성: 단순하게 정리된 핵심 메시지를 상대방에게 전달해야 한다.

  (2) 의외성: 청중이 쉽게 예상할 수 있는 진부한 설명보다는 신선하고, 기발한 메시지를 상대방에게 전달해야 한다.

  (3) 구체성: 발표 내용이 모호하거나 추상적이어서는 안 되고, 구체적이어야 한다.

(4) 신뢰성: 공신력 있는 자료나 증거를 제시하여, 상대방에게 믿음을 줘야 한다.

(5) 감성 자극: 확신에 찬 모습으로 청중을 감성을 자극해야 한다.

(6) 스토리: 프레젠테이션에는 스토리가 필요하다. 아이템의 개발 배경이나 필요성을 스토리로 만들어라.

(7) 공감: 청중과 공감할 수 있는 내용으로 시작하고, 끝내야 한다.

• 충분한 발표 연습은 창업자에게 여유와 자신감을 준다. 또한 창업자는 예상 질의와 응답을 만들어서 철저하게 연습해야, 당황하지 않고 답변할 수 있다.

CHAPTER

12

창업 자금 조달과
성장 전략

제12장의 핵심 질문

• 창업자의 자금 조달 방법에는 어떤 것이 있나?
• 내 회사의 주식으로 어떻게 자금을 조달할까?
• 성공 창업 성장 전략이란 무엇인가?

토의   우리 회사 주식으로 자금을 조달하는 방법

실습   창업 성장 단계별 전략 계획서 작성하기

핵심 질문과 요약

01

창업자의
자금 조달 방법에는
어떤 것이 있나?

창업자가 사업시스템을 운영하기 위하여 자금을 조달하고, 관리하는 것을 재무관리라고 한다. 창업자의 경우에는 자금이 남는 경우는 거의 없으므로, 창업자의 재무관리는 자금 조달이라고 할 수 있다. 창업자는 자금 수입 및 지출 계획을 세우고, 현재의 자금 현황을 파악한 후, 부족한 자금에 대하여 조달 계획을 세우고 자금을 조달해야 한다.

자금 조달은 자기자금 자금 조달과 부채 자금 조달로 나눌 수 있다.

자기자금 자금 조달은 기존 주주에게서 자본금의 형태로 자금을 조달하거나, 타인에게 주식을 판매하는 투자 유치, 상환 의무가 없는 정부 또는 지방자치단체의 창업 지원 자금 및 R&D 자금을 받는 경우로 나눌 수 있다.

부채 자금 조달은 금융기관 등에서 자금을 빌리고 나중에 다시 갚는 것이다. 부채 자금 조달에는 신용 또는 담보 제공 여부, 이자율과 상환 기간, 중도 상환 가능 여부, 특약이 있는지 등을 검토하여 차입 여부를 결정해야 한다. 부채 자금 조달의 상대방은 가족, 친지, 지인, 중소벤처기업진흥공단, 일반은행 등이다.

투자 유치를 제외한 창업자의 자금조달은 (1) 상환 의무가 없는 정부 및 지방자치단체의 지원금 (2) 장기 처리의 중소벤처기업진흥공단, 소상공인시장진흥공단 및 지방자치단체의 창업 기업 융자금 (3) 일반은행의 융자금의 순서로 조달하는 것이 유리하다. 일반은행보다 이자율이나 차입 조건이 나쁜 저축은행, 대부업체 등의 경우에는 차입을 하지 않는 것이 좋다.

먼저 상환 의무가 없는 정부 및 지방자치단체의 지원금에 대해서 알아보자.

창업자에 대한 정부 및 지방자치단체의 지원금은 자금의 상환 의무는 없으나, 정책 목표의 달성을 위하여 일정한 신청 요건과 의무 사항이 있을 수 있다.

창업자에 대한 정부의 지원 자금 중에서 일반적인 창업 자금은 창업진흥원에서 관리하고, R&D 자금은 중소기업기술정보진흥원에서 관리한다. 정부의 창업 지원금은 사업별로 자금 지원 한도가 다르고, 신청 자격도 약간씩 다르다. 그러나 지원 업종은 제조업이나 지식서비스업, 즉 기술 창업에 해당해야 한다.

정부의 창업 지원금 중 주요 사업은 다음과 같다. 창업자는 창업지원포털(K-Startup)에서 공고 내용을 확인하고, 신청할 수 있다.

(1) 창업성공패키지(청년창업사관학교)

만 39세 이하의 예비 및 창업 3년 이내의 우수 기술 창업자에게 최대 1억 원의 창업 자금을 지원하는 사업이다. 중소벤처기업진흥공단의 청년창업사관학교에서 창업 자금 지원과 함께 창업 공간, 교육 및 코칭, 기술 지원 등의 One-Stop 패키지 지원시스템을 운영한다. 또한 이 사업을 완료한 창업자가 글로벌 창업사관학교 사업 등의 후속 지원을 받을 수 있다.

(2) 예비창업패키지

예비창업자에게 최대 1억 원의 창업 사업화 자금, 창업 교육 및 멘토링 등을 지원한다. 기술 분야별로 교육과 멘토링을 실시하고, 후속 연계지원도 한다. 이미 사업자등록을 한 대학생 등은 이 사업에 신청할 수 없으므로, 이 점을 유의해야 한다.

(3) 초기창업패키지

업력 3년 이내의 창업자에게 최대 1억 원의 사업화 자금 및 아이템 검증, 투자 유치 등의 창업 기업 수요 기반의 맞춤형 프로그램을 제공함으로써, 초기 창업기업의 성장을 지원한다.

(4) 창업도약패키지

3년 이상 7년 이내 창업기업의 성과 창출을 위해, 사업 모델 개선, 사업 아이템 고도화, 분야별 특화 프로그램 등의 사업화 지원과 성장 촉진 프로그램을 지원한다. 창업자에게 최대 3억 원의 사업 모델 개선, 사업 아이템 고도화 등의 사업화 자금, 최대 1억 원의 맞춤형 성장지원을 위한 수출, 유통, 상장 등의 서비스 지원금을 지원한다.

(5) 민관 공동 창업자 발굴 육성 사업(Tech Incubator Program for Startup)

2014년에 신설된 TIPS 프로그램은 글로벌 시장을 지향하는 유망 기술 창업팀에게 과감한 창업 도전 기회를 제공하기 위해서, 엔젤투자자, 전문투자사 및 기술 대기업을 운영사로 지정하여, 엔젤투자, 보육, 멘토링과 함께 창업 자금을 지원하는 제도이다. 창업 팀당 창업 사업화 및 해외 마케팅 자금 지원 등으로 3년간 최대 10억 원을 지원한다. 즉, 창업자가 민간의 엔젤투자 등으로 1억 원을 받는 경우, 정부가 R&D 등의 창업 자금으로 최대 9억 원을 지원한다.

2018년부터 검증된 졸업기업의 본격적인 성장을 지원하는 포스트팁스(Post-TIPS)와 지방의 예비 TIPS 창업 기업을 발굴하는 프리팁스(Pre-TIPS) 사업을 추가하여 지원하고 있다.

(6) 기타 정부의 창업 지원사업

중소벤처기업부와 각 부처, 지역 창조경제혁신센터에서 창업 사업화 자금을 지원하는 사업은 매우 많다. 창업자는 업력, 단계, 선정 가능성 등을 고려해서 자신에게 맞는 사업을 신청해야 한다.

▼ 그림 12-1 창업지원포털(K-Startup)

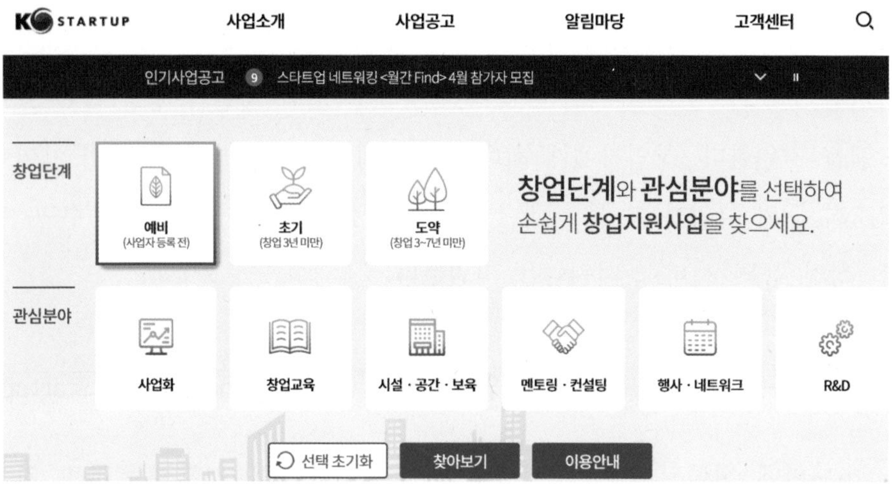

지방자치단체의 창업 자금 지원은 지방자치단체별로 지원 대상과 규모가 다르다. 중소벤처기업부 등 정부에 비하여 자금 지원 규모가 적고, 지원 대상도 청년, 장년, 여성 등으로 다양하며 지역의 특성에 맞는 창업 지원을 한다. 지방자치단체의 창업 지원은 자금 지원보다는 교육, 컨설팅, 창업 공간 제공 등 창업 저변 확대에 중점을 두고 있다. 지방자치단체의 창업 지원 정보는 창업지원포털(K-Startup)이나 기업마당(www.bizinfo.go.kr)에서 확인하고 해당 기관에 신청, 접수하면 된다.

창업기업의 R&D 지원사업은 창업성장기술개발사업이 대표적인 사업이다. 이 사업은 성장 잠재 역량을 보유하고 있으나, 기술 개발 자금이 부족한 창업기업의 기술 개발을 지원하는 사업으로, 업력 7년 이하이고, 매출액 20억 원 미만의 창업기업을 대상으로 한다. 이 사업은 중소기업기술정보진흥원에서 관리하고, 중소기업기술개발사업종합관리시스템(www.smtech.go.kr)에서 신청, 사업비 집행 등을 해야 한다. 이외에도 정보통신기획평가원의 민관협력기반 ICT 스타트업육성사업 등의 R&D 지원사업이 있다.

창업자의 부채 자금 조달에 대해서 알아보자.

창업자가 자신의 자금을 다 쓴 경우에, 제일 먼저 가족이나 친지에게서 자금을 빌릴 수 있다. 단기 자금 위주로 자금을 조달하는 경우가 많은데, 가족이나 친지와의 거래도 이자율, 상환 기간 등을 정하고 계약서를 쓰는 것이 좋다. 가족, 친지 등 주위 사람들과 자금 문제로 다툼이 생길 수 있으므로, 투명하게 거래하고, 소액으로 빌리는 것이 가족 관계나 우정을 지키는 데 도움이 된다.

가족, 친지에게서 자금을 조달하기 어렵다면, 중소벤처기업진흥공단이나 일반은행의 자금을 빌려서 한다. 중소벤처기업진흥공단 등 공공기관은 신용 대출이나 신용 보증서를 담보로 대출한다. 그러나 일반은행이 창업자에게 신용으로 자금을 빌려주는 경우는 거의 없고, 기술보증기금, 신용보증기금 또는 지역 신용보증재단의 신용 보증서를 담보로 창업자에게 자금을 빌려주는 것이 일반적이다. 이 경우 창업자가 명심할 것은, 자금 조달을 미리 준비해야 한다는 것이다. 미리 준비하지 않으면 자금 조달이 어렵거나, 불리한 조건을 감수할 수밖에 없다. 급하면 금리가 올라가는 것은 돈의 속성이기 때문이다.

정부지원금이나 주식의 발행을 통하여 투자를 받는 것은 만기의 개념이 없고, 상환할 필요가 없으나, 중소벤처기업진흥공단, 일반은행 등에서 자금을 빌리는 경우는 정해진 기간 내에 상환해야 하고, 정해진 방법에 의하여 이자도 납부해야 한다.

중소벤처기업진흥공단이 창업자에게 장기 저리로 자금을 대출하는 제도는 다음과 같다.

(1) 청년전용창업자금

만 39세 이하의 예비 및 업력 3년 미만의 청년 기술 창업기업에게, 지원한도 2억 원, 연 2%의 고정 금리로 자금을 대출해 주는 제도이다.

(2) 창업기업지원자금

예비 및 7년 미만의 기술 창업자에게 시설 자금 및 운전 자금을 대출하는 제도이다. 시설 자금은 소요자금 범위 내에서 10년 이내, 운전 자금은 연간 5억 원 이내, 5년 이내에서 대출이 가능하다.

(3) 재창업자금

　실패 기업의 대표자 등이 재창업을 하는 경우, 시설 자금 및 운전 자금을 대출하는 제도이다.

▼ 그림 12-2 중소벤처기업진흥공단의 정책 자금 융자 등 지원사업

　소상공인시장진흥공단이 기술 창업자에게 대출하는 자금은 소공인특화자금이다. 이 자금은 상시 근로자 10인 미만의 제조업자에게 시설 및 운전자금을 대출한다. 지원 한도는 연간 5억원(운전자금은 1억 원)이고, 금리는 연 2.15%(자동화는 1.95%)이다.

02

내 회사의 주식으로 어떻게 자금을 조달할까?

창업자가 자금을 빌리지 않고, 조달하는 방법은 없을까?

그 방법 중에는, 앞에서 설명한, 상환 의무가 없는 정부지원금이나 가족에게서 증여를 받는 방법이 있으나, 가장 일반적인 것은 투자 유치를 통해서 자금을 조달하는 것이다.

투자는 창업자 자신이 보유하고 있는 회사 주식 또는 신규로 발행한 회사 주식을 가족, 친지, 엔젤투자자 및 전문투자자에게 판매하여 자금을 조달하는 것이다.

창업자가 투자를 받기 위해서는 회사가 주식회사여야 하고, 회사의 자본금이 100원 이상의 액면가를 가진 보통 주식으로 구성돼야 한다. 보통 주식, 즉 보통주를 판매하는 것은 그 지분율만큼의 의결권을 판매하는 것이고, 그 주식을 산 매수자는 그 회사의 주주가 되는 것이다. 배당이나 잔여재산 분배에 대하여 우선권을 가진 우선주를 판매하고 자금을 조달하는 경우도 있다. 이 경우 우선주의 주주는 의결권이 없다.

투자자가 창업자에게 투자하는 경우는 보통주보다 우선주로 투자하는 경우가 훨씬 많고, 대부분의 전문투자자는 상환전환우선주(RCPS: Redeemable Convertible Preference Share)로 투자한다. 그 이유는 상환전환우선주가 채권처럼 만기를 정하여 투자금 상환을 요청할 수 있는 상환권과, 우선주를 보통주로 전환할 수 있는 전환권을 모두 가진 우선주이므로, 투자자에게 매우 유리하기 때문이다. 상환전환우선주의 투자자는 상환권을 통하여 회사채보다 높은 이자를 받을 수 있고, 상장이나 주가가 오를 것으로 예상하는 경우에는 보통주로 전환할 수 있으며, 회사의 청산이나 인수합병 시, 잔여 재산이나 매각 대금의 분배에서 보통주보다 유리한 우선권을 갖고 있다.

투자자의 투자 방식에는 보통주나 우선주 투자 이외에, 전환사채나 신주인수권부사채 투자가 있다.

전환사채(CB: Convertible Bond)는 회사채의 일종으로, 일정한 기간이 지나면 채권자, 즉 투자자의 청구가 있을 때, 미리 결정된 조건으로, 발행회사의 주식으로 전환할 수 있는 채권이다. 전환사채는 회사의 정관에 전환 조건, 전환 청구 기간 등이 정해져 있어야 발행할 수 있다. 투자자는 일정 기간, 이자 수입을 얻고 있다가, 주가 상승이 예상되면 주식으로 전환할 수 있다.

신주인수권부사채(BW: Bond with Warrant)는 사채 발행 후, 일정 기간 내에 미리 약정된 가격(신주인수가격)으로 발행회사에 일정한 수량 또는 금액에 해당하는 신주 인수를 청구할 수 있는 권리가 부여된 채권이다. 신주인수권을 행사하여도 채권 자체는 소멸하지 않으며, 보통은 낮은 표면이율로 발행된다. 따라서 투자자는 일반 채권과 마찬가지로 일정한 이자를 받으면서 만기에 사채 금액을 상환받을 수 있고, 동시에 주가가 투자자에게 유리한 경우에는 신주인수권을 행사할 수 있다.

▼ 그림 12-3 **투자 방식**

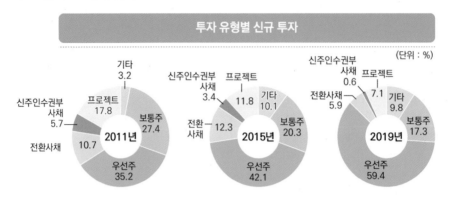

투자 유형별 신규 투자

(단위 : %)

2011년
- 기타 3.2
- 프로젝트 17.8
- 신주인수권부사채 5.7
- 전환사채 10.7
- 우선주 35.2
- 보통주 27.4

2015년
- 신주인수권부사채 3.4
- 프로젝트 11.8
- 기타 10.1
- 보통주 20.3
- 우선주 42.1
- 전환사채 12.3

2019년
- 신주인수권부사채 0.6
- 프로젝트 7.1
- 기타 9.8
- 보통주 17.3
- 우선주 59.4
- 전환사채 5.9

기타: 해외투자, 조합지분투자
자료: 한국벤처캐피탈협회 벤처투자정보센터

창업자가 투자를 받는 방법은 구주 매출에 의한 방법과 신주 발행에 의한 방법이 있다.

구주 매출은 창업자가 갖고 있는 자신의 지분 중 일부를 가족, 친지 또는 엔젤투자자 등에게 판매하는 것이다. 창업자의 입장에서는, 기존 주식의 판매, 즉 구주 매출이지만, 주식을 산 사람에게는 기존 주식의 매입, 즉 보통의 투자이다. 투자 유치에서 구주 매출은 예외적인 경우이고, 창업자가 회사의 주식을 신규로 발행하여 판매하는 신주 발행에 의한 방법이 일반적이다.

예를 들어 회사 자본금이 5천만 원인 경우, 액면가가 500원인 주식을 주당 1,000원에 1만 주를 판매하였다면, 투자자는 1천만 원에 그 회사의 주식 10%를 취득, 투자한 것이다. 만약 창업자가 자신의 주식을 구주 매출 방식으로 판매한 경우는, 투자금을 창업자 개인이 받아서, 개인적인 용도로도 사용할 수 있고, 이 돈을 회사에 빌려주거나, 회사에 투자할 수도 있다. 반면에 신주 발행의 경우에는 당연히 회사의 계좌로 입금될 것이다. 위의 예에서, 창업자의 회사가 신주 1만 주를 발행하여 이를 투자자에게 1천만 원에 판매한 경우에는, 500만 원은 주식발행금으로, 500만 원은 주식발행초과금으로 회계 처리된다. 주식발행초과금은 액면가의 2배의 가격으로 판매되면서 발생한 것이고, 회사는 투자받은 돈을 필요한 곳에 사용할 수 있다.

창업자가 투자 유치 시 고려해야 할 사항은 다음과 같다.

(1) 투자금을 어디에, 왜 쓸 것인가?(Where & Why)

(2) 소요자금은 얼마인가?(How much)

(3) 언제 자금을 유치할 것인가?(When)

(4) 어떤 형태로 어떻게 받을 것인가?(What & How)

(5) 누구에게 투자받을 것인가?(Who)

창업자가 투자 유치를 해야겠다고 생각한 경우, 상기 사항을 검토한 후, 어떤 투자자에게 투자를 요청할 것인지를 결정할 것이다. 가족, 친지 등을 제외한 전문적인 투자자는 투자에 있어서 각기 다른 특성이 있다. 따라서 창업자는 투자자의 특성을 이해하고 자신에게 적합한 때에, 적합한 투자를 받아야 한다.

전문적인 투자자의 종류는 다음과 같다.

(1) 크라우드펀딩(Crowd Funding) 회사

크라우드펀딩은 후원, 기부, 대출, 투자 등의 목적으로 소셜 네트워크 서비스 등을 통해 다수의 개인으로부터 자금을 모으는 것이다. 크라우드펀딩은 기부, 후원, 보상, 대출 등의 목적도 있지만, 지분투자를 목적으로 하기도 한다. 국내 크라우드펀딩 회사들이 투자 자금의 모금을 통해서 창업자의 회사에 지분투자를 중개하고 있다.

(2) 엔젤투자자

엔젤 투자(Angel Investment)는 개인들이 돈을 모아 창업자에게 필요한 자금을 투자하고, 그 대가로 창업 회사의 주식을 받는 형태이다. 엔젤 투자는 투자 클럽의 형태로 운영되기도 하며, 투자자가 한국엔젤투자협회에 전문엔젤투자자로 등록하거나, 투자 조합을 결성하여 활동하기도 한다.

(3) 창업기획자(액셀러레이터: Accelerator)

창업기획자는 초기 창업자에 대한 창업 교육, 멘토링, 보육 등과 투자를 주된 업무로 하는, 벤처투자 촉진에 관한 법률에 의해서 중소벤처기업부에 등록한 투자자이다. 창업자에 대한 투자금액은 대부분 5억 원 이하이다.

(4) 창업투자회사 등 전문투자회사

창업투자회사는 중소기업창업지원법에 의하여 설립된 대표적인 벤처캐피탈로서, 창업자에게 전문적으로 투자하는 회사이다. 전문투자회사 중 신기술사업금융회사는 신기술사업자에게 투자 또는 융자해주는 금융회사로서, 창업투자회사와는 달리 융자도 해줄 수 있다는 점에서 차이가 난다.

엔젤투자자와 창업투자회사 등의 전문투자회사와의 특성을 비교하면 다음과 같다.

▎표 12-1 엔젤투자자와 전문투자회사와의 특성 비교

구분	엔젤투자자	전문투자회사
투자 단계	주로 초기 단계에서 투자	대부분 성장 단계에서 투자
투자 동기	높은 수익성/ 감정적 동기	수익성과 안전성을 모두 고려/ 이성적 동기
투자 재원	자기 자금	자본금/펀드 자금
투자 조건	유연함	까다로움/방어적임
투자 규모	비교적 소액	대부분 규모가 큼
투자 관리	관여하지 않음	경영 참여/경영 감시
투자 행태	형식에 구애받지 않음	대부분 신주 발행 방식
투자 경로	개인적 채널	대부분 회사의 투자 의뢰를 받고 투자 검토함
투자 회사 지원	거의 없음	자금 지원 등 다각적인 지원이 가능함
투자자 성격	개인 또는 엔젤 투자 클럽	법인 또는 조합

창업자가 창업투자회사 등의 투자 유치를 받기 위한 절차는 (1) 상담 및 사업 계획서 제출 (2) 투자사의 예비 심사 (3) 사업설명회(IR: Investor Relations) (4) 본 심사 (5) 투자심의위원회 최종 결정 및 승인 통보 (6) 투자계약 체결 및 투자금 입금의 순서로 진행된다.

창업자는 투자 유치 시, 투자 금액과 주식 수에 관해서 이해해야 한다.

투자 금액과 투자자가 갖는 주식 수는 창업기업의 기업가치에 따라 달라 진다. 즉 투자를 위해서는 창업자의 기업가치가 결정되어야 한다. 창업 기 업의 가치는 기업 평가에 의하여 결정되는데, 유사한 형태의 평가된 기업이 있다면, 비교를 통해서 기업가치를 평가하기도 한다.

예를 들어, 창업 기업인 A사의 기업가치가 40억 원으로 평가된 경우, 창 업투자회사가 A사에게 10억 원을 투자한다면, 창업투자회사는 A사의 지분 몇 %를 받을 수 있을까?

답은 20%로, 계산식은 10억 원 ÷ (40 + 10)억 원 = 20%이다.

위 경우, 창업투자회사가 A사의 주식 20%를 갖기 위해서, A사는 신주 몇 주를 발행해서 창업투자회사에게 줘야 할까?(A사의 현재 발행한 주식 수는 10,000주이다.)

발행할 주식 수를 X라고 하면, $X \div (10,000 + X) = 20\%$이므로, $X = 2,500$주이다. 따라서 A사는 신주 2,500주를 발행해서 창업투자회사에게 줘야 한다.

03

성공 창업
성장 전략이란
무엇인가?

창업자는 고객 만족을 위해서 태어난 사람이다. 창업자가 고객 만족을 위해서 노력함으로써 자신의 아이템을 돈으로 바꿀 수 있고, 창업으로 성공할 수 있기 때문이다.

마케팅의 관점에서 본다면, 창업자는 자신의 아이템으로 초기시장의 목표 고객인 선각자를 만족시키고, 캐즘 극복 전략을 통해서 전기 다수시장의 실용주의자를 만족시킴으로써, 큰 기업으로 성장하게 된다.

창업자가 성공하기 위해서는, 고객 만족을 위한 제품 개발과 마케팅 활동이 필요하고, 이를 뒷받침하기 위하여, 창업의 성장 단계에 따른 원활한 자금 조달이 이뤄져야 한다.

창업 성장 과정에 따른 투자 유치 단계를 살펴보면 다음과 같다.

투자 유치는 창업의 성장 과정에 맞춰서 이루어지기 때문에, 사업이 성장하지 못하면 계속하여 투자를 받지 못하게 되고, 결국은 창업에 실패하게 된다.

(1) 시드 투자

창업자가 창업 초기자금을 확보하는 단계로서, 엔젤 투자나 크라우드펀딩을 받는 경우가 많고, 투자 자금은 프로토타입의 제품 또는 서비스의 개발 및 제작 등에 사용된다.

(2) 시리즈 A 투자

창업자가 시장 검증을 마친 시제품이나 서비스를 시장에 출시하기 위하여 자금을 확보하는 단계로서, 창업투자회사 등의 전문투자자들이 참여한다. 투자금은 제품 양산, 서비스 오픈, 초기시장 마케팅 등에 사용된다.

(3) 시리즈 B 투자

창업자가 시리즈 A 투자를 통해 인정받은 제품이나 서비스로 사업을 확장하기 위해, 자금을 확보하는 투자 단계로서, 창업투자회사 등의 전문투자자들이 참여한다. 투자금은 인력 채용, 연구 개발, 마케팅의 확대 등에 사용된다.

(4) 시리즈 C 이상 투자

시리즈 B 투자를 통해 사업을 확장한 창업자가 시장 점유율을 본격적으로 높이고, 성장을 가속화하기 위해 자금을 확보하는 투자 단계로서, 해외 투자자, 창업투자회사 등의 전문투자자들이 참여한다. 투자금은 비즈니스모델을 해외 시장으로 더 확장하거나, 사업을 관련 분야로 확장하는 데 사용된다. 창업자가 증권시장 상장 또는 인수합병 등의 목적으로 자금 조달을 하기도 한다.

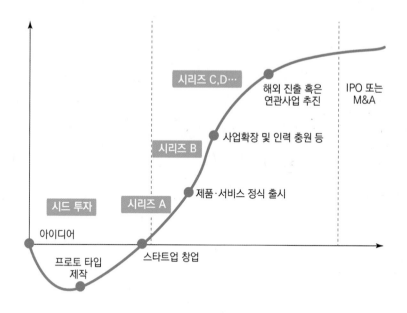

창업자가 창업 성장 과정에 따른 투자 유치를 받으면서 큰 기업으로 성장하게 되면, 창업자는 물론, 그동안 투자해 준 창업투자회사 등 투자자들이 주식시장 상장이나 인수합병(M&A: Merger & Acquition)을 통해서 투자금을 회수하고자 하는데, 이를 투자자의 입장에서, 출구 전략(Exit Strategy)이라고 한다.

인수합병은 인수와 합병을 의미하는데, 인수는 다른 기업의 경영권을 얻는 것이고, 합병은 둘 이상의 기업을 하나의 기업으로 합치는 것이다. 즉 창업자가 다른 기업에게 인수당하거나, 합병되는 것이므로, 투자자 등 창업회사의 주주들은 자신의 주식을 높은 가격에 판매할 수 있게 된다.

기업이 인수합병을 하는 이유는 규모의 경제 실현을 통한 비용 절감, 신속한 시장 진입 및 시장 지배력 확대 등이고, 기업 합병을 통하여 새로운 경쟁우위를 창출할 수 있는지가 가장 중요하다. 따라서 창업자가 인수합병 회사의 이러한 요구에 부응할 수 있다면, 인수합병이 이루어질 것이다.

창업자가 자신의 기업을 주식시장에 상장하는 것을 기업 공개(IPO: Initial Public Offering)라고 하는데, 기업 공개와 상장은 사실상 동일한 의미로 사용되고 있다.

기업 공개는 일정 규모의 기업이 상장 절차 등을 밟기 위해 행하는 외부 투자자들에 대한 첫 번째의 주식 공개 매도를 말한다. 즉 창업 기업의 신주 발행과 지분 분산을 통하여 기업의 경영을 공개하는 것이다. 기업 공개를 통해서 공모한 주식은 주식의 매매를 위하여 한국거래소 상장이라는 수단을 이용하게 된다.

기업 공개는 해당 법인의 주식이 한국거래소에 상장되는 것을 전제로 하므로 유가증권상장규정 상의 신규 상장 심사요건 등 여러 가지 제한 요건을 충족해야 한다. 특히 금융감독원이 지정하는 회계 법인으로부터 외부 감사를 받고, 증권사와 주관업무 계약을 체결한 후 상장까지 1년 이상이 소요된다. 따라서 창업자가 코스닥 시장에 등록하는 경우, 등록 예정 시점의 약 3년 전부터 등록 준비를 해야 한다.

최근에는 성장 초기의 중소기업이 원활하게 코넥스 시장에 상장할 수 있도록 기업의 재무 요건을 최소화하였다. 코넥스 시장은 2013년에 개설된 중소기업 전용 증권시장인데, 매출액, 순이익 등의 재무 요건을 상장 요건으로 적용하지 않고, 상장 기업이 공익과 투자자 보호에 적합한지를 심사하므로, 상장이 용이하다. 그러나 거래가 부진하고 활성화되지 못했기 때문에, 창업자가 충분한 자금 조달을 하기 어려울 수 있다.

창업자가 코스닥 시장에 등록하기 위해서는 코스닥 시장에 상장할 수 있는 요건을 검토하고, 미리 준비해야 한다.

창업자가 성공하기 위해서 어떤 것들이 필요할까?

일반적으로 창업자는 다음과 같은 성공 과정을 거치게 된다.

(1) 사업 아이템을 정하여, 제품이나 서비스를 만들고 마케팅을 준비하는 시기

(2) 초기시장에서 제품을 판매하는 시기

(3) 캐즘에 해당하는 정체기

(4) 캐즘을 극복하고 전기 다수 시장에서 제품 판매를 시작하는 시기(볼링 앨리)

(5) 전기 다수 시장에서 매출이 폭발적으로 증가하는 시기(토네이도)

▼ 그림 12-5 창업자의 성공 과정

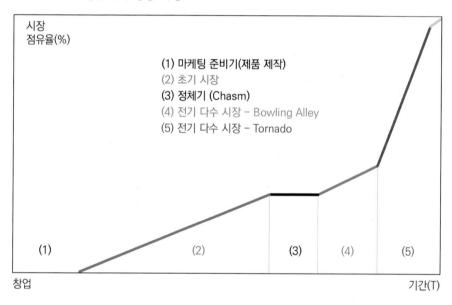

창업 과정별로 성공 창업에 필요한 것들을 정리해 보자.

(1) 마케팅 준비기에는 창업자가 기업가 정신에 대하여 이해하고, 실천해야 한다. 창업자의 기업가 정신은 돈을 벌 수 있는 사업 시스템을 만드는 것이다. 창업자는 목표 고객을 만족시키는 혁신 제품이나 차별

화된 제품을 판매하여 수익을 얻고, 이를 관리하는 사업 시스템을 구축해야 한다.

(2) 창업자가 초기시장의 고객인 선각자에게 제품이나 서비스를 판매하는 경우에는 포지셔닝 전략, 입소문 전략, 장애 요소의 제거 등의 초기시장 전략을 성실히 수행해야 한다.

(3) 캐즘으로 인한 정체기에는 창업자가 어려움을 극복하고, 인내심, 자신감을 갖고 새롭게 도전해야 한다. 창업에 성공하느냐 실패하느냐는 난관을 극복하고 도전하느냐, 포기하느냐에 달려있다.

용기를 갖고 조금 더 참아야 한다.

성공이 얼마 남지 않았다.

(4) 창업자는 전기 다수 시장에 진입하여, 볼링앨리 전략으로 캐즘을 극복해야 한다. 하나의 목표 시장에 집중함으로써, 볼링공이 순차적으로 넘어지듯이, 인접 시장도 공략될 것이다.

(5) 창업자가 전기 다수 시장의 중간에 들어서면서, 토네이도 국면에 진입하면 쏟아지는 주문으로 정신이 없는 지경에 이르게 된다. 이 시기에 창업자에게 필요한 것은 관리 능력이다. 종업원과 자금을 관리하고, 고객의 주문을 빠르게 처리할 수 있는, 고객 관리 및 조직 시스템을 만들어야 한다.

창업자는 성공하기까지 많은 시간이 소요되고, 수많은 난관과 어려움을 극복해야 한다. 국내 기업의 창업에서 기업 공개까지의 소요 기간은 평균 13년 정도라고 한다.

어려움을 겪지 않고 성공한 창업자가 얼마나 되겠는가?
또한 단번에 성공하는 창업자가 얼마나 되겠는가?

창업자가 성공하기까지 평균 2.8회를 실패한다고 한다.

창업자는 수많은 난관과 실패를 통해서 창업의 원리를 깨닫게 되고, 창업의 이해를 통해서 성공하게 된다.

창업자의 성공은 창업자의 핵심 역량과 혁신적이고 차별화된 제품과 서비스를 목표 고객에게 집중함으로써 시장 폭발(토네이도)을 만드는 것이다.

창업 성공의 핵심은 고객에게 있다.

고객에게 집중하면 운(運)이 열리고 성공할 것이다.

오늘도 창업자의 성공을 기원한다!

우리 회사 주식으로 자금을 조달하는 방법

팀별로 우리 회사 주식으로 자금을 조달하는 방법에 대하여 토의해 보자.

토의 내용 정리

(일자 및 시간:)

토의 주제	우리 회사의 주식으로 자금을 조달하는 방법
팀명	
참석자	
토의 내용	
토의 결과	

창업 성장 단계별 전략 계획서 작성하기

팀별로 창업 아이템을 정하고, 성공 창업을 위한 창업 성장 단계별 전략 계획서를 작성해 보자.

창업 성장 단계별 전략 계획서

(일자 및 시간:)

실습 주제	창업 성장 단계별 전략 계획서 작성
창업아이템(분야)	
팀명	
참석자	
성장 단계	성장 단계별 전략
1. 마케팅 준비기	
2. 초기시장	
3. 정체기	
4. 캐즘 극복기	
5. 매출 폭발	

창업자의 자금 조달
방법에는 어떤 것이
있나?

- 창업자는 자금 수입 및 지출 계획을 세우고, 현재의 자금 현황을 파악한 후, 부족한 자금에 대하여 조달 계획을 세우고 자금을 조달해야 한다.

- 자기 자금 자금 조달은 기존 주주에게서 자본금의 형태로 자금을 조달하거나, 타인에게 주식을 판매하는 투자 유치, 상환 의무가 없는 정부 또는 지방자치단체의 창업 지원 자금 및 R&D 자금을 받는 경우로 나눌 수 있다.

- 부채 자금 조달은 금융기관 등에서 자금을 빌리고 나중에 다시 갚는 것이다. 부채 자금 조달에는 신용 또는 담보 제공 여부, 이 자율과 상환 기간, 중도 상환 가능 여부, 특약이 있는지 등을 검토하여 차입 여부를 결정하여야 한다. 부채 자금 조달의 상대방은 가족, 친지, 지인, 중소벤처기업진흥공단, 일반은행 등이다.

- 창업자에 대한 정부의 지원 자금 중에서 일반적인 창업 자금은 창업진흥원에서 관리하고, R&D 자금은 중소기업기술정보진흥원에서 관리한다.
  정부의 창업 지원금은 사업별로 자금 지원 한도가 다르고, 신청 자격도 약간씩 다르다. 그러나 지원 업종은 제조업이나 지식서비스업, 즉 기술 창업에 해당해야 한다. 창업자는 창업지원포털(K-Startup)에서 공고 내용을 확인하고, 신청할 수 있다.

- 중소벤처기업진흥공단 등 공공기관은 신용 대출이나 신용 보증서를 담보로 대출한다. 그러나 일반은행이 창업자에게 신용으로 자금을 빌려주는 경우는 거의 없고, 기술보증기금, 신용보증기금 또는 지역 신용보증재단의 신용 보증서를 담보로 창업자에게 자금을 빌려주는 것이 일반적이다.

- 창업자가 명심할 것은, 자금 조달을 미리 준비해야 한다는 것이다. 미리 준비하지 않으면 자금 조달이 어렵거나, 불리한 조건을 감수할 수밖에 없다. 급하면 금리가 올라가는 것은 돈의 속성이

기 때문이다.

**내 회사의 주식으로
어떻게 자금을
조달할까?**

- 투자는 창업자 자신이 보유하고 있는 회사 주식 또는 신규로 발행한 회사 주식을 가족, 친지, 엔젤투자자 및 전문투자자에게 판매하여 자금을 조달하는 것이다.

- 창업자가 투자를 받기 위해서는 회사가 주식회사여야 하고, 회사의 자본금이 100원 이상의 액면가를 가진 보통 주식으로 구성돼야 한다. 보통 주식, 즉 보통주를 판매하는 것은 그 지분율만큼의 의결권을 판매하는 것이고, 그 주식을 산 매수자는 그 회사의 주주가 되는 것이다. 배당이나 잔여 재산 분배에 대하여 우선권을 가진 우선주를 판매하고 자금을 조달하는 경우도 있다. 이 경우 우선주의 주주는 의결권이 없다.

- 상환전환우선주(RCPS: Redeemable Convertible Preference Share)는 채권처럼 만기를 정하여 투자금 상환을 요청할 수 있는 상환권과, 우선주를 보통주로 전환할 수 있는 전환권을 모두 가진 우선주이므로, 투자자에게 매우 유리하다. 상환전환우선주의 투자자는 상환권을 통하여 회사채보다 높은 이자를 받을 수 있고, 상장이나 주가가 오를 것으로 예상하는 경우에 보통주로 전환할 수 있으며, 회사의 청산이나 인수합병 시, 잔여 재산이나 매각 대금의 분배에서 보통주보다 유리한 우선권을 갖고 있다.

- 전환사채(CB: Convertible Bond)는 회사채의 일종으로, 일정한 기간이 지나면 채권자, 즉 투자자의 청구가 있을 때, 미리 결정된 조건으로, 발행회사의 주식으로 전환할 수 있는 채권이다. 전환사채는 회사의 정관에 전환 조건, 전환 청구 기간 등이 정해져 있어야 발행할 수 있다. 투자자는 일정 기간, 이자 수입을 얻고 있다가, 주가 상승이 예상되면 주식으로 전환할 수 있다.

- 신주인수권부사채(BW: Bond with Warrant)는 사채 발행 후, 일정 기간 내에 미리 약정된 가격(신주인수가격)으로 발행회사에 일정한 수량 또는 금액에 해당하는 신주 인수를 청구할 수 있는 권리가 부여된 채권이다. 신주인수권을 행사하여도 채권 자체는 소멸하지 않으며, 보통은 낮은 표면이율로 발행된다. 따라서 투자

자는 일반 채권과 마찬가지로 일정한 이자를 받으면서 만기에 사채 금액을 상환받을 수 있고, 동시에 주가가 투자자에게 유리한 경우에는 신주인수권을 행사할 수 있다.

- 창업자가 투자 유치 시 고려해야 할 사항은 다음과 같다.

  (1) 투자금을 어디에, 왜 쓸 것인가?(Where & Why)

  (2) 소요자금은 얼마인가?(How much)

  (3) 언제 자금을 유치할 것인가?(When)

  (4) 어떤 형태로 어떻게 받을 것인가?(What & How)

  (5) 누구에게 투자받을 것인가?(Who)

- 크라우드펀딩은 후원, 기부, 대출, 투자 등의 목적으로 소셜 네트워크 서비스 등을 통해 다수의 개인으로부터 자금을 모으는 것이다. 크라우드펀딩은 기부, 후원, 보상, 대출 등의 목적도 있지만, 지분투자를 목적으로 하기도 한다. 국내 크라우드펀딩 회사들이 투자 자금의 모금을 통해서 창업자의 회사에 지분투자를 중개하고 있다.

- 엔젤 투자(Angel Investment)는 개인들이 돈을 모아 창업자에게 필요한 자금을 투자하고, 그 대가로 창업 회사의 주식을 받는 형태이다. 엔젤 투자는 투자 클럽의 형태로 운영되기도 하고, 투자자가 한국엔젤투자협회에 전문 엔젤투자자로 등록하거나, 투자조합을 결성하여 활동하기도 한다.

- 창업투자회사는 중소기업창업지원법에 의하여 설립된 대표적인 벤처캐피탈로서, 창업자에게 전문적으로 투자하는 회사이다. 전문투자회사 중 신기술사업금융회사는 신기술사업자에게 투자 또는 융자해주는 금융회사로서, 창업투자회사와는 달리 융자도 해줄 수 있다는 점에서 차이가 난다.

- 창업자가 창업투자회사 등의 투자 유치를 받기 위한 절차는 (1) 상담 및 사업계획서 제출 (2) 투자사의 예비 심사 (3) 사업설명회 (IR: Investor Relations) (4) 본심사 (5) 투자심의위원회 최종 결정 및 승인 통보 (6) 투자계약 체결 및 투자금 입금의 순서로 진행된다.

• 창업자는 투자 유치 시, 투자 금액과 주식 수에 관해서 이해해야 한다. 투자 금액과 투자자가 갖는 주식 수는 창업기업의 기업가치에 따라 달라진다. 즉 투자를 위해서는 창업자의 기업가치가 결정되어야 한다. 창업 기업의 가치는 기업 평가에 의하여 결정되는데, 유사한 형태의 평가된 기업이 있다면, 비교를 통해서 기업가치를 평가하기도 한다.

성공 창업 성장 전략이란 무엇인가?

• 창업자가 창업 성장 과정에 따른 투자 유치를 받으면서 큰 기업으로 성장하게 되면, 창업자는 물론, 그동안 투자해 준 창업투자회사 등 투자자들이 증권시장 상장이나 인수합병(M&A: Merger & Acquition)을 통해서 투자금을 회수하고자 하는데, 이를 투자자의 입장에서, 출구 전략(Exit Strategy)이라고 한다.

• 기업이 인수합병을 하는 이유는 규모의 경제 실현을 통한 비용 절감, 신속한 시장 진입 및 시장 지배력 확대 등이고, 기업 합병을 통하여 새로운 경쟁우위를 창출할 수 있는지가 가장 중요하다. 따라서 창업자가 인수합병 회사의 이러한 요구에 부응할 수 있다면, 인수합병이 이루어질 것이다.

• 기업 공개(IPO: Initial Public Offering)와 상장은 사실상 동일한 의미로 사용되고 있다. 기업 공개는 일정 규모의 기업이 상장 절차 등을 밟기 위해 행하는 외부 투자자들에 대한 첫 번째의 주식 공개 매도를 말한다. 즉 창업기업의 신주 발행과 지분 분산을 통하여 기업의 경영을 공개하는 것이다. 기업 공개를 통해서 공모한 주식은 주식의 매매를 위하여 한국거래소 상장이라는 수단을 이용하게 된다.

• 창업 과정별로 성공 창업에 필요한 것들을 정리해 보자.

(1) 마케팅 준비기에는 창업자가 기업가 정신에 대하여 이해하고, 실천해야 한다. 창업자의 기업가 정신은 돈을 벌 수 있는 사업시스템을 만드는 것이다. 창업자는 목표 고객을 만족시키는 혁신 제품이나 차별화된 제품을 판매하여 수익을 얻고, 이를 관리하는 사업시스템을 구축하여야 한다.

(2) 창업자가 초기시장의 고객인 선각자에게 제품이나 서비스를

판매하는 경우에는 포지셔닝 전략, 입소문 전략, 장애 요소의 제거 등의 초기시장 전략을 성실히 수행해야 한다.

(3) 캐즘으로 인한 정체기에는 창업자가 어려움을 극복하고, 인내심, 자신감을 갖고 새롭게 도전해야 한다. 창업에 성공하느냐 실패하느냐는 난관을 극복하고 도전하느냐, 포기하느냐에 달려있다.

(4) 창업자는 전기다수시장에 진입하여, 볼링앨리 전략으로 캐즘을 극복해야 한다. 하나의 목표시장에 집중함으로써, 볼링공이 순차적으로 넘어지듯이, 인접 시장도 공략될 것이다.

(5) 창업자가 전기다수시장의 중간에 들어서면서, 토네이도 국면에 진입하면 쏟아지는 주문으로 정신이 없는 지경에 이르게 된다. 이 시기에 창업자에게 필요한 것은 관리 능력이다. 종업원과 자금을 관리하고, 고객의 주문을 빠르게 처리할 수 있는, 고객 관리 및 조직 시스템을 만들어야 한다.

• 창업자의 성공은 창업자의 핵심 역량과 혁신적이고 차별화된 제품과 서비스를 목표 고객에게 집중함으로써 시장 폭발(토네이도)을 만드는 것이다.

성형철(成亨哲)

연세대학교에서 법학을, 동국대학교 대학원에서 화학공학을 전공했다.
삼성전자, 중소벤처기업진흥공단, 하나금융투자에서 약 15년간 일했다.
2000년 이지생명과학(주)를 창업하여, 약 10년간 대표이사로서 기업을 경영했다.
동의과학대학교 동의분석센터장, 경일대학교 교수를 지냈고, 현재 대구가톨릭대학교 교수로,
창업 강의와 상담 및 멘토링을 하고 있다.

저서 '기술 창업으로 성공하기'(박영사)가 2015년 대한민국학술원 우수 학술도서에,
'말아먹고 세 번째(소설로 배우는 실전 창업 마케팅)'(박영사)가 2018년 세종도서
학술 부문에 선정되었다.

저자 이메일: shc495112@naver.com
블로그: blog.naver.com/shc495112

실전창업

초판발행	2022년 1월 5일
지은이	성형철
펴낸이	안종만·안상준
편 집	전채린
기획/마케팅	장규식
표지디자인	박현정
제 작	고철민·조영환
펴낸곳	(주)**박영사**
	서울특별시 금천구 가산디지털2로 53, 210호(가산동, 한라시그마밸리)
	등록 1959. 3. 11. 제300-1959-1호(倫)
전 화	02)733-6771
f a x	02)736-4818
e-mail	pys@pybook.co.kr
homepage	www.pybook.co.kr
ISBN	979-11-303-1435-8 93320

정 가   28,000원